MARTINIQUE

2e édition

Claude Morneau

ÉDITIONS
ULYSSE

Le plaisir... de mieux voyager

Direction de collection
Claude Morneau

Direction de projet
Pascale Couture

*Recherche
et rédaction*
Claude Morneau

Correction
Pierre Daveluy
Pierre Corbeil

Cartographie
André Duchesne

Illustrations
Marie-Anik Viatour

Direction artistique
Patrick Farei
Atoll Direction

Mise en pages
Pierre Daveluy
Isabelle Lalonde
Alain Rondeau

Collaboration
Nadia Bini
Daniel Desjardins

Graphisme
Jean-François Bienvenue

Photographie couverture
Office du Tourisme de la
Martinique au Canada

Photographies intérieures
Claude Morneau
Daniel Desjardins
Jennifer McMorran

Remerciements particuliers à : **Marie-Claude Bellance**, **Roseline Girondin** et **Marilyne Lothaire** (Office du Tourisme de la Martinique au Canada); **George Landy** (Office Départemental du Tourisme de la Martinique); **Raymond Jelmy** (Jet Tours Canada); **Marie Rosaz** (Maison de la France à Montréal); **Muriel Wiltord** et **Sylvie Régina** (Office de Tourisme de la Martinique à New York); **Myron Clement** (Clement-Petrocik); **Josette Blateau** (Direction Départementale des Affaires Sanitaires et Sociales de la Martinique); **Richard Bizier** (chroniqueur gastronomique). Merci aussi à **Diane Harnois**, **Josée Dufresne** et **Francis Goulet**.

Distribution

Distribution Ulysse
4176, rue St-Denis
Montréal, Québec
H2W 2M5
☎ (514) 843-9882
poste 2232
Fax : 514-843-9448

France métropolitaine :
Vilo
25, rue Ginoux
75737 Paris,
CEDEX 15
☎ 1 45 77 08 05
Fax : 1 45 79 97 15

Antilles françaises :
Éditions Orphie

Belgique :
Vander
Av. des Volontaires,
321
B-1150 Bruxelles
☎ (02) 762 98 04
Fax : 02 762 06 62

Suisse :
Diffusion Payot SA
p.a. OLF S.A.
Case postale 1061
CH-1701 Fribourg
☎ 41 37 83 51 11
Fax : 41 37 26 63 60

Espagne :
Altaïr
Balmes 69
E-08007 Barcelona
☎ (34-3) 323-3062
Fax : (34-3) 451-2559

Italie :
Edizioni Del Riccio
50143 Firenze
Via di Soffiano 164/A
☎ (055) 71 63 50
fax : (055) 71.63.50

Tout autre pays, contactez Distribution Ulysse (Montréal), Fax : (514) 843-9448

Données de catalogage avant publication (Canada)

Vedette principale au titre :
      Morneau, Claude, 1961-
      Martinique
      2e éd, -
      (Guide de voyage Ulysse)
      Comprend un index.
      ISBN 2-921444-69-0
      1. Martinique - Guides. I. Titre. II. Collection.
F2081.2.M67 1995   917.298'204   C95-941424-X

«En effet, ce poème, il l'écrit à Paris, alors qu'il vient de quitter l'École normale supérieure et qu'il s'apprête à revenir à la Martinique. Le pays natal, oui, comment en particulier résister à l'appel de cette île, comment ne pas succomber à ses ciels, à son ondoiement de sirène, à son parler tout de cajolerie?»

- André Breton (1896-1966)
Parlant d'Aimé Césaire et de son *Cahier d'un retour au pays natal*, dans *Martinique charmeuse de serpents*

SOMMAIRE

LISTE DES CARTES

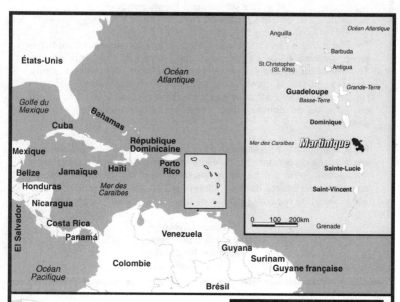

Situation géographique dans le monde

La Martinique

Département français d'outre-mer
Ville principale : Fort-de-France
Langue : français, créole
Population : 379 000 hab.
Monnaie : franc français
Superficie : 1 100 km²

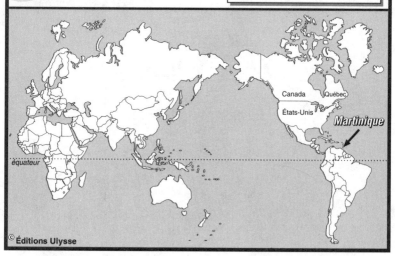

© Éditions Ulysse

PORTRAIT

Matinino, ou «île aux femmes», selon la légende; Madinina, ou «île aux fleurs», à l'époque des Caraïbes; la Martinique d'aujourd'hui s'est vu couronner, hier, des plus beaux titres.

On le comprend facilement dès que l'on pose le pied sur cette terre volcanique sous les tropiques, ce bout de France perdu dans les Antilles, ce pays créole aux mille couleurs. Patrie d'Aimé Césaire et de Patrick Chamoiseau, lieu de naissance de l'impératrice Joséphine, île de création de Paul Gauguin..., de nouveaux titres à lui décerner jaillissent aisément pour peu qu'on s'y arrête quelques instants.

C'est que cette île baignée de lumière, bercée de musique, bordée de plages sublimes et couverte d'une forêt luxuriante est source d'inspiration pour quiconque se donne la peine d'en faire connaissance.

Son soleil, sa mer, ses traditions culinaires, son histoire tourmentée, sa poésie, ses gens..., tout concourt à faire de la Martinique une vedette, belle et fascinante.

La géographie

La Martinique est l'une des perles du collier des Petites Antilles. D'une superficie de 1 100 km², elle est bordée à l'ouest par la mer des Caraïbes et à l'est par l'océan Atlantique. Au nord, le canal de la Dominique la sépare de l'île du même nom, alors que le canal de Sainte-Lucie en fait de même, au sud, avec l'île de Sainte-Lucie. Elle mesure en fait 70 km, dans sa partie la plus longue, sur quelque 30 km de large.

Le point le plus élevé de l'île de la Martinique se trouve à 1 397 m d'altitude, au sommet de la **montagne Pelée**, volcan devenu tristement célèbre en 1902 alors qu'une de ses éruptions coûta la vie à 30 000 personnes et détruisit entièrement la ville de **Saint-Pierre**.

La montagne Pelée se dresse tout au nord de l'île. À partir de ce point, le terrain baisse en altitude à mesure que l'on approche du littoral, ou que l'on se dirige vers le sud. Dans ce dernier cas toutefois, la descente se fait moins régulière, car il faut d'abord signaler, légèrement au sud du volcan, la présence impressionnante des **pitons du Carbet**, composés du piton Lacroix, ou morne Pavillon (1 196 m), du piton de l'Alma (1 105 m), du piton Dumauzé (1 109 m), du piton Boucher (1 070 m) et du morne Piquet (1 160 m).

L'intérieur de cette portion septentrionale de la Martinique est couvert d'une épaisse forêt tropicale humide, étonnant paysage en milieu caraïbe. En effet, ce type de forêt se rapproche davantage de ce que l'on s'attend à trouver en Amérique centrale que du décor habituellement plus sec des Antilles, si l'on exclut toutefois la Guadeloupe et la Dominique. D'autre part, des plages de sable gris ou noir s'étirent le long des côtes, rappelant la formation volcanique du territoire.

La **plaine du Lamentin** occupe la partie centrale, jouant ainsi le rôle de zone de transition entre le Nord et le Sud. Elle s'étend vers l'est, à la hauteur de la **baie de Fort-de-France**. C'est dans cette région que se concentre plus du tiers de la population.

Puis, dans la partie la plus méridionale de la Martinique, se côtoient plusieurs petites collines de faible élévation, ici appelées «mornes», le point culminant étant atteint au faîte de la **montagne du Vauclin** (504 m). Toute cette région est bordée de magnifiques plages de sable blanc, décor de rêve auquel personne ne reste insensible. La plage de la **Grande Anse des Salines**, à l'extrême sud de l'île, est ainsi devenue célèbre de par le monde.

En règle générale, la côte Caraïbe, aussi appelée la côte «sous le vent», est baignée par une mer calme, et ses plages sont d'ordinaire caressées par une douce houle. Le littoral atlantique est, quant à lui, beaucoup plus découpé, au sud tout particulièrement, et les plages qui se cachent au fond de ses baies sont souvent battues par des vagues violentes; c'est la côte «au vent». Heureusement, des barrières de corail viennent parfois protéger le rivage du roulis des vagues, favorisant ainsi la création de zones propices à la baignade en eau tranquille (au large du **François** et du **Robert**, par exemple).

■ La flore

Riche et variée, la flore martiniquaise constitue probablement l'un des attraits prépondérants de cette île, que ses premiers habitants nommaient Madinina, «l'île aux fleurs». Ce sont, bien sûr, l'exubérance désordonnée de la forêt tropicale humide du Nord et les milliers de spécimens floraux multicolores visibles partout qui ont fait la réputation des lieux. Mais il faut aussi apprendre à mieux connaître la mangrove, cette forêt «inondée», et la végétation fort différente du Sud, région plus aride où les épines des cactus menacent les mains indiscrètes.

La forêt tropicale humide

On peut subdiviser les espèces végétales peuplant la forêt tropicale humide du nord de l'île en trois couches superposées l'une sur l'autre. Ainsi, au niveau du sol, il est aisé d'observer les plantes épiphytes constituant la première strate : lianes (ailes-à-mouches), ananas bois, siguines rouges, orchidées, philodendrons, etc.

Une série d'arbres, hauts d'une vingtaine de mètres, composent l'étage médian de cette jungle touffue. Fougères, bambous, balisiers, palmistes de montagne, acajous et magnolias font partie de ce second groupe.

Finalement, de grands arbres atteignant jusqu'à 40 m de hauteur forment la dernière couche, couvrant l'ensemble de son protecteur manteau de feuilles. Parmi ceux-ci, mentionnons le gommier blanc, à partir duquel les Indiens Caraïbes fabriquaient leurs embarcations, le palétuvier jaune, le châtaignier et le mahogany.

La mangrove

Forêt caractéristique des régions tropicales, la mangrove s'étale près du littoral. Les palétuviers y poussent dans la vase. En Martinique, la forêt située le long de la baie de Fort-de-France est un bel exemple de ce type de milieu naturel : il s'agit de la mangrove de Génipa. Une autre, aux dimensions plus modestes, couvre en partie la presqu'île de la Caravelle.

Outre les palétuviers, les mangles et les bois mèches étirent leurs longues racines directement dans la mer ou, lorsque situés en retrait, dans une eau stagnante au-dessus de laquelle grouille une dense population de moustiques pour le moins antipathique.

La végétation du Sud

La partie méridionale de l'île, plus aride, possède une flore bien différente. Aussi les cactus y poussent-ils en grand nombre. Plusieurs de ceux-ci ont été plantés, faut-il l'avouer, par des agriculteurs désireux de délimiter et, par le fait même, de protéger leurs terres. Il y a également les oponces, mieux connus sous le nom de figuiers de Barbarie ou, ici aux Antilles, de «raquettes», qui ont une vocation semblable.

L'autre élément répandu de la végétation du Sud est le mancenillier, cet arbre présent aux abords de certaines plages qui produit un latex vénéneux pouvant provoquer de graves brûlures et dont il faut s'abstenir de manger le fruit, sous peine de s'empoisonner. La plupart sont identifiés par un trait de peinture rouge.

Le long des côtes

Les plages qui s'étendent le long des côtes sont la plupart du temps cachées derrière un rideau d'arbres formé tantôt par des cocotiers penchant vers la mer, tantôt par des raisiniers, ces petits arbres aux feuilles rondes et cirées.

Le long de la côte Caraïbe pousse aussi le ti-baume, une sorte de buisson de la famille des euphorbiacées.

Les zones cultivées

Dans les zones défrichées, puis habitées par l'homme, plusieurs autres plantes et arbres ont été importés de l'extérieur. Ces secteurs s'étendent

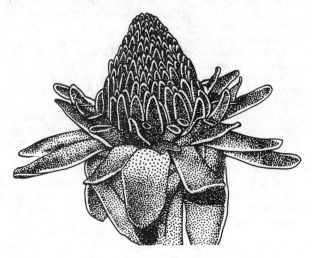

Rose de porcelaine

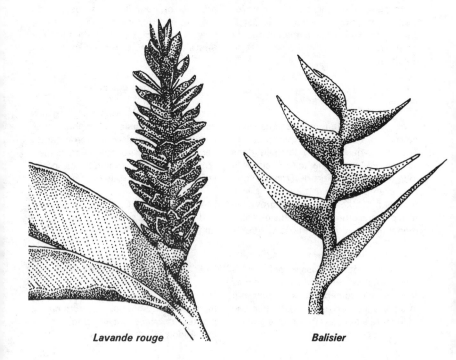

Lavande rouge   *Balisier*

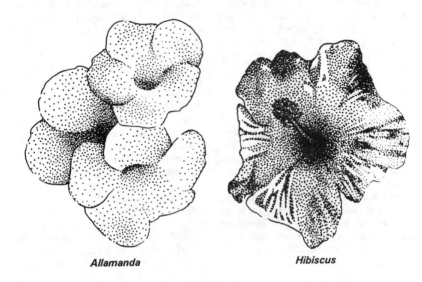

Allamanda

Hibiscus

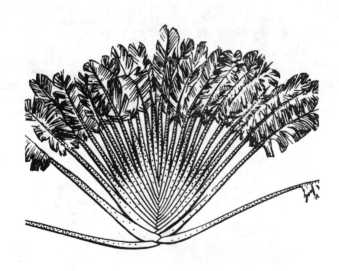

Arbre du voyageur

principalement sur la plaine du Lamentin et sur les flancs des collines. Ainsi, de très grandes surfaces ont été sacrifiées à la canne à sucre, aujourd'hui de plus en plus supplantée par le bananier et l'ananas.

D'autres arbres parsemant le territoire sont originaires de Madagascar (flamboyant), de l'Inde (manguier, pomme-rose) ou de Tahiti (arbre à pain). Plusieurs des fleurs qui donnent son caractère à la Martinique viennent aussi d'ailleurs : anthuriums, hibiscus (Asie tropicale), poinsettias, bougainvilliers (Brésil), allamandas (Amérique du Sud), lavandes rouges (Indonésie), roses de porcelaine, etc. En fait, la seule qui serait vraiment 100 % martiniquaise est la fleur du balisier, qui abonde en forêt.

■ La faune

S'étant détachée du continent américain il y a bien longtemps, la Martinique possède une faune très peu développée, tout comme les autres îles des Petites Antilles.

Quelques espèces sont toutefois originaires de l'île, comme par exemple le manicou, version locale de l'opossum, de la famille des marsupiaux.

D'autres furent introduites à l'époque coloniale et se sont multipliées par la suite. C'est le cas de la mangouste, sorte de belette importée de l'Inde par les planteurs, qui cherchaient ainsi à éliminer le trigonocéphale, ce serpent qui hantait les champs et que l'on surnommait «fer de lance». La mangouste s'adapta bien à l'île et s'attaqua non seulement aux vilains serpents, mais aussi aux œufs de plusieurs espèces d'oiseaux, au point de devenir la cause de la disparition d'une partie importante de la faune ailée martiniquaise.

Fort heureusement, la faune aviaire compte encore aujourd'hui quelques remarquables représentants en Martinique. Aussi la forêt héberge-t-elle le colibri, ce superbe oiseau-mouche, de même que le siffleur des montagnes, dont l'éternelle ritournelle se fait entendre chaque soir, à la tombée du jour. Il faut, d'autre part, noter la présence, près des côtes, des frégates et des pélicans, et, un peu partout sur l'île, des sucriers, ces jolis moineaux au ventre jaune.

Chez les insectes, le ravet, une sorte de gros cafard des tropiques, est sans doute le plus impressionnant spécimen, quoiqu'il s'avère totalement inoffensif. Il y a aussi la matoutou, qui risque

Mangouste

Les oiseaux de la Martinique

La faune aviaire martiniquaise est composée de plusieurs représentants fort attachants, qui feront à n'en point douter les beaux jours des ornithologues professionnels et amateurs. Nous vous présentons ici quelques espèces dans le but de vous aider à les reconnaître lorsque, par un heureux hasard, vous les croiserez.

L'un des oiseaux les plus abondants, que vous êtes à 100 % certains d'apercevoir en Martinique, est le **sucrier à poitrine jaune** ou, comme on l'appelle ici, le sucrier fall' jaun'. Vous pourrez le rencontrer un peu n'importe où, et vous le reconnaîtrez facilement à sa face supérieure noire et à sa face inférieure jaune. Il est à ce point répandu que l'Office du Tourisme en a fait l'emblème de la Martinique.

Sucrier à poitrine jaune

Ce choix est cependant contestable quand on sait que l'un des rares oiseaux qui soient exclusivement martiniquais est l'**oriole de la Martinique**, un petit oiseau sédentaire à longue queue et au plumage noir et marron orangé.

Oriole de la Martinique

L'oiseau-mouche en est un autre que vous ne pouvez manquer. Il s'agit en fait de diverses espèces de **colibris** (madère, huppe, falle vert, à tête bleue). Ce sont de minuscules oiseaux dont le vol est on ne peut plus caractéristique, puisqu'il leur est possible de faire du surplace ou d'aller en marche arrière.

Colibri

Le **solitaire à gorge rousse**, communément appelé le **siffleur des montagnes**, est une espèce exclusive à la Martinique. Son chant mélodieux est sa marque de commerce. C'est en forêt que vous pouvez espérer rencontrer ce petit oiseau gris-bleu aux ailes noires et, comme son nom le laisse supposer, à la gorge rousse.

Le **pélican brun** vit près des côtes. Sa silhouette familière laisse voir un long bec avec, en-dessous, une poche gulaire, ainsi que des pattes robustes et des doigts palmés.

Près des côtes, vous apercevrez égaalement des **frégates superbes**, des oiseaux de mer de grande envergure qui attrapent leurs proies à la surface de l'eau. Elles se caractérisent par un bec crochu à son extrémité et, dans le cas du mâle, par une poche orangée située sous la gorge, devenant rouge vif pendant la reproduction.

Frégate superbe

Parmi les oiseaux migrateurs faisant halte en Martinique, il faut noter différentes espèces d'**aigrettes** (grande aigrette, aigrette neigeuse, aigrette tricolore, aigrette bleue). Vous les rencontrerez dans les mangroves, les marais ou les étendues d'eau douce. Mentionnons aussi l'**échasse d'Amérique**, aux longues et fines pattes, et au plumage noir et blanc.

Les rapaces comptent aussi quelques dignes représentants. C'est le cas par exemple de la **petite buse**, espèce exclusive à la Martinique, qui vit en montagne, et du **faucon pèlerin**, un migrateur présent le long des côtes ou en forêt.

Pour en savoir plus, nous vous conseillons de vous procurer l'ouvrage de poche *Oiseaux des Petites Antilles*, publié à Saint-Barthélemy, aux Éditions du Latanier.

d'inquiéter les non-initiés. Il s'agit d'une grosse mygale aux pattes velues. Avec un peu de chance, vous pouvez aussi tomber sur de beaux papillons, comme le monarque ou le papillon deuil.

Au large des côtes, de superbes coraux se sont développés au fond de la mer. Autour d'eux évolue une faune marine d'une incroyable diversité. En plongeant, vous pouvez facilement admirer, entre autres, les poissons-chirurgiens, les sergents-majors, les poissons-coffres, les oursins-diadèmes (aux aiguilles dangereuses), les poissons-perroquets, les poissons-papillons et les poissons-anges. Au large évoluent des espèces plus imposantes, et parfois plus redoutables, telles que les barracudas et, plus rarement, les requins.

Des crustacés habitent les quatre coins des côtes martiniquaises, dont les langoustes, de même que les crabes, que l'on aperçoit souvent sur les plages. Les tortues de mer, qui furent trop chassées, peuvent, quant à elles, être repérées en de rares occasions près des berges. Finalement, il ne faut pas oublier de citer la présence de très nombreuses espèces d'écrevisses qui peuplent les rivières de l'île.

Un peu d'histoire

■ La découverte des Antilles

Le matin du 3 août 1492, Christophe Colomb lève les voiles pour entreprendre son premier voyage vers l'ouest dans le but de découvrir une nouvelle route vers l'Asie. Ce voyage l'amène dans l'archipel des Caraïbes, et plus particulièrement à l'île d'Hispaniola (République Dominicaine et Haïti). Découvrant des îles magnifiques qu'il croit riches en or, Colomb retournera en Espagne enthousiasmé par ces perspectives.

La réussite de ce premier voyage lui permet de s'embarquer, quelque temps plus tard, pour son second périple vers l'Amérique. Cette deuxième épopée commence par un arrêt à Hispaniola. Puis, malgré les avertissements des autochtones de l'île, les Arawaks, qui lui parlaient de l'existence de féroces tribus, «mangeurs de chair humaine» et habitant d'autres îles plus au sud, Colomb décide de continuer son exploration dans cette direction. C'est ainsi qu'il rencontre sur sa route le chapelet d'îles que forment les Petites Antilles. Il aborde en premier lieu les côtes de la Dominique, puis de Marie-Galante (du nom de son vaisseau). Ne trouvant pas d'eau potable sur ces deux îles, Colomb poursuit son chemin vers l'île voisine, la Guadeloupe. Sur cette île pourvue d'eau douce, il s'arrête quelque temps avant de continuer son voyage.

Colomb fait alors connaissance, en 1493, avec l'île de Matinino, la Martinique d'aujourd'hui. Toutefois, il se refuse à y poser le pied. La légende veut que les Indiens Ciguayos, qu'il avait rencontrés dans le nord d'Haïti, lui aient indiqué cette île, dont le nom signifiait «l'île aux femmes», et l'aient mis en garde contre les dangereuses amazones qui y résidaient...

En juin 1502, au cours de son quatrième voyage, Christophe Colomb aborde enfin l'île qui deviendra la Martinique par la côte Caraïbe, là où se trouve aujourd'hui le bourg du Carbet. Il se rendra alors compte que l'île est plutôt habitée par des Amérindiens, les Caraïbes. Il semblerait que ces peuplades, aux mœurs cannibales, soient venues d'Amérique du Sud et descendent des Galibis, qui peuplaient la région située entre les fleuves Orénoque et Amazone. Venus s'installer dans certaines îles des Antilles au cours du XIVe siècle, ils auraient supplanté les Arawaks, qui y vivaient déjà depuis longtemps.

Les Caraïbes se sont, à cette époque, installés sur des terres riches qui leur fournissent la nourriture en abondance. La vie des hommes y est donc bien tranquille, d'autant plus que la division des tâches entre les deux sexes pourrait aujourd'hui sembler injuste. Chaque homme possède plusieurs femmes, dont la plupart ont été enlevées aux tribus arawaks des îles voisines. Outre les durs travaux des champs, les femmes s'occupent de l'entretien de la maison, des enfants, de la toilette et de la coiffure de l'homme. Ce dernier, pour sa part, chasse et pêche pendant une partie de la journée, puis égrène le reste du temps en s'adonnant à diverses activités. Ainsi, il médite, joue de la flûte, fabrique des ustensiles de cuisine ou dresse des perroquets. À l'occasion, les Caraïbes n'hésitent pas à partir en guerre contre les tribus voisines, qui redoutent ces puissants guerriers.

Mais l'Espagne ne s'intéressera guère à cette petite île sans ressources minières, et aucune tentative de colonisation de sa part ne verra le jour.

■ **La colonisation française**

Les Français entrent en scène le 25 juin 1635, alors que deux gentilshommes, de l'Olive et du Plessis, partis de Dieppe, abordent la Martinique. Cette première entreprise n'eut toutefois pas de suite, de l'Olive et du Plessis jugeant l'île impropre à la culture parce qu'infestée de serpents en plus d'être trop montagneuse. Il faut dire qu'ils étaient, eux aussi, descendus à terre aux alentours du Carbet d'aujourd'hui, avec comme toile de fond les pitons du Carbet et la montagne Pelée... Ils abandonnent donc rapidement la Martinique au profit de la Guadeloupe.

Peu après toutefois, le 15 septembre 1635, Pierre Belain d'Esnambuc débarque à son tour en Martinique, sur le site de l'actuelle ville de Saint-Pierre. À la mort de d'Esnambuc, survenue en 1637, son neveu Jacques du Parquet, nommé par d'Esnambuc lui-même tout juste avant de mourir, hérite du poste de lieutenant général de la Martinique. Il travaillera d'arrache-pied au développement de la colonie tout en soignant ses relations avec les indigènes, évitant ainsi toute confrontation jugée futile par lui. En 1650, il achète l'île et en devient ainsi le gouverneur. Il règnera sur l'île jusqu'à sa mort, en 1658.

Sous la direction de du Parquet, la canne à sucre est introduite sur le territoire. Il entreprend ainsi l'organisation de la culture de la terre. Il construit par ailleurs le fort Royal, qui deviendra bien plus tard Fort-de-France, et met sur pied les milices martiniquaises.

Après sa disparition, sa veuve prend les commandes de la Martinique. Madame du Parquet aura alors beaucoup à faire pour conserver la faveur des colons et calmer les ardeurs de ceux qui souhaitent déclarer la guerre aux Caraïbes. Bientôt, devant la montée de la tension, elle n'a plus d'autres choix que de se rendre à leurs arguments. C'est ainsi que les milices martiniquaises s'attaqueront aux Caraïbes, toujours présents sur la côte Nord-Atlantique. Les colons français désirent ainsi s'approprier les riches terres de la Cabesterre, afin de poursuivre le développement de la colonie.

Les religieux participent, eux aussi, à cette conquête d'un nouveau territoire. Les jésuites se joignent à ceux qui choisissent d'attaquer par la mer, alors que les dominicains s'allient à ceux qui préparent l'invasion par l'intérieur des terres. Il est ainsi convenu que celui des deux ordres religieux qui arrive le premier obtiendra la desserte des paroisses à être créées dans cette partie de l'île. Les dominicains sortiront gagnants de cet étrange pacte.

La «paix» avec les Indiens est signée en 1660, alors qu'en fait les Caraïbes ont, à toutes fins utiles, été exterminés ou expulsés... Saint-Vincent et la Dominique, où plusieurs d'entre eux se sont enfuis, deviennent leurs derniers refuges, alors que les Français s'engagent par traité à ne rien tenter contre ces deux îles.

Entre-temps, en 1642, le roi Louis XIII avait autorisé la déportation d'esclaves africains dans les Antilles françaises pour combler des besoins pressants de main-d'œuvre. C'est ainsi qu'est né le commerce triangulaire entre la France, la Guinée et les Antilles. Les esclaves noirs ainsi achetés, tel du bétail, par les colons propriétaires terriens, travaillent dans des conditions inhumaines dans les champs de canne à sucre.

Le statut de la Martinique, comme celui de la Guadeloupe, de Marie-Galante, de la Grenade et des Grenadines, change en 1664, alors que Louis XIV impose une nouvelle orientation au commerce extérieur et exige le rachat des îles par la Compagnie des Indes Occidentales. Ainsi, les héritiers de du Parquet, en échange de généreuses compensations, renoncent à la propriété de la Martinique.

En 1669, la Martinique se voit désignée capitale des îles françaises des Caraïbes. Le marquis de Baas devient alors le gouverneur général des îles françaises de l'Amérique. Il commandera le renforcement du fort Royal. Dès 1674, d'ailleurs, des troupes hollandaises conduites par de Ruyter s'attaqueront en vain à la forteresse. À cette époque, les possessions françaises dans les Caraïbes attisent les convoitises de par le monopole qu'elles confèrent à la France sur l'«or blanc» qu'est alors le sucre.

En 1675, toutes les colonies françaises sont rétrocédées à l'État, qui met ainsi fin à la domination de la Compagnie des Indes Occidentales et centralise l'administration du commerce extérieur. Ces efforts de centralisation conduiront, entre autres, à l'adoption par Colbert, en 1685, du «Code noir», réglementant l'«utilisation» des esclaves, leur conférant certains droits (durée des journées de travail, contrôle des châtiments, assurance de rations de nourriture acceptables, etc.), mais

leur imposant aussi des contraintes très strictes.

Depuis 1677 déjà, Charles de Courbon, comte de Blénac, agit comme gouverneur de la Martinique et lieutenant-général, pour le roi de France, des îles françaises de l'Amérique. Sur ses recommandations, l'administration de la Martinique sera déplacée de Saint-Pierre à Fort-Royal en 1692.

■ **La révolte de la *Gaoulé***

En 1717, le gouverneur général des Îles, Antoine d'Arcy, seigneur de La Varenne, se voit confier par la France, dans le cadre de ses efforts de centralisation et de renforcement du régime du commerce exclusif avec ses territoires d'Outre-Atlantique, la mission de mettre un terme au commerce illégal du sucre entre les îles françaises et leurs voisines. En mai, lui et son intendant, Louis-Balthazar de Rincourt d'Hérouville, s'arrêtent en Martinique. On les invitera alors à un grand banquet à l'habitation Bourgeot, située près de la Pointe de la Chéry, non loin du Diamant, où ils auront la surprise de se voir séquestrés par une centaine de colons furieux avant d'être expulsés de l'île. Dans les mois qui suivront, les lois commerciales dictées par la métropole concernant le développement de l'industrie sucrière se verront assouplies à la satisfaction des planteurs martiniquais.

Cette «révolte» organisée par les békés propriétaires de plantations contre le pouvoir royal prit le nom de *Gaoulé*, terme dont l'origine reste incertaine, bien que plusieurs prétendent que, chez les Indiens Caraïbes, ce mot signifiait justement «révolte».

■ **Les luttes franco-anglaises**

Les Anglais prennent possession de la Martinique pour la première fois en 1762, en s'attaquant au fort Royal par l'intérieur des terres. Cette tactique met habilement à profit la position surélevée que leur permettent d'atteindre les mornes dominant le fort. L'occupation dure neuf mois, jusqu'à ce que le traité de Paris vienne restituer la Martinique à la France, tout en lui faisant perdre le Canada. Cet épisode entraînera une révision complète du système de défense de l'île, incluant entre autres la construction du fort Bourbon (aujourd'hui Dessaix) sur les hauteurs de Fort-Royal.

À partir de 1789, la Révolution française trouvera des échos en Martinique, qui se verra ainsi divisée. D'un côté, les planteurs des campagnes demeurent fidèles à la monarchie. De l'autre, les commerçants de Saint-Pierre se font les dignes représentants républicains en terre martiniquaise. En 1793, alors qu'à la fois Fort-Royal et Saint-Pierre sont sous le contrôle des républicains du gouverneur Rochambeau, les royalistes s'unissent aux Anglais. Ceux-ci s'empareront ainsi de nouveau de l'île en mars 1794 et y demeureront jusqu'en 1802, maintenant l'ancien régime en place.

Par le traité d'Amiens (1802), Napoléon 1er récupère la Martinique au nom de la France. Incidemment, Bonaparte venait tout juste d'épouser, en 1796, une créole née en Martinique, Marie-Josèphe Rose Tasher de la Pagerie, qui deviendra l'impératrice Joséphine. On raconte que c'est sur son insistance que Napoléon rétablit officiellement l'esclavage. En fait, il ne fit qu'annuler la loi adoptée par les républicains en 1794, loi qui ne fut jamais appliquée dans une Martinique

tombée entre-temps aux mains des Anglais, favorables comme leurs amis royalistes au maintien de l'esclavage.

En 1809, les Anglais récidivent et conquièrent la Martinique une nouvelle fois. Ils demeurent les maîtres des lieux jusqu'à la signature d'un nouveau traité, celui de Paris (1814), par lequel la France perd Sainte-Lucie et Tobago, mais retrouve la Guadeloupe et la Martinique.

■ **L'abolition de l'esclavage**

Dès 1834, l'Angleterre abolit l'esclavage dans ses colonies. En France, il faudra attendre jusqu'en 1848, à l'adoption du Décret officiel du 27 avril. À cette époque, la Martinique compte plus de 70 000 esclaves noirs, sur une population totale de 125 000 habitants, qui gagnent ainsi leur liberté à la suite de la longue bagarre politique livrée par le ministre Victor Schœlcher.

Pendant la période s'étendant de 1834 à 1848, soit entre le moment où l'Angleterre met fin à son système esclavagiste et celui où la France le fait à son tour, de nombreux esclaves fuient la Martinique et la Guadeloupe pour gagner une des îles anglaises. Des troubles de plus en plus fréquents avaient d'ailleurs dû être réprimés auparavant, notamment lors des émeutes de Saint-Pierre (1831) et de Grande Anse (1833). La révolte gronde, et il devient dès lors évident que ce système ne pourra subsister bien longtemps.

Malgré l'opposition des colons, le gouvernement de la IIe République adopte le principe d'abolition immédiate de l'esclavage le 4 mars 1848. Victor Schœlcher, principal artisan de cette réforme, est alors nommé sous-secrétaire d'État aux Colonies. Il préside en outre la Commission d'abolition de l'esclavage et signe le Décret officiel le 27 avril 1848.

En plus de prévoir des compensations pour les colons propriétaires d'esclaves, le décret prescrit un délai de deux mois avant la promulgation de la loi dans les colonies. Mais une insurrection générale éclate en Martinique (Saint-Pierre), et le gouverneur de l'île n'a d'autre choix que de proclamer l'abolition de l'esclavage dès le 22 mai 1848.

Afin de suppléer au manque de main-d'œuvre provoqué par la désertion des plantations par les esclaves, plus de 25 000 personnes provenant de l'Inde sont embauchés à des salaires très bas entre 1852 et 1884.

Les indemnités consenties aux anciens propriétaires d'esclaves constituent le capital de base qui leur permet de réorganiser la production par la création de grandes usines sucrières centrales. À la fin du XIXᵉ siècle, on dénombre déjà quelque 25 établissements de ce genre. Mais la concurrence internationale, puis la chute du prix du sucre sur les marchés mondiaux entraîneront rapidement cette industrie sur la voie du déclin. Ainsi, on ne compte plus qu'une quinzaine d'usines centrales en Martinique à l'aube de la Seconde Guerre mondiale. Entre 1970 et 1982, celles qui demeurent encore en activité disparaissent tour à tour, sauf une, toujours en opération aujourd'hui.

■ Le XXᵉ siècle

L'éruption du volcan de la montagne Pelée, le 8 mai 1902, inaugure le XXᵉ siècle en Martinique. La ville de Saint-Pierre est entièrement détruite, et quelque 30 000 personnes sont emportées par la catastrophe.

Le reste de cette première moitié de siècle sera marqué par la participation antillaise aux deux conflits mondiaux. Ainsi, 52 000 Antillais prennent part aux hostilités de 14-18. Puis, pendant la Seconde Guerre mondiale, l'or de la Banque de France est transféré en Martinique, qui se voit placée sous la tutelle de l'amiral Robert par le gouvernement de Vichy. La Martinique doit donc apprendre à «vivre sous blocus»; le ravitaillement de l'île devient très difficile. Finalement, le 30 juin 1943, la Martinique rejoint les forces de la France libre du général de Gaulle.

Le 19 mars 1946, la Martinique, tout comme la Guadeloupe, la Guyane et la Réunion, passe du statut colonial à celui de département français d'outremer (DOM). La gauche antillaise, au sein de laquelle œuvre déjà très activement le poète Aimé Césaire, réclamait alors cette assimilation totale, voyant là une façon d'effacer les séquelles coloniales en favorisant l'égalité de tous et l'établissement d'une plus grande justice sociale.

Cette même gauche critique aujourd'hui l'«échec» de la départementalisation qui, à ses yeux, visait à maintenir, dans les faits, les anciennes colonies dans la dépendance vis-à-vis de la métropole.

Entre-temps, Césaire fonde le Parti progressiste martiniquais (PPM) en mars 1958. Homme de lettres, maire de Fort-de-France et député de la Martinique, Aimé Césaire devient un leader politique d'une envergure impressionnante. Son leadership éclairé évitera à la Martinique les problèmes de violence indépendantistes que connut la

Bref rappel historique

1493   Découverte de l'île de la Martinique par Christophe Colomb.

1502   Colomb débarque sur la côte Caraïbe, au Carbet, lors de son second voyage au Nouveau Monde et prend possession de la Martinique au nom de l'Espagne.

1635   Établissement des Français en Martinique et fondation de la ville de Saint-Pierre par Belain d'Esnambuc.

1637   Jacques du Parquet devient lieutenant général de la Martinique et entreprend le développement de la colonie. L'année suivante, il ordonne la construction du fort Royal, à l'origine de Fort-de-France.

1642   Louis XIII autorise la déportation d'esclaves africains dans les Antilles françaises.

1650   Achat de la Martinique par Jacques du Parquet.

1660   Les Indiens Caraïbes sont décimés.

1664   Rachat de l'île par la Compagnie des Indes Occidentales.

1685   Adoption du «Code noir» de Colbert, qui régit la vie des esclaves.

1717   Révolte de la *Gaoulé*.

1762   Première occupation anglaise de la Martinique. Le traité de Paris rendra la Martinique et la Guadeloupe à la France en échange du Canada, neuf mois plus tard.

1794   Les Anglais, en s'alliant aux royalistes, reprennent l'île pendant la Révolution française.

1802   Napoléon 1er récupère la Martinique grâce au traité d'Amiens.

1809   Nouvelle occupation anglaise de la Martinique, jusqu'à la signature du traité de Paris (1814).

1848   Abolition définitive de l'esclavage.

1902   Éruption du volcan de la montagne Pelée, entraînant la mort de 30 000 personnes et la destruction complète de la capitale, Saint-Pierre.

1946   La Martinique accède au statut de département français.

1983   Création du Conseil régional de la Martinique. Aimé Césaire en est élu le premier président.

Guadeloupe dans les années quatre-vingt. En 1983, il est élu premier président du Conseil régional de la Martinique. Cette élection fait suite à l'adoption, le 31 décembre 1982, de la loi sur la décentralisation, qui concède aux DOM des pouvoirs plus étendus.

Aux élections législatives françaises de 1993, la droite remporte trois des quatre sièges martiniquais à l'Assemblée nationale. Le retrait d'Aimé Césaire n'est sûrement pas étranger à ce résultat.

Toutefois, en 1994, Claude Lise, du PPM, est élu président du Conseil général de la Martinique, alors qu'aux élections municipales de juin 1995 Aimé Césaire se voit reporté au pouvoir à Fort-de-France à l'âge de 82 ans. Incidemment, Césaire occupe le poste de maire du chef-lieu, sans interruption, depuis 1945. Finalement, aux élections présidentielles d'avril et de mai 1995, la Martinique a voté à gauche dans une proportion de 59 %, favorisant le socialiste Lionel Jospin plutôt que celui qui devait devenir le nouveau président de la République française, Jacques Chirac.

Institutions politiques et organisation administrative

Depuis la loi du 19 mars 1946, la Martinique est un département français d'outre-mer (DOM). De par la Constitution, elle est dotée de deux assemblées politiques : le Conseil régional, élu à la représentation proportionnelle, et le Conseil général, élu au scrutin majoritaire à deux tours. Le Conseil régional a pour principales compétences les domaines du développement économique, de la formation de la main-d'oeuvre et de l'aménagement du territoire, alors que le Conseil général s'occupe du domaine social. Ces deux assemblées ont le pouvoir de légiférer dans

leurs domaines respectifs et, bien entendu, de voter les budgets alloués.

En plus du Conseil régional et du Conseil général, la Martinique est pourvue d'un Comité économique et social, et d'un Comité de la culture et de l'environnement. Quatre députés martiniquais siègent à l'Assemblée nationale française, alors qu'elle envoie deux représentants au Sénat. Comme les citoyens de la métropole, les Martiniquais bénéficient des programmes sociaux mis de l'avant par l'État français, notamment les pensions de vieillesse, les allocations familiales, l'assurance-chômage et l'assurance-maladie. Néanmoins, ces programmes ne sont pas toujours appliqués en Martinique selon les normes et critères ayant cours en France métropolitaine.

En ce qui concerne son administration locale, la Martinique est subdivisée en 34 communes (voir carte des communes de Martinique), chacune étant administrée par un maire, ses adjoints et ses conseillers, qui forment le Conseil municipal. Ceux-ci sont élus au cours d'élections municipales tenues tous les six ans. Les dernières ont eu lieu en juin 1995.

Fort-de-France est le chef-lieu, siège de la préfecture, du département de la Martinique. Son arrondissement inclut également Bellefontaine, Le Carbet, Case-Pilote, Fonds-Saint-Denis, Grand'Rivière, Le Lamentin, Morne-Rouge, Morne-Vert, Le Prêcheur, Saint-Joseph, Saint-Pierre et Schœlcher.

La Martinique compte de plus deux sous-préfectures d'arrondissement. Il y a tout d'abord la sous-préfecture du Sud, Le Marin, qui regroupe les communes des Anses-d'Arlet, du Diamant, de Ducos, du François, de Rivière-

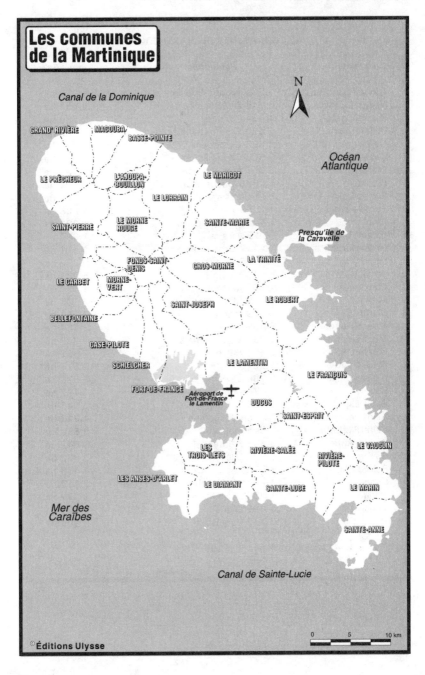

Les communes de la Martinique

Canal de la Dominique

N

Océan Atlantique

GRAND' RIVIÈRE MACOUBA

BASSE-POINTE

LE PRÊCHEUR

L'AJOUPA-BOUILLON

LE MARIGOT

LE LORRAIN

LE MORNE ROUGE

SAINT-PIERRE

SAINTE-MARIE

Presqu'île de la Caravelle

FONDS-SAINT-DENIS

GROS-MORNE

LA TRINITÉ

LE CARBET

MORNE-VERT

SAINT-JOSEPH

LE ROBERT

BELLEFONTAINE

CASE-PILOTE

SCHŒLCHER

LE LAMENTIN

LE FRANÇOIS

FORT-DE-FRANCE

Aéroport de Fort-de-France le Lamentin

DUCOS

SAINT-ESPRIT

LES TROIS-ÎLETS

RIVIÈRE-SALÉE

RIVIÈRE-PILOTE

LE VAUCLIN

LES ANSES-D'ARLET

LE DIAMANT

SAINTE-LUCE

LE MARIN

Mer des Caraïbes

SAINTE-ANNE

Canal de Sainte-Lucie

0   5   10 km

© Éditions Ulysse

LES COMMUNES DE MARTINIQUE [1]

Commune	Population	Superficie
Ajoupa-Bouillon	1 745 Ajoupa-Bouillonnais	1 230 ha
Anses-D'Arlet	3 245 Arlésiens	2 592 ha
Basse-Pointe	4 454 Pointois	2 795 ha
Bellefontaine	1 530 Bellefontainois	1 189 ha
Carbet	3 022 Carbétiens	2 022 ha
Case-Pilote	3 657 Case-Pilotins	1 844 ha
Diamant	3 351 Diamantinois	2 734 ha
Ducos	12 536 Ducossais	2 904 ha
Fonds-Saint-Denis	982 Denisiens	2 428 ha
Fort-de-France	101 540 Foyalais	4 308 ha
François	17 065 Franciscains	5 393 ha
Grand'Rivière	959 Riverains	1 660 ha
Gros-Morne	10 197 Gros-Mornais	4 611 ha
Lamentin	30 696 Lamentinois	6 232 ha
Lorrain	8 116 Lorinois	5 033 ha
Macouba	1 502 Macoubétins	1 693 ha
Marigot	3 609 Marigotins	2 163 ha
Marin	6 429 Marinois	3 151 ha
Morne-Rouge	5 363 Péléens	3 764 ha
Morne-Vert	1 838 Verdimornais	1 337 ha
Prêcheur	2 051 Prêchotins	2 992 ha
Rivière-Pilote	12 678 Pilotins	3 578 ha
Rivière-Salée	8 785 Saléens	3 938 ha
Robert	17 746 Robertins	4 487 ha
Saint-Esprit	7 799 Spiritains	2 346 ha
Saint-Joseph	14 054 Joséphins	4 329 ha
Saint-Pierre	5 045 Pierrotins	3 858 ha
Sainte-Anne	3 883 Saintannais	3 842 ha
Sainte-Luce	5 978 Lucéens	2 802 ha
Sainte-Marie	19 760 Samaritains	4 456 ha
Schœlcher	19 874 Schœlcherois	2 117 ha
Trinité	11 392 Trinitéens	4 577 ha
Trois-Îlets	4 492 Iléens	2 731 ha
Vauclin	7 769 Vauclinois	3 906 ha

(1) Source : *Mise à jour*, avril-juin 1995

Pilote, de Rivière-Salée, de Saint-Esprit, de Sainte-Anne, de Sainte-Luce, de Trois-Îlets et du Vauclin. Finalement, La Trinité, sous-préfecture du Nord, rassemble l'Ajoupa-Bouillon, Basse-Pointe, Gros-Morne, Le Lorrain, Macouba, Marigot, Le Robert et Sainte-Marie.

Le portrait économique

Le produit intérieur brut de la Martinique s'élève à 4 514 millions de dollars US pour une population de 379 000 personnes (source : État du Monde 1996), soit environ 12 000 $US par habitant. En comparaison, le PIB de la Guadeloupe se chiffre à 7 500 $US par habitant, celui de la France à environ 22 000 $US par habitant et celui du Canada à 20 000 $US par habitant.

La Martinique importe pour 1 557 millions de dollars US, alors qu'elle n'exporte que pour 191 millions. Son principal fournisseur est la France métropolitaine (69,2 %), également son premier client (48,4 %). Ensemble, les Départements français d'Amérique importent pour une valeur de 3,6 milliards de dollars US (18 milliards de francs), se situant au 11e rang mondial parmi les clients de la France. Environ 2,5 millions de tonnes de marchandises transitent par le port de Fort-de-France, qui se classe au 5e rang des ports de la zone caraïbe, derrière la Nouvelle-Orléans (É.-U.), nettement dans une classe à part, Kingston (Jamaïque), San Juan (Porto Rico) et Paramaribo (Suriname), et tout juste devant la Guadeloupe (2,48 millions de tonnes).

Jadis très importante, la production agricole est en constante régression en Martinique. Les cultures prédominantes demeurent celle de la banane (premier produit à l'exportation; 50 % des exportations en valeur), qui, peu à peu, supplante celle de la canne à sucre, à laquelle est liée la production du rhum. Au troisième rang, on retrouve l'ananas, avec une production annuelle s'élevant à un peu moins de 30 000 t. Ainsi, la production martiniquaise annuelle de canne à sucre atteint aujourd'hui à peine les 228 000 t (514 000 t en 1968), au 18e rang des États ou territoires du bassin de la Caraïbe, derrière la Guadeloupe (480 000 t) et à des années-lumière des leaders caribéen, Cuba (58 000 000 t), et mondial, le Brésil (270 700 000 t).

Pour ce qui est de la production de bananes, la Martinique se classe 9e dans les Caraïbes (210 000 t), ce qui demeure modeste en comparaison des grands producteurs mondiaux (l'Inde avec 6 400 000 t et le Brésil avec 5 140 000 t), mais tout de même appréciable en comparaison avec le Costa Rica (1 600 000 t), le leader du bassin de la Caraïbe et le 7e producteur au monde. On évalue que l'industrie de la banane représente 15 000 emplois directs et près du double pour ce qui est des emplois indirects. Mais la croissance de cette industrie connaît des ratés depuis quelques années. On parle même d'une véritable crise provoquée par la concurrence féroce de pays africains francophones, avec lesquelles la France soigne ses relations diplomatiques, et d'Amérique latine, dont la production est contrôlée par de puissantes multinationales américaines (Chiquita, Dole, Del Monte). Les coûts de production étant beaucoup moins élevés dans ces États (une journée de travail en Afrique ou en Amérique latine coûte entre 20 F et 40 F, alors qu'elle atteint 350 F dans les Antilles françaises), la banane martiniquaise devient de moins en moins concurrentielle.

De nouvelles cultures se sont toutefois développées en marge de ce traditionnel trio. Mentionnons par exemple le melon, l'aubergine, la lime et l'avocat. Il faut aussi noter la production de fleurs (anthuriums) et de plantes.

De son côté, l'élevage compte pour environ 15 % de la production agricole de la Martinique. On la subdivise en trois groupes : l'élevage des bovins, principalement concentré dans le sud de l'île, l'élevage porcin et l'élevage ovin, tous deux répartis un peu partout dans l'île, mais beaucoup moins bien organisés que le premier.

La pêche demeure un secteur artisanal, comme l'indique l'inexistence de statistiques précises quant à ses niveaux de production. Ainsi, à la production de 3 500 t de poissons frais officiellement enregistrée en 1990, certains observateurs s'entendent pour ajouter de 6 000 à 7 000 t! Il y a environ 800 marins pêcheurs déclarés, mais leur nombre réel dépasse probablement les 2 000.

Le secteur industriel est essentiellement tourné, quant à lui, vers la production énergétique (60 % du chiffre d'affaires et 18 % des emplois), l'agroalimentaire (70 % des établissements industriels) et la production de matériaux de construction (ciment, parpaings, briques). L'industrie emploie environ 13 % (6 000) des salariés martiniquais, alors que ses entreprises comptent pour 9 % (1 800) du nombre total de sociétés en opération. On évalue à environ 1 000 le nombre d'entrepreneurs indépendants sans salarié œuvrant dans le secteur industriel. Les principales entreprises industrielles de la Martinique sont l'EDF (monopole de la distribution d'électricité), Sara (raffinage de pétrole brut, importation, entreposage), Biométal (tôles, accessoires à bétons, panneaux isothermes), Batimat (béton, gravillon, sable) et la SCIC (Société caraïbe d'industrie chimique).

De toute la richesse produite en Martinique aujourd'hui, 80 % proviennent du secteur des services (commerce, tourisme...), contre 10 % pour l'industrie et 10 % pour l'agriculture. L'État est l'employeur le plus important. Il est en fait devenu le véritable moteur économique de l'île, versant 40 % des salaires.

L'industrie touristique est aussi en pleine expansion alors que plus de 830 000 visiteurs sont comptabilisés chaque année. Il faut toutefois noter que plus de la moitié de ces visiteurs sont des voyageurs de croisière, qu'un bon nombre de ceux-ci ne descendent pas à terre et que les autres ne le font que pour une durée de quatre à huit heures. Un peu plus de 60 % des touristes proviennent de la France métropolitaine, 12 % d'autres pays d'Europe et 10 % des autres pays ou territoires du bassin de la Caraïbe.

Le commerce occupe aussi une proportion importante de la main-d'œuvre. On compte actuellement plus de 1 500 établissements de vente au détail en Martinique.

Pourtant, la situation de l'emploi reste fort préoccupante. La population active s'élève à environ 170 000 personnes, et plus de 50 000 de celles-ci sont sans emploi, pour un taux de chômage de plus de 30 %.

Le portrait social

Depuis longtemps, la population amérindienne habitant l'île, les Caraïbes, a été décimée ou déportée vers des îles voisines, comme la Dominique, où quelques-uns d'entre eux vivent encore aujourd'hui. Auparavant, ces mêmes Caraïbes avaient exterminé les Arawaks, cet autre peuple amérindien aux mœurs pacifiques.

Aujourd'hui, la très grande majorité (80 %) de la population de la Martinique, qui s'élève à environ 379 000 habitants, est de race noire (descendants d'esclaves venus d'Afrique au cours des XVIIᵉ et XVIIIᵉ siècles et au début du XIXᵉ siècle) ou mulâtre (mélange d'origines européenne et africaine).

La population blanche ne représente guère plus de 1 % de la famille martiniquaise. Ces Blancs créoles, descendants directs des premiers colons venus de France, ou «békés», contrôlent pourtant une partie importante de l'économie de l'île : grandes exploitations agricoles, import-export, institutions financières, immobilier, tourisme, etc.

Il faut aussi mentionner l'important contingent de «métros», ces Blancs venus de la métropole pour œuvrer au sein des administrations. Il est bien difficile d'en évaluer le nombre, puisque, muni de sa carte d'identité, tout Français peut venir s'installer en Martinique sans qu'aucun contrôle ne soit exercé. On parle ainsi d'un groupe bien particulier, dont la population se situe entre 10 000 et 35 000 représentants.

On retrouve également de petites communautés issues d'une immigration hindoue et, dans une moindre mesure, chinoise, survenue dans l'île durant la seconde moitié du XIXᵉ siècle, au lendemain de l'abolition de l'esclavage, alors que les besoins en main-d'œuvre grandissaient. Finalement, des Libanais et des Syriens ont nourri une vague d'immigration plus récente. On les rencontre surtout à Fort-de-France, où ils sont nombreux à posséder des boutiques de vêtements ou des bijouteries.

Plus des trois quarts des Martiniquais sont catholiques et, si le français est la langue officielle, le créole demeure largement utilisé. Le taux d'alphabétisation, l'espérance de vie et la mortalité infantile atteignent des taux presque similaires à ceux de la France métropolitaine. À peine plus de 5 % des Martiniquais sont âgés de plus de 65 ans, alors que les jeunes de moins de 15 ans forment un groupe comptant pour plus du tiers de la population.

Culture et traditions

■ Le créole

La Martinique, tout comme d'autres îles des Antilles (dont la Guadeloupe et Haïti), fut d'abord peuplée d'Amérindiens, puis d'immigrants venus de diverses contrées (France, pays d'Afrique). Ces hommes et ces femmes, réunis dans des plantations où ils devaient communiquer, ont dû adapter leur langue respective afin de créer un langage qui serait compris de tous. Le créole, tirant ses origines du français, bien sûr, mais aussi de l'espagnol, du portugais, de dialectes africains et de quelques mots caraïbes, naquit de cette nécessité d'échanger. Langue des esclaves, elle fut longtemps considérée comme du français déformé. Petit à petit, la reconnaissance du créole, aussi bien en tant que langue que comme élément d'une identité antillaise, a permis de valoriser la langue non seulement parlée, mais aussi écrite.

■ **La littérature**

Les textes des pères **du Tertre** (*Histoire générale des îles de Saint-Christophe, de la Guadeloupe, de la Martinique et autres dans l'Amérique*, 1654) et **Labat** (*Nouveau voyage aux îles de l'Amérique*, 1722), relatant la vie dans les colonies des Caraïbes, constituent probablement les premiers écrits antillais. Essentiellement des témoignages, ils ont avant tout un intérêt historique. Au cours des siècles qui suivent, le développement de la colonie se poursuit, mais il faut attendre le XXᵉ siècle pour assister à la naissance d'une littérature antillaise. Auparavant, le contexte social (crises économiques, instabilité politique) ne favorise pas l'émergence d'une telle littérature.

Une littérature antillaise, aux accents et aux images issus de ces îles de soleil, commence à prendre forme au début du XXᵉ siècle. **Daniel Thaly** (1880-1952), né dans l'île anglaise voisine de la Martinique, la Dominique (où l'on parle également créole), est le premier poète antillais reconnu.

Puis, **Joseph Zobel** (1915-), Martiniquais né à Rivière-Salée, décrit une réalité tout antillaise dans *Rue Case-Nègres* : la difficile condition des ouvriers noirs travaillant sur les plantations de canne à sucre. Ce roman sera plus tard porté à l'écran (1983) par **Euzhan Palcy**, dont le film remportera le Lion d'Argent au Festival de Venise.

Peu à peu, la littérature se modernise, et l'on assiste à la naissance d'un courant qui valorise avant tout les particularités des peuples des Antilles. **Aimé Césaire** (1913-), originaire de Basse-Pointe, en Martinique, compose des textes qui ont pour but, en rejetant les canons de la littérature blanche, de défendre et de valoriser la «négritude», terme inventé par lui pour désigner l'ensemble de la culture noire :

«À moi mes danses
mes danses de mauvais nègre
à moi mes danses
la danse brise-cancan
la danse saute-prison
la danse il-est-bon-et-beau-et-légitime-d'être-nègre»

Son œuvre influencera considérablement la littérature antillaise et africaine de langue française. Parmi ses écrits les plus marquants, il faut signaler son *Cahier d'un retour au pays natal*, duquel est tiré l'extrait cité plus haut, de même que *Soleil cou coupé* (1948) et *La tragédie du roi Christophe* (1964).

Par la suite, on cessera de se tourner vers l'Afrique pour se concentrer sur les Antilles : l'«antillanité» prend alors son envol, et les auteurs s'efforcent dès lors de décrire une réalité essentiellement antillaise. En Guadeloupe, on compte plusieurs auteurs adhérant à ce mouvement, dont **Édouard Glissant** (1928-), qui en fut le précurseur.

Ce mouvement cède lentement la place à un autre, celui de la «créolité», valorisant la culture et la langue créoles. Le martiniquais **Patrick Chamoiseau** (1953-) en est, bien sûr, la figure dominante grâce à son roman *Texaco,* extraordinaire saga évoquant toute l'histoire martiniquaise et ouvrage couronné du prix Goncourt en 1992, qui vint par ailleurs témoigner de la reconnaissance de la créolité. Chamoiseau avait d'ailleurs été l'un des auteurs de l'*Éloge de la Créolité* (1989), en collaboration avec le linguiste **Jean Bernabé** et le romancier **Raphaël Confiant,** lui-même auteur de plusieurs romans entièrement écrits en créole. C'est à ce dernier auteur que l'on doit par ailleurs le très beau roman *L'Allée des Soupirs,* qui fut lui aussi pressenti pour le Goncourt en 1994.

■ **La musique et la danse**

Des rythmes endiablés aux airs romantiques, la musique anime la vie des Martiniquais en toute occasion. Au cœur de cette société, elle a su prendre maintes formes au cours des ans, naissant de la rencontre des différentes peuples qui sont venus s'installer dans l'île.

Parmi tous les rythmes sur lesquels dansent les Antillais, il en est un qui a fait le tour du globe depuis les années quatre-vingt : le *zouk.* Pour plusieurs observateurs, il s'agit en fait du premier courant de musique populaire véritablement originaire des Antilles françaises. Vigoureuse, voire endiablée, et résolument moderne, cette forme d'expression musicale n'en possède pas moins des racines profondément ancrées dans l'histoire et les traditions antillaises.

Ces racines, on les retrouve jusque dans le *gwo ka,* cette musique née dans les mornes guadeloupéens, qui jaillit des tambours de bois (jusqu'à 10!) et d'autres instruments de percussion fabriqués à partir de coquillages. Le *gwo ka* est d'ailleurs toujours bien vivant, égayant les rues durant le carnaval, et possédant ses vedettes, les musiciens **Ti-Céleste, Esnard Boisdur, Eugène Mona,** etc.

Autre musique, née en Martinique celle-là, bien présente lors du carnaval et source d'inspiration dans la création du *zouk,* le *chouval bwa* s'articule essentiellement autour des sons produits par une batterie de tambours, dont le plus grand est appelé «bel-air». Le groupe **Marcé et Tumpak** est considéré comme le meilleur représentant de cette forme musicale.

Sans doute plus connue, la *biguine,* sorte de folk jazz version martiniquaise, possède quelque 300 ans d'histoire. Au début, cette musique n'était celle que de quelques instruments à cordes (guitares, banjos). Puis, des percussions empruntées au *chouval bwa* vinrent ponctuer ses airs. Plus tard, clarinettes et violons s'y ajoutèrent. Des pas déjà vus en Afrique et dans les salles de bal françaises ont modelé la danse lascive et suggestive née de cette musique, qui connut une très grande vogue dans les années vingt et trente. À cette époque, le clarinettiste **Alexandre Stellio** comptait parmi les figures majeures du jazz mondial, tout comme **Sam Castandet,** qui lui succéda comme leader du groupe de l'**Orchestre Antillais,** dont la carrière parisienne se poursuivit jusque dans les années cinquante.

De la fusion des cordes de la *biguine* et des percussions du *chouval bwa* et du *gwo ka* est issue la *cadence.* Ce sont surtout des musiciens haïtiens qui ont su mettre de l'avant cette musique, fort populaire partout dans les Antilles au cours des années cinquante et soixante. Les groupes de *cadence* haïtiens parcouraient d'ailleurs en grand nombre la Martinique et la Guadeloupe à cette époque. Dans les années soixante-dix, cette musique se métamorphosera peu à peu en ce qui deviendra le *zouk*. Le groupe **Exile One**, originaire de la Dominique, s'installe alors en Guadeloupe et ajoute à la *cadence* traditionnelle des éléments soul, rock, latin et afro-funk. Le chanteur soliste de ce groupe, **Gordon Henderson**, fonde ensuite le groupe **Vikings of Guadeloupe**. Le *viking* devient d'ailleurs l'appellation d'un style musical propre, que l'on peut décrire comme une «cadence progressive» (il y aura d'ailleurs un groupe nommé **Martiniquan Vikings**).

Parmi les musiciens membres des Vikings of Guadeloupe, il faut mentionner **Pierre-Éduard Decimus**, l'un des co-fondateurs, avec **Jacob Desvarieux**, guitariste *heavy metal*, de **Kassav'**, le groupe phare du mouvement *zouk*. C'est en 1978, à Paris, que sera créé ce groupe mythique, au départ formé uniquement de musiciens guadeloupéens, mais auxquels s'ajouteront bientôt des Martiniquais : **Jean-Claude Naimro**, **Claude Vamur**, **Jean-Philippe Martheny** et **Patrick Saint-Éloi**. Ces musiciens mettront les Antilles françaises sur la carte des «musiques du monde».

Depuis le démantèlement de Kassav', d'autres ont repris le flambeau, comme les groupes **West Indies Attitude** et **Kwak** pour ne nommer que ceux-là. L'une des grandes contributions de Kassav' aura été la création d'un renouveau d'intérêt pour les racines de la musique antillaise. Ce regain de vie a d'ailleurs profité à des musiciens comme **Kali** et à son groupe **Pakatak**, qui proposent une alliance intéressante entre le *zouk* et le jazz moderne.

Dans la foulée de Kassav', d'autres musiciens *zouk* et folk sont aujourd'hui à signaler, comme les flûtistes **Dédé Saint-Prix** et **Max Cilla**, le pianiste **George-Édouard Nouel**, le chanteur nationaliste radical **Joby Bernade**, de même que **Sartana** et **Franky Vincent**, tous deux également chanteurs.

De plus, il ne faudrait surtout pas oublier les groupes éminemment populaires que sont devenus **Malavoi**, qui mélange allègrement depuis les années soixante le *quadrille*, le *gwo ka*, le *zouk* et la *bossa nova*, ainsi que **Zouk Machine**, dont les tubes ont atteint les sommets des palmarès à la fin des années quatre-vingt. Du trio de chanteuses qui a fait les beaux jours de Zouk Machine, il faut retenir le nom de **Joelle Ursull**, qui poursuit actuellement une brillante carrière solo.

Pour en savoir davantage sur la musique des Antilles, comme sur toutes les «musiques du monde», nous ne saurions vous recommander assez fortement la lecture de l'ouvrage britannique publié par Rough Guide et intitulé *World Music*.

■ Le costume traditionnel

Si aujourd'hui les jeunes Martiniquaises sont branchées sur la mode internationale, les dames portaient autrefois une toilette tirant ses origines d'un amalgame de traditions vestimentaires. Le corsage dégageait les épaules (selon la mode espagnole), alors que la jupe se présentait selon trois modèles : coupée à la française (avec une traîne), faite de madras d'origine indienne (tissu aux couleurs vives à base de fibres de coton et de bananier), ou ornée de dentelles anglaises.

Également faite d'une étoffe de madras, la coiffe traditionnelle avait, selon la façon dont elle était portée, une signification bien précise. Ainsi, la coiffe ne possédant qu'une seule pointe signifiait «je n'ai pas d'amoureux», deux pointes, «mon cœur est pris», trois pointes, «je suis mariée et n'ai pas besoin d'amant», et enfin quatre pointes, «je suis mariée, mais on ne sait jamais...»

■ Le Carnaval

Pendant un mois et demi, une multitude de concours, dont l'élection des reines de beauté, prépare la venue du Carnaval. Les festivités tant attendues débutent le dimanche précédant le mercredi des Cendres, et elles égayent les rues quatre jours durant. Le Carnaval commence par un défilé de chars allégoriques. Les musiciens, les marchands ambulants, les danseurs et, bien sûr, les habitants prennent alors d'assaut les rues, et la fête bat son plein. Le mercredi, le Carnaval se termine par la mort de Vaval (effigie du Carnaval), qui s'enflamme et se consume.

■ Les combats de coqs

Introduits aux Antilles par les Espagnols, les combats de coqs se tiennent aux quatre coins de la Martinique. Autour des *pitts* (arènes de terre battue), les hommes prennent place pour assister au combat qui opposera deux coqs. Avant l'affrontement, un cérémonial impliquant la pesée et la pose des ergots aux coqs ainsi que la présentation des propriétaires des combattants doit avoir lieu. Puis, lorsque les jurés décident que les oiseaux se qualifient, le combat commence. Pour être vainqueur, le coq doit tuer son rival.

RENSEIGNEMENTS GÉNÉRAUX

L e présent chapitre se veut un carnet de référence où l'on trouvera toutes les coordonnées utiles à la préparation d'un séjour en Martinique.

Formalités d'entrée

■ Passeport et visa

Pour entrer en Martinique, les voyageurs doivent avoir en leur possession un passeport valide. Cette obligation ne s'applique toutefois pas aux touristes français, qui sont admis sur seule présentation de leur carte nationale d'identité.

Outre le passeport, les ressortissants québécois, canadiens et américains sont admis sans visa pour des séjours de moins de trois mois.

Par ailleurs, tous les voyageurs, sauf les Français, doivent détenir un billet de retour ou de continuation de voyage.

Comme ces formalités peuvent changer en tout temps, nous vous recommandons de vérifier auprès de l'ambassade ou du consulat de la France le plus près de chez vous avant votre départ.

■ Douane

Les voyageurs québécois âgés de 18 ans et plus sont autorisés à importer en Martinique un litre de spiritueux contenant plus de 22 % d'alcool, 2 l de vin et 200 cigarettes (ou 100 cigarillos ou 50 cigares ou 250 g de tabac).

Les visiteurs en provenance de pays membres de la CÉE peuvent, pour leur part, emporter en Martinique 1,5 l d'alcool, 4 l de vin et 300 cigarettes (ou 150 cigarillos ou 75 cigares ou 400 g de tabac).

Ambassades et consulats en Martinique

CANADA
Il n'y a pas d'ambassade ou de consulat canadien en Martinique. La mission canadienne la plus près est établie à Trinidad et Tobago :

72 South Quay
C.P. 1246
Port-of-Spain
☎ (809) 623-7254 ou 625-6734
⇄ (809) 624-4016

BELGIQUE
Établissement Cottrel
ZI de la Lézarde
97232 Le Lamentin
☎ (596) 51.21.64

ESPAGNE
Maison Duquesne
Avenue des Arawaks
97232 Le Lamentin
☎ (596) 71.30.78

ITALIE
19, rue François-Arago
97200 Fort-de-France
☎ (596) 70.54.75

SUISSE
Centre d'affaires Californie
97232 Le Lamentin
☎ (596) 50.12.43

Offices du tourisme de la Martinique à l'étranger

FRANCE
Office du Tourisme de la Martinique
2, rue des Moulins
75001 Paris
☎ 44.77.86.22
⇄ 49.26.03.63

Antilles Voyages Atmosphère
Agence de voyages officielle de la Martinique et centrale de réservation
2, rue des Moulins
75001 Paris
☎ 44.77.86.11
⇄ 49.26.03.63

CANADA
Office du tourisme de la Martinique au Canada
1981, avenue McGill College
Bureau 480
Montréal (Québec)
H3A 2W9
☎ (514) 844-8566 ou 1-800-361-9099
⇄ (514) 844-8901

Bureau régional
30 St. Patrick Street
#700
Toronto, Ontario
M5T 3A3
☎ (416) 593-6427
⇄ (416) 979-7587

BELGIQUE
Maison de la France
21, avenue de la Toison-d'Or
1060 Bruxelles
☎ (2) 513.07.82
⇄ (2) 514.33.75

ESPAGNE
Maison de la France
Alcala 69
Madrid 28013
☎ (34) 1.541.88.08
⇄ (34) 1.541.24.12

Bureau régional
Gran Via de los Corts Catalanes 656
Barcelone 08010
☎ (34) 3.302.05.82
⇄ (34) 3.317.29.71

ITALIE
Maison de la France
Via Larga, 7
I-20122 Milano
☎ (39) 2.58.31.65.69
⇄ (39) 2.58.31.65.79

SUISSE
Maison de la France
2, rue Thalberg
1201 Genève
☎ (41) 227.328.610
⇄ (41) 227.315.873

Maison de la France
Loewenstrasse 59
8023 Zurich
☎ (41) 211.30.85
⇄ (41) 212.16.44

**Renseignements et
excursions touristiques**

Au cours de votre visite de la Martinique, il vous sera facile de recueillir toute l'information touristique dont vous aurez besoin. Ainsi, la grande majorité des bourgs de l'île disposent d'un syndicat d'initiative dont un des rôles consiste à accueillir et à rensei-gner les visiteurs. Nous vous indique rons leurs coordonnées tout au long de cet ouvrage, au fur et à mesure de la description des diverses régions.

De plus, l'Office Départemental du Tourisme de la Martinique est installé à Fort-de-France, sur le bord de mer :

**Office Départemental du
Tourisme de la Martinique**
rue Ernest Deproge - Bord de mer
B.P. 520 - 97200 Fort-de-France
☎ 63.79.60
⇄ 73.66.93

■ **Organisateurs d'excursions**

Certaines firmes se spécialisent dans l'organisation de visites guidées dans toutes les régions de la Martinique, en plus de proposer des excursions en bateau. En voici quelques exemples :

STT Voyages
23, rue Blénac
Fort-de-France
☎ 71.68.12 ou 73.32.00

Caribjet
Aéroport du Lamentin
☎ 51.90.00

Caribtours
Marina Pointe du Bout
Trois-Îlets
☎ 66.02.56
⇄ 66.09.66

Madinina Tours
89, rue Blénac
Fort-de-France
☎ 70.65.25
⇄ 73.09.53

L'accès à la Martinique

■ Par avion

La plupart des visiteurs de la Martinique y viennent par avion. Il n'y a qu'un seul aéroport international sur l'île, situé au sud-est du chef-lieu Fort-de-France :

Aéroport du Lamentin
☎ (596) 51.51.51

Parmi les services offerts dans le hall d'arrivée de l'aéroport, mentionnons le **bureau de l'Office Départemental du Tourisme** (☎ 51.28.55), de même que les comptoirs d'**organisateurs d'excursions guidées** (Caribtours et LVA) et le centre d'information de la **Chambre de Commerce et d'Industrie** (☎ 51.81.08 ou 51.65.05).

Plusieurs entreprises de **location de voitures** sont présentes à l'aéroport :

Avis Lam	☎ 51.26.86
Budget	☎ 51.22.88
Carib Rent A Car	☎ 51.19.33
Charles O. Lafontaine	☎ 51.64.47
Euro Rent	☎ 51.55.44
Europcar	☎ 51.01.96
Hertz	☎ 51.28.22
Mattei	☎ 51.66.21
Pop's Car	☎ 51.02.72
Thrifty	☎ 51.03.73

On trouvera de plus deux bureaux de change. Il y a tout d'abord celui du **Crédit Agricole**, ouvert du mardi au vendredi de 7 h 30 à 12 h 30 et de 14 h 15 à 16 h, et le samedi, de 7 h 30 à 12 h 30 (☎ 51.25.99). L'autre porte le nom de **Change Caraïbes** et est ouvert du lundi au vendredi de 8 h à 19 h, et le samedi de 8 h à 14 h 30 (☎ 51.57.91).

Divers services d'information téléphoniques produisant des messages enregistrés variant d'une journée à l'autre sont offerts. Parmi ceux-ci, mentionnons :

- Arrivées (vols internationaux et Caraïbes) ☎ 51.56.56

- Départs (vols internationaux et Caraïbes) ☎ 51.56.86

Mentionnons que l'aéroport du Lamentin fait actuellement l'objet d'une restructuration en profondeur. Ainsi, le 12 juillet 1995, la vétuste aérogare de passagers datant de 1965 s'est vu remplacer par un édifice moderne et beaucoup plus spacieux (28 000 m^2). Cette nouvelle aérogare, construite en 25 mois au coût de 632 millions de francs, doit permettre l'accueil de 2 à 2,5 millions de passagers par année, doublant ainsi la capacité de l'aéroport du Lamentin.

L'aménagement de ces nouveaux équipements d'accueil entre dans un plan de rénovation de l'aéroport beaucoup plus large, qui se poursuit jusqu'à la fin de 1996, alors que sera inaugurée une nouvelle tour de contrôle.

L'aéroport du Lamentin n'est plus desservi par Air Canada, qui assurait jusqu'à il y a quelques années une liaison hebdomadaire entre Montréal (et Toronto) et Fort-de-France. Il y a toutefois un vol régulier chaque semaine jusqu'à Pointe-à-Pitre (Guadeloupe), qu'une liaison inter-îles (Air Guadeloupe par exemple) peut compléter. En saison, des vols nolisés directs sont proposés aux Québécois par des compagnies aériennes comme Air Transat et Royal.

Air France propose des vols quotidiens Paris - Fort-de-France, alors qu'Air Liberté relie Nantes et Bordeaux à la Martinique deux fois par semaine. La compagnie AOM propose, quant à elle, un service régulier sur Fort-de-France, à partir d'Orly-Ouest.

Air Martinique, Minerve et Corse Air sont les autres compagnies aériennes internationales représentées à l'aéroport du Lamentin. Les compagnies Air France, Air Martinique, Air Guadeloupe et Liat assurent, quant à elles, des liaisons entre les différentes îles des Caraïbes.

Outre les taxis et les véhicules destinés aux voyageurs à forfait, il n'y a pas de service organisé de transport depuis l'aéroport jusqu'à Fort-de-France ou les autres régions de l'île. Comme la course en taxi peut s'avérer fort coûteuse (70 F pour Fort-de-France, 150 F pour Trois-Îlets ou le Diamant, 270 F pour Sainte-Anne, 150 F pour Trinité; plus cher la nuit), plusieurs voyageurs se dirigeant ailleurs qu'à Fort-de-France optent pour la location d'une automobile, plus avantageuse à plusieurs égards, même pour une seule journée. L'autre solution consiste à faire du stop, mais il y a alors beaucoup de concurrence…

■ **Par bateau**

Une autre façon, de plus en plus prisée, d'accéder à la Martinique consiste à prendre part à une croisière. Ainsi, de très nombreuses lignes maritimes, au départ des États-Unis le plus souvent (New York ou Floride), sillonnent les Caraïbes et, bien sûr, font escale à l'île aux fleurs (Fort-de-France). Parmi cel-

les-ci, notons Celebrity Cruises, Costa Cruises, Cunard Line, Fantasy Cruises, Holland America Line, Norwegian Cruise Line et Royal Caribbean Cruise Line. Consultez votre agent de voyages pour les forfaits avion-navire.

Il existe par ailleurs une façon pour le moins originale de faire la traversée (une semaine) depuis la France. Il s'agit de s'embarquer sur un bananier. Il y a un départ par semaine, et une dizaine de passagers peuvent se joindre à l'équipage. Pour en savoir plus, contactez la société Sotromat, à Paris (☎ 49.24.24.00).

Finalement, mentionnons qu'il existe des navettes maritimes reliant tous les jours Fort-de-France à la Guadeloupe, la Dominique, Les Saintes et Sainte-Lucie. Les tarifs adultes varient de 305 F à 450 F pour un aller simple. L'embarquement à Fort-de-France se fait au Quai Ouest, à l'entrée du Bassin de Radoub. Pour informations sur les horaires et la tarification précise, communiquez avec **L'Express des Îles** *(☎ 63.12.11, ⇄ 63.34.47)*.

La santé

Aucun vaccin n'est exigé pour entrer en Martinique. Toutefois, le vaccin pour la fièvre jaune est obligatoire pour les voyageurs qui arrivent de régions infectées.

L'équipement sanitaire s'avère moderne et varié sur l'île. Il est donc généralement facile et sûr de se faire soigner dans les établissements du réseau de santé de la Martinique, qui compte 18 hôpitaux et de très nombreuses cliniques.

■ **Les risques de maladie en Martinique**

L'eau est potable partout sur l'île et ne présente par conséquent aucun danger.

D'autre part, dans l'éventualité où vous auriez la diarrhée, diverses méthodes peuvent être utilisées pour la traiter. Tentez de calmer vos intestins en ne mangeant rien de solide et en buvant des boissons gazeuses, de l'eau en bouteille, du thé ou du café (évitez le lait) jusqu'à ce que la diarrhée cesse. La déshydratation pouvant être dangereuse, il faut boire beaucoup. Pour remédier à une déshydratation sévère, il est bon d'absorber une solution contenant un litre d'eau, deux ou trois cuillerées à thé de sel et une de sucre. Vous trouverez également des préparations toutes faites dans la plupart des pharmacies. Par la suite, réadaptez tranquillement vos intestins en mangeant des aliments faciles à digérer. Des médicaments, tel l'Imodium, peuvent aider à contrôler certains problèmes intestinaux. Dans les cas où les symptômes sont plus graves (forte fièvre, diarrhée importante...), un antibiotique peut être nécessaire. Il est alors préférable de consulter un médecin. La nourriture et le climat peuvent également être la cause de divers malaises. Quoique le problème ne se pose pratiquement jamais en Martinique, une certaine vigilance naturelle s'impose toujours quant à la fraîcheur des aliments (en l'occurrence la viande et le poisson) et à la propreté des lieux où la nourriture est apprêtée. Une bonne hygiène (entre autres, se laver fréquemment les mains) vous aidera à éviter bon nombre de ces désagréments.

En zone tropicale, les nappes d'eau douce sont fréquemment contaminées par la bactérie causant la billarziose (schistosomiase). Cette maladie, provoquée par un ver qui s'infiltre dans l'organisme pour s'attaquer au foie et au système nerveux, est difficile à traiter. Il faut donc éviter de se baigner dans tout plan d'eau douce.

N'oubliez pas non plus qu'une trop grande consommation d'alcool peut causer des malaises, particulièrement lorsqu'elle s'accompagne d'une longue exposition au soleil. Elle peut aussi entraîner une certaine déshydratation. Il est donc conseillé d'éviter les abus.

En outre, ici comme ailleurs, des cas de sida et de certaines maladies vénériennes ont été rapportés; il est donc sage d'être prudent à cet égard.

■ **Les mancenilliers**

La magnifique plage de la Grande Anse des Salines, à l'extrême sud de l'île, attire la plupart des visiteurs de la Martinique. Toutefois, la flore qui la borde compte parmi ses espèces un arbre dangereux, le mancenillier. Cet arbre de la famille des euphorbiacées produit un suc laiteux très vénéneux qui peut provoquer de graves brûlures. Il faut particulièrement se méfier du liquide qui s'échappe lors de la brisure d'une branche, d'une feuille ou de son fruit, la mancenille, qui ressemble à une petite pomme.

L'erreur à ne pas commettre consiste à s'y abriter du soleil ou, pis encore, de la pluie. Les mancenilliers sont généralement marqués d'un trait de peinture rouge, ce qui facilite leur repérage. Cependant, l'Office National des Forêts prévient qu'ils ne le sont pas tous. Il convient donc de bien observer ceux dont l'identité ne fait aucun doute afin de pouvoir démasquer les autres.

Si, même en prenant ces précautions, vous deviez subir une brûlure due au latex du mancenillier, consultez immédiatement un médecin.

■ Les insectes

Les insectes, qu'on retrouve en abondance un peu partout dans l'île, s'avèrent souvent fort désagréables. Munissez-vous donc de bons insectifuges. Dans le but de minimiser les risques d'être piqué, couvrez-vous bien, évitez les vêtements aux couleurs vives et ne vous parfumez pas. N'oubliez pas que les insectes sont plus actifs au coucher du soleil. Lors de promenades dans les montagnes et dans les régions forestières, des chaussures et chaussettes protégeant les pieds et les jambes seront certainement très utiles. Il est aussi conseillé d'emporter des pommades pour calmer les irritations dues aux piqûres.

■ Le soleil

Le soleil, aussi bien faisant soit-il, entraîne de nombreux petits ennuis. Emportez toujours une crème solaire qui protège des rayons nocifs du soleil. Plusieurs crèmes en vente dans les magasins n'offrent pas une protection adéquate. Avant de partir, demandez à votre pharmacien de vous indiquer les crèmes qui préservent réellement des rayons dangereux du soleil. Une trop longue période d'exposition pourrait causer une insolation (étourdissement, vomissement, fièvre...). Les premières journées surtout, il est nécessaire de bien se protéger et de ne pas prolonger les périodes d'exposition, car on doit d'abord s'habituer au soleil. Par la suite, il faut éviter les abus. Le port d'un chapeau et de verres fumés peut aider à contrer les effets néfastes du soleil. Souvenez-vous finalement que, pour une plus grande efficacité, il est recommandé d'appliquer la crème solaire de 20 à 30 min avant de vous exposer au soleil.

■ La trousse de santé

Une petite trousse de santé permet d'éviter bien des désagréments. Il est bon de la préparer avec soin avant de quitter la maison. Veillez à emporter une quantité suffisante de tous les médicaments que vous prenez habituellement ainsi qu'une ordonnance valide pour le cas où vous les perdriez. Les autres médicaments, tels que ceux contre la malaria et l'Imodium (ou un équivalent), devraient être achetés avant le départ. De plus, n'oubliez pas d'emporter une paire de lunettes supplémentaire, si vous en portez.

Les assurances

■ Annulation

Cette assurance est proposée par l'agent de voyages au moment de l'achat du billet d'avion ou du forfait. Elle permet le remboursement du billet ou du forfait dans le cas où le voyage devrait être annulé en raison d'une maladie grave ou d'un décès. Les gens sans problèmes de santé ne recourront probablement pas à une telle protection. Elle demeure par conséquent d'une utilité relative.

■ Vol

La plupart des assurances-habitation au Québec protègent une partie des biens contre le vol, même si celui-ci a lieu à l'étranger. Pour réclamer, il faut avoir un rapport de police. Comme tout dépend des montants couverts par votre police d'assurance-habitation, il n'est pas toujours utile de prendre une assurance supplémentaire. Les visiteurs européens, quant à eux, doivent vérifier que leur police protège leurs biens à l'étranger, car ce n'est pas automatiquement le cas.

■ Vie

Plusieurs compagnies aériennes offrent une assurance-vie incluse dans le prix du billet d'avion. D'autre part, beaucoup de voyageurs disposent déjà d'une telle assurance; il n'est donc pas nécessaire de s'en procurer une supplémentaire.

■ Maladie

Sans doute la plus utile pour les étrangers, l'assurance-maladie s'achète avant de partir en voyage. La couverture de cette police d'assurance doit être la plus complète possible, car, à l'étranger, le coût des soins peut s'élever rapidement. Au moment de l'achat de la police, il faudrait veiller à ce qu'elle couvre bien les frais médicaux de tout ordre, comme l'hospitalisation, les services infirmiers et les honoraires des médecins (jusqu'à concurrence d'un montant assez élevé, car ils sont chers). Une clause de rapatriement, pour le cas où les soins requis ne peuvent être administrés sur place, est précieuse. En outre, il peut arriver que vous ayez à débourser le coût des soins en quittant la clinique. Il faut donc vérifier ce que prévoit la police dans ce cas. Durant votre séjour, vous devriez toujours garder sur vous la preuve que vous avez contracté une assurance-maladie, ce qui vous évitera bien des ennuis si par malheur vous en avez besoin.

Le climat

La température moyenne en Martinique oscille autour de 26 °C. La chaleur n'y est jamais excessive, puisque des brises régulières, les alizés, venant de l'est et du nord-est, se chargent de rafraîchir les journées. La période la plus appréciée des voyageurs pour visiter la Martinique s'étend grosso modo de décembre à mai. Les températures sont alors agréablement douces. C'est ce que l'on appelle «le carême» ou la saison «sèche», par opposition à la saison des pluies, qui va de juin à novembre.

Cette dernière période, bien que ponctuée d'averses violentes, est la plus chaude de l'année, alors que le mercure atteint en moyenne 30 °C. Étrangement, on nomme aussi cette saison l'«hivernage». Les risques d'ouragans s'élèvent grandement durant cette période de l'année, surtout en août et en septembre. Les cyclones demeurent heureusement peu fréquents, mais s'avèrent dévastateurs lorsqu'ils frappent, comme en témoignent les importants dommages occasionnés par le passage des ouragans David, en août 1979, et Klaus, en octobre 1990.

On peut se baigner dans la mer toute l'année en Martinique, la température de l'eau (en moyenne 27 °C) ne variant que de deux à trois degrés d'une saison à l'autre.

■ Quoi mettre dans ses valises?

Peu importe la saison, des vêtements de coton, légers et amples, s'imposent. Il ne faut pas oublier le maillot de bain, de même que les souliers de marche pour ceux qui projettent de partir à la découverte de la forêt tropicale humide ou de la montagne Pelée. Un chandail un peu plus chaud, pour survivre à l'air conditionné ou aller en altitude, et un imperméable, surtout pendant l'hivernage, peuvent également s'avérer très utiles. Prévoyez en outre des vêtements plus chic pour les soirées au restaurant ou au casino.

Lunettes de soleil, crème solaire et chapeau devraient aussi se trouver dans vos bagages.

La sécurité

Comme partout ailleurs, il est recommandé de toujours garder sur soi son passeport ainsi que ses chèques de voyage et cartes de crédit. Évidemment, si vous les apportez à la plage, ce que nous vous déconseillons, il vous est fortement recommandé de les garder à l'œil. Toutefois, la plupart des chambres d'hôtel sont équipées d'un petit coffret de sûreté dans lequel vous pouvez placer vos objets ou documents de valeur.

Il est bon d'inclure dans ses valises une photocopie de son passeport et une liste des numéros de ses chèques de voyage. Dans l'éventualité où ces papiers seraient volés, le fait d'en avoir les numéros de référence facilite l'obtention de nouveaux documents.

Bien que la Martinique ne soit pas une région dangereuse, les voleurs demeurent présents. N'oubliez pas qu'aux yeux de plusieurs vous détenez des biens (appareil photo, valises de cuir, caméscope, bijoux...) qui représentent beaucoup d'argent. Une certaine prudence peut donc éviter bien des problèmes. Vous avez, dès lors, intérêt à ne porter que peu ou pas de bijoux, à glisser vos appareils électroniques dans un sac discret que vous garderez en bandoulière, et à ne pas sortir tous vos billets de banque quand vous achetez quelque chose. Une ceinture de voyage vous permettra de dissimuler une partie de votre argent, vos chèques de voyage et votre passeport. N'oubliez pas que moins vous attirez l'attention, moins vous courez le risque de vous faire voler.

Poste et télécommunication

On peut se procurer des timbres dans les bureaux de poste, bien sûr, mais aussi dans les grands hôtels. La levée du courrier se fait sur une base quotidienne.

Le système téléphonique de la Martinique est bien développé. On trouve aisément des cabines fonctionnant à l'aide de pièces de monnaie ou, le plus souvent, de télécartes. On se procurera ces dernières à la poste ou dans certaines boutiques facilement identifiables. **L'indicatif régional pour toute la Martinique est le 596.** Aussi, par souci d'économie d'espace, l'avons-nous supprimé dans la présentation de tous les numéros de téléphone de cet ouvrage.

Pour téléphoner en Martinique depuis le Québec, il faut composer le 011 596, puis le numéro de votre correspondant. Depuis la France, il faut faire le 19 596, puis le numéro. Depuis la Belgique ou la Suisse, il faut composer le 00 596, puis le numéro.

En appelant durant certaines périodes précises, vous pouvez bénéficier de rabais substantiels. Ainsi, depuis le Québec, la période la plus économique s'étend entre 23 h et 7 h. En France métropolitaine, appelez entre 23 h 30 et 8 h, le samedi à partir de 15 h 30 ou le dimanche toute la journée. En Belgique, choisissez un moment entre 20 h et 8 h, ou faites votre appel le dimanche toute la journée.

Pour joindre le Québec depuis la Martinique, il faut composer le 191, l'indicatif régional et finalement le numéro. Pour atteindre la France, faites le 16, ajoutez le 1 si vous désirez rejoindre la région de Paris-Île-de-France, puis le numéro complet. Pour téléphoner en Belgique, composez le 19 32, puis le numéro. Pour appeler en Suisse, faites le 19 41 et le numéro de votre correspondant.

Les voyageurs québécois peuvent également rejoindre le Québec et le Canada via le service Canada Direct. Ainsi, leurs appels sont facturés aux tarifs canadiens, moins élevés que les tarifs internationaux de la plupart des autres pays. Pour accéder à ce service en Martinique, il faut composer le 19, attendre la tonalité, puis faire le 00 16. Un téléphoniste canadien dirigera alors votre appel. Comme il peut y avoir des changements en tout temps, contactez Canada Direct avant votre départ en composant le 1-800-561-8868, afin de vérifier les numéros des pays où vous comptez vous rendre.

Par ailleurs, les hôtels sont la plupart du temps équipés de télécopieurs (fax) et de télex.

Quelques numéros utiles	
Aéroport du Lamentin	51.81.81
Ambulance	71.59.48
Horloge parlante	59.36.99
Météo (aéroport)	51.06.26
Pompiers	18
Police secours	17
Renseignements	12
Radio-téléphone international	10
Sauvetage en mer	63.92.05
Télégrammes téléphonés	14

Les transports

■ Le réseau routier

Constitué de routes en excellent état et très bien entretenues, le réseau routier de la Martinique permet d'atteindre la majorité des points de l'île. En certains endroits, les routes deviennent toutefois fort sinueuses et très étroites, ce qui peut surprendre les visiteurs, d'autant plus que les résidants, habitués à ces conditions, roulent souvent à vive allure.

En fait, les seules routes véritablement mal entretenues de l'île sont celles conduisant à certaines belles propriétés de la côte Atlantique (Le François, Le Robert). On raconte que cette situation est provoquée volontairement par les propriétaires de ces domaines, qui cherchent ainsi à décourager les curieux de venir mettre leur nez près de chez eux... On appelle ces routes des «chemins de békés»...

On distingue les routes nationales, à plusieurs voies la plupart du temps, et les routes départementales, plus étroites et ne comptant qu'une voie dans chaque direction. De plus, pour rejoindre certaines plages sauvages du Sud-Atlantique et certains coins plus isolés, il faut emprunter des chemins de terre battue où l'utilisation d'un véhicule tout terrain sera préférable à celle d'une automobile conventionnelle. Dans la majorité des cas, il n'y a pas d'éclairage la nuit.

La signalisation s'avère être aussi de bonne qualité, bien que des branchages viennent dissimuler certains panneaux. Il s'agit sans doute là du prix à payer pour une végétation aussi spectaculaire que celle de l'«île aux fleurs». D'autre part, l'annonce de quelques attraits, dont certains comptent parmi les plus intéressants, fait parfois défaut. Nous tenterons, tout au long de cet ouvrage, de remédier à ces légères carences.

Pour faciliter vos déplacements et le repérage des sites vers lesquels vous désirez vous diriger, nous vous conseillons de vous munir d'une carte routière. La meilleure disponible, et de très loin, est celle publiée à une échelle de 1/100 000ᵉ par l'Institut Géographique National (IGN), en vente dans les librairies de voyage.

À l'approche des villes et à l'intérieur de celles-ci, il faut se méfier des nombreux «dos d'âne», ces espèces de bosses disséminées çà et là sur la chaussée. Bien entendu, leur raison d'être est louable : ralentir la circulation pour protéger les piétons. Mais, si l'on n'y prend garde, on ne remarque souvent les panneaux les signalant qu'après les avoir percutés, imposant du même coup un choc violent à sa voiture. Au mieux a-t-on tout juste le temps de ralentir à la dernière seconde au moyen d'un freinage brusque.

Plusieurs animaux domestiques peuvent également se transformer en obstacles à éviter sur la route. C'est le cas des chiens et des chats bien sûr, mais aussi bien souvent des chèvres, des poules et des coqs. Encore là, un minimum de prudence permet d'éviter les incidents.

En comparaison des normes nord-américaines, l'essence coûte cher en Martinique. Ainsi, la facture qu'on vous présentera la première fois que vous ferez le «plein de Super» provoquera à coup sûr un sursaut de surprise... En fait, le prix du litre d'essence tourne autour de 5,73 F. Pour les Européens cependant, il s'agit là de prix tout à fait raisonnables.

■ La location d'une voiture

Toutes les entreprises internationales de location de voitures proposent leurs services en Martinique, la plupart de celles-ci étant d'ailleurs représentées à l'aéroport du Lamentin (voir p 38). Il est également possible de louer une voiture où que vous vous trouviez sur l'île. Tout au long de ce guide, nous nous sommes efforcés de communiquer les coordonnées des bureaux régionaux de location de voitures dans les sections «Pour s'y retrouver sans mal» de chacun des chapitres.

Plusieurs entreprises font la location, outre les différentes catégories habituelles d'automobiles «classiques», de véhicules à quatre roues motrices, souvent décapotables (chez Hertz entre autres). Il peut être fort agréable de vous balader sur les routes sinueuses de l'île avec ces engins, les cheveux au vent et la peau caressée par les rayons du soleil... De plus, cette option permet d'atteindre plus aisément des régions isolées, comme les plages de la côte Sud-Atlantique et certains coins du

Nord et de l'intérieur, en pleine forêt tropicale humide.

Le permis de conduire de votre pays d'origine suffit pour louer une voiture en Martinique. Vous devez cependant être âgé de 21 ans et plus.

Vous pouvez compter approximativement 220 F par jour (kilométrage illimité) pour la location d'une petite voiture, ou quelque 1 100 F par semaine.

■ La location d'une moto ou d'un scooter

L'idée de sillonner les routes martiniquaises sur une motocyclette ou un scooter en séduira plus d'un. Il faut compter entre 115 F et 210 F par jour pour louer un de ces véhicules. À noter que le port du casque de sécurité est obligatoire. Quelques entreprises se spécialisent dans la location de ce type de véhicule :

Funny
80, rue Ernest-Deproge
Fort-de-France
☎ 63.33.05
ou
Rue de Caritan
97227 Sainte-Anne
☎ 76.92.16
ou
Pointe du Bout
☎ 66.04.57

Discount
Pointe du Bout - 97229 Trois-Îlets
☎ 66.04.37

■ Les transports en commun

Le réseau de transports en commun de la Martinique comporte deux éléments : les autobus et les taxis collectifs.

Les autobus

Le réseau d'autobus ne dessert que la banlieue immédiate de Fort-de-France. La plupart des trajets passent par le boulevard du Général-de-Gaulle.

Les taxis collectifs

Des deux constituantes du service de transport public de la Martinique, le taxi collectif est sans contredit celui qui offre le plus de possibilités tout en étant le plus pittoresque. On peut en effet, grâce à ces véhicules que les Martiniquais surnomment «désherbants», atteindre tous les bourgs de l'île. Plusieurs partent de la station de la Pointe Simon, sur le front de mer de Fort-de-France et, par la suite, s'arrêtent sur demande. D'autres lignes relient les différents villages entre eux.

On aperçoit souvent, le long des routes, des abris destinés à ceux qui les attendent, mais, au fond, on peut les prendre n'importe où en faisant signe au conducteur. Celui-ci arrêtera alors son véhicule pour vous laisser monter s'il y a suffisamment de place, ce qui est loin d'être toujours le cas.

Les taxis collectifs fonctionnent très tôt le matin et jusqu'à 18 h seulement. À titre indicatif, mentionnons qu'il en coûte 17 F pour le trajet Fort-de-France - Trois-Îlets, 19 F pour aller au Diamant, 31 F pour Sainte-Anne, 18 F pour Saint-Pierre et 40 F pour Grand-Rivière.

■ L'auto-stop

L'auto-stop est un «moyen de transport» des plus utilisés, et ce, un peu partout dans l'île. Le fait que les taxis collectifs ne suivent pas vraiment d'horaires précis, et qu'ils souffrent fréquemment de surpopulation, n'est sûrement pas étranger à cette popularité. D'ailleurs, bien souvent, les Martiniquais tendent le pouce... tout en espérant l'arrivée d'un taxi collectif. Bref, les deux «méthodes» se complètent.

Admettons-le, il s'agit là d'une bien agréable façon de se déplacer tout en rencontrant des gens. Bien sûr, les mêmes précautions de base que n'importe où ailleurs dans le monde s'imposent pour assurer votre sécurité si vous optez pour cette solution.

■ Les taxis

Les taxis privés constituent un choix acceptable par rapport aux autres moyens de transport, surtout pour de courts trajets. Ils deviennent toutefois plutôt dispendieux, si vous désirez vous déplacer d'une ville à une autre (voir une idée des prix pour une course depuis l'aéroport à la p 39).

On en trouvera sans problème à l'aéroport, bien sûr, et aux abords des plus grands hôtels. De la même façon, il est aisé d'en dénicher un à Fort-de-France, sur le front de mer ou près de la Place de la Savane.

Sinon, vous pouvez toujours composer le numéro suivant :

Radio-téléphone taxi
☎ 63.63.62

■ Le transport maritime

Des services de navettes maritimes font la liaison entre Fort-de-France et les principales stations balnéaires de l'île, permettant ainsi d'éviter, dans un sens comme dans l'autre, la lourde circulation des alentours du chef-lieu de la Martinique. Qui plus est, il s'agit là d'une manière différente de découvrir l'île aux fleurs, pour ne pas dire d'une attraction en soi.

Ainsi, quatre bateaux (piétons seulement) font la navette entre le quai Desnambuc de Fort-de-France et la marina de la Pointe du Bout. Ce service est géré par la société Somatour (☎ 73.05.53). Les tarifs sont les suivants :

Adultes (aller seulement)	17 F
Enfants (aller seulement)	8 F
Adultes (aller-retour)	29 F
Enfants (aller-retour)	13 F

Il y a de fréquents départs pour cette courte traversée :

De Fort-de-France à la Pointe du Bout :		
6 h 30,	8 h,	9 h,
10 h,	11 h,	12 h 15,
13 h 15,	15 h,	16 h,
17 h,	18 h,	19 h,
20 h,	23 h 15.	

De la Pointe du Bout à Fort-de-France :		
6 h 10,	7 h 15,	8 h 30,
9 h 30,	10 h 30,	11 h 30,
12 h 45,	14 h 30,	15 h 30,
16 h 30,	17 h 30,	18 h 30,
19 h 30,	22 h 45,	23 h 45.

La société Madinina assure quant à elle, au moyen de trois navettes maritimes, des liaisons entre Fort-de-France, l'Anse Mitan et l'Anse à l'Âne. De plus, pendant les vacances de juillet et d'août, un bateau relie Fort-de-France à Sainte-Anne.

Les amateurs de navigation de plaisance trouveront, en divers points de l'île, d'innombrables possibilités de location d'embarcations, depuis le petit bateau jusqu'au grand yacht avec skipper.

L'argent

La devise locale est le franc français (F), divisible en 100 centimes. Des pièces de 5, 10 et 20 centimes, ainsi que de ½, 1, 2, 5, 10 et 20 F, circulent sur le marché, en plus des billets de 20, 50, 100, 200 et 500 F.

Afin de faciliter l'utilisation de ce guide une fois sur place, tous les prix indiqués le sont en francs français.

■ Les banques

C'est dans les banques que l'on obtient généralement les meilleurs taux, lorsqu'il s'agit de convertir des devises étrangères en francs. Les heures d'ouverture de la majorité des institutions bancaires de la Martinique se lisent comme suit : du lundi au vendredi de 8 h à 12 h et de 14 h 30 à 16 h 30; fermeture les après-midi précédant les jours fériés (voir liste p 61).

■ Les bureaux de change

Outre les banques traditionnelles, vous pouvez faire appel à l'une des deux succursales de Change Caraïbes. L'une se situe à l'aéroport du Lamentin (voir p 38), l'autre, à Fort-de-France, sur la rue Ernest-Deproge.

En dehors des heures d'ouverture des banques et des bureaux de change, il est toujours possible de changer de l'argent dans les plus grands hôtels, mais à des taux bien moins avantageux.

Au moment de mettre sous presse (décembre 1995), les cours du franc français étaient les suivants :

Taux de change			
1 $CAN	=3,56 F	1 F	=0,28 $CAN
1 $US	=4,88 F	1 F	=0,20 $US
1 FB	=0,17 F	1 F	=5,88 FB
1 FS	=4,29 F	1 F	=0,23 FS
1 PTA	=0,04 F	1 F	=24,85 PTA
1 LIT	=0,003 F	1 F	=326,54 LIT

■ Les cartes de crédit et les chèques de voyage

Les plus grandes cartes de crédit sont acceptées un peu partout dans l'île. Ainsi, la grande majorité des boutiques, des restaurants et des hôtels de Fort-de-France permettent l'utilisation de la monnaie électronique. Il en est généralement de même dans les zones accueillant traditionnellement beaucoup de touristes, sauf pour les établissements plus modestes. Ailleurs dans l'île, il peut toutefois en être autrement. Il convient alors de ne rien prendre pour acquis et de vous informer.

Le paiement à l'aide de chèques de voyage n'est pas toujours aisé, plusieurs commerçants les refusant systématiquement. Ils ont tout de même leur utilité, mais sachez qu'il vous faudra les encaisser à la banque ou dans les bureaux de change.

Par ailleurs, la plupart des guichets automatiques acceptent vos cartes Visa et Master Card; de légers frais vous seront facturés (2 $ au Québec), mais on vous consentira en général un meilleur taux de change que dans les banques et bureaux de change. De plus, vous n'aurez pas à attendre, et le guichet automatique travaille tous les jours, du matin au soir!

■ Pourboires

Partout le service est compris dans la note : restaurant, hôtel, taxi. Cependant, au restaurant tout particulièrement, on vous sera reconnaissant de laisser entre 5 et 10 % de l'addition, surtout lorsque vous jugez avoir bénéficié d'un service exceptionnel.

Hébergement

Le parc hôtelier de la Martinique est important et très varié. Du village de vacances «formule Club» au gîte rural, en passant par l'hôtel de luxe, le meublé de tourisme ou le relais créole, les options sont nombreuses et fort diversifiées.

Dans cet ouvrage, nous avons cherché à sélectionner les sites nous apparaissant comme les meilleurs de chacune des catégories. Les prix indiqués étaient ceux pratiqués au moment de mettre sous presse et sont, bien sûr, susceptibles d'être modifiés en tout temps. Ils s'appliquent, sauf indication contraire, à des chambres pour deux personnes.

Nous avons de plus indiqué les coordonnées complètes des établissements sélectionnés (adresse postale, téléphone, télécopieur) afin de faciliter les réservations depuis votre lieu de résidence.

Cependant, vous pouvez toujours faire appel aux services de la Centrale de Réservation de la Martinique, qui pourra en outre procéder pour vous à la location d'une voiture et à vos réservations de places dans des excursions de toute nature :

Centrale de Réservation
B.P. 823 - 97200 Fort-de-France Cédex
☎ 71.56.11
⇄ 63.11.64

■ La grande hôtellerie

L'île compte plusieurs hôtels de luxe, principalement regroupés autour de Fort-de-France (La Batelière, Squash,

Impératrice) et, surtout, dans le sud (Méridien, Bakoua, Novotel, Frantour, Manoir Beauregard). Dans ces hôtels trois ou quatre étoiles, vous retrouverez les normes internationales en matière de confort et de service.

Certains de ces complexes prennent la forme de véritables villages de vacances de luxe, imitant en cela le célébrissime Club Med Les Boucaniers, installé à la Pointe Marin de Sainte-Anne. Celui-ci, comme certains autres, propose à sa clientèle ce que nous avons baptisé la «formule Club», selon laquelle, pour un prix fixe, les invités ont droit à une foule d'activités, aux repas et même aux consommations.

La petite et moyenne hôtellerie

Vous trouverez un peu partout dans l'île de nombreux petits et moyens établissements, dont plusieurs font partie de ce qu'il est convenu d'appeler les Relais créoles. Souvent tout aussi bien situés que les hôtels de luxe (près des plages, belle vue, etc.), ils présentent la plupart du temps un meilleur rapport qualité/prix. Dans certains cas, les chambres ou bungalows de ces hôtels sont équipés d'une cuisinette.

Les meublés de tourisme et les résidences hôtelières

Ces deux formules sont en fait très similaires. Dans les deux cas, les invités sont logés dans des studios ou appartements tout équipés, avec cuisinette, réfrigérateur, vaisselle, etc.

Les résidences hôtelières, tout en présentant quelques caractéristiques propres aux hôtels traditionnels (chambres avec salle de bain privée complète, téléviseur et téléphone), se distinguent par le fait qu'elles sont généralement aménagées à même une grande maison privée où les propriétaires eux-mêmes vous accueillent. Cette dernière formule est particulièrement présente dans la région de Sainte-Luce, où ce type d'établissement pousse comme des champignons.

Il faut toutefois vous renseigner quant aux modalités de réservation, les services de quelques-unes de ces maisons n'étant proposés qu'à la semaine.

Les Gîtes Ruraux

Les Gîtes de France en Martinique regroupent plus de 200 gîtes et chambres d'hôte. Cette formule permet de faire la connaissance d'habitants de la Martinique et de leur mode de vie, en dehors des zones urbaines.

Le gîte est un logement indépendant, ou attenant à celui du propriétaire, meublé et équipé. On le loue à la semaine (quelques-uns proposent des tarifs «week-end»). La chambre d'hôte, beaucoup plus rare en Martinique, est située dans la maison même du propriétaire et peut être louée à la nuitée, petit déjeuner inclus.

Tous ces lieux d'hébergement doivent répondre à des critères de qualité précis avant de se voir proclamer «Gîtes de France». De plus, une classification par «épis» a été mise sur pied pour guider la clientèle dans ses choix :

Gîte simple
Gîte de bon confort
Gîte de très bon confort

Pour toutes les régions de la Martinique, nous nous sommes fait un devoir, tout au long de cet ouvrage, de signaler la présence de quelques gîtes ruraux en reprenant la classification officielle du regroupement. Pour avoir accès à une liste complète, vous pouvez vous procurer le répertoire annuel des Gîtes de France en Martinique *(25 F)*, en vente à la Fédération des Gîtes de France *(35 rue Godot-de-Mauroy, 75439, Paris Cedex 09, ☎ 49.70.75.75)* et dans les librairies de voyage en France métropolitaine, ou en communiquant avec l'Association Martiniquaise pour le Tourisme en Espace Rural :

Relais des Gîtes de France - Martinique
Maison du Tourisme Vert
9, boulevard du Général-de-Gaulle
BP 1122 - 97248 Fort-de-France Cédex
☎ 73.67.92
⇄ 63.55.92

■ **Les Villages Vacances Familles**

Développés en vue de permettre aux familles locales de prendre des vacances ailleurs qu'à la maison, les Villages Vacances Familles accueillent également les visiteurs étrangers lorsqu'il reste des espaces vacants. En fait, la seule période où il s'avère difficile d'y loger est celle des vacances scolaires de juillet et d'août.

Il s'agit habituellement d'un village de bungalows, avec chambres, cuisine et salle de bain, offrant un confort modeste mais correct, en bordure de la mer. Il y en a quelques-uns en Martinique, dont ceux de Tartane et Sainte-Luce. Dans certains cas, vous ne pouvez louer qu'à la semaine ou pour des périodes plus longues. De plus, la tâche du ménage est laissée aux vacanciers (sauf à Tartane).

Il est également bon de savoir que ces villages offrent dans certains cas la possibilité de camper (à Sainte-Luce par exemple). Bref, il s'agit d'une formule économique représentant un choix intéressant par rapport à l'hôtellerie traditionnelle.

 Le camping

Il y a quelques terrains de camping aménagés ici et là sur l'île. Vous pourrez ainsi planter votre tente à l'Anse à l'Âne, à Sainte-Luce, à Sainte-Anne et au Vauclin. Il est aussi possible de camper ailleurs que dans les terrains prévus à cet effet, mais il faut alors vous rapporter à la mairie de la localité où vous voulez vous installer pour obtenir une autorisation. Vous trouverez les coordonnées téléphoniques des mairies dans les sections «Renseignements pratiques» de chacun des chapitres.

D'autre part, pendant les vacances scolaires, il est permis de camper aux abords de certaines des plus extraordinaires plages de la Martinique. C'est notamment le cas aux Salines et au Cap Chevalier.

 Restaurants et gastronomie

La Martinique regorge de bonnes tables dans toutes ses régions et, partout dans l'île, il est possible de vous offrir d'excellents repas. Il s'agit là, à n'en point douter, d'une des grandes qualités de cette «destination-soleil». La rencontre en ces lieux des traditions culinaires françaises et créoles permet en effet à la Martinique d'offrir une restauration variée et de haut calibre. Diverses cuisines internationales sont également représentées (chinoise, italienne, vietnamienne, etc.), complétant ainsi le tableau gastronomique de l'île.

En règle générale, les heures de service dans les restaurants s'étendent de midi à 15 h et de 19 h à 22 h. Quelques-uns ne proposent que le dîner, à partir de 19 h, et la plupart ferment leurs portes une journée par semaine. Il est donc fortement conseillé de réserver votre table, surtout en saison touristique de pointe. Vous en profiterez alors pour vérifier si les cartes de crédit sont acceptées dans l'établissement qui a retenu votre attention, car ce n'est pas toujours le cas.

Dans cet ouvrage, nous avons tenté de donner la meilleure sélection possible de restaurants pouvant convenir à tous les budgets, et ce, pour toutes les régions. Chaque fois, vous retrouverez le numéro de téléphone, ce qui facilitera vos démarches de réservation. Les prix mentionnés constituent une indication du coût d'un repas pour une personne, avant les boissons, mais incluant taxes et service. D'ailleurs, tous les prix affichés sur les menus de la Martinique sont des prix nets, c'est-à-dire qu'ils incluent les taxes et le service. Toutefois, il est de mise de laisser quelques pièces pour montrer son appréciation (voir rubrique «Pourboires» p 49).

La formule la plus répandue est sans contredit celle où les convives sont invités à s'attabler à une grande terrasse extérieure avec vue sur une vallée, dans le cas des établissements en montagne, ou, le plus souvent, sur la mer. D'ailleurs, l'expression «restaurants les pieds dans l'eau» revient très fréquemment et désigne, vous l'aurez deviné, les restos dont la terrasse donne directement sur une plage. Quelques restaurants de plage, généralement ceux qui n'ont pas pignon

sur rue du côté opposé à la mer, ne sont ouverts que durant le jour.

Par ailleurs, compte tenu de la popularité grandissante des villas de location, des studios ou des chambres équipés de cuisinette, nous avons ajouté, dans les différentes sections «Restaurants» du présent guide, des adresses où vous pourrez vous procurer de quoi préparer vos repas.

■ La cuisine créole

Pendant votre séjour en Martinique, vous en profiterez pour vous familiariser avec la gastronomie créole, une cuisine variée et tout à fait délectable. Quelques bonnes tables de la Martinique préparent encore aujourd'hui la **cuisine créole traditionnelle**, un mélange d'influences provenant d'Afrique, d'Inde, de France et des Caraïbes, alors que quelques autres se sont lancées dans l'aventure de la **nouvelle cuisine créole**, qui, tout en continuant à utiliser les produits locaux, s'inspire des courants français les plus récents.

Les poissons, les crustacés et les mollusques sont les grandes vedettes de cette cuisine. Mentionnons le **vivaneau**, le **bar** et le **requin**, pour ce qui est des poissons, de même que le **lambi**, la **langouste**, le **crabe**, l'**oursin** et l'**écrevisse** (ici appelée «z'habitant»). Quelques viandes sont également servies, comme le **cabri** (sorte de chèvre), le **porc** et le **poulet**.

Tous ces mets voient leur saveur rehaussée par l'utilisation de nombreuses épices, parmi lesquelles figurent, outre les nombreuses variétés de **piments**, le **bois d'Inde**, la **muscade** et la **cannelle**.

Menu créole (selon Richard Bizier)

Accras de morue (8 personnes)

250 g de morue salée
2   oignons hachés
4 oignons verts hachés (échalotes)
3 gousses d'ail
45 ml (3 c. à soupe) de persil haché
1 piment
1 feuille de laurier
5 ml (1 c. à thé) de thym
15 ml (1 c. à soupe) de beurre et un peu d'huile
500 ml (2 tasses) de farine
5 ml (1 c. à thé) de poudre à lever
5 ml (1 c. à thé) de sel
2 œufs
310 ml (1 1/4 tasse) de lait
Huile à friture

Faire tremper la morue dans l'eau froide pendant 8 heures; l'égoutter, enlever peau et arêtes, puis l'émietter.

Faire revenir la morue et les oignons hachés dans l'huile et le beurre; ajouter les oignons verts, l'ail, le persil, le piment, le laurier et le thym; bien mélanger et laisser tiédir.

Faire une pâte avec la farine, la poudre à lever, le sel, les œufs et le lait.

Incorporer la préparation de morue à cette pâte.

Façonner de petits beignets de pâte à l'aide d'une cuillère et les plonger dans l'huile à friture; laisser cuire environ 5 min, ou jusqu'à ce qu'ils soient bien dorés, en les retournant durant la cuisson.

Les déposer sur du papier absorbant afin d'en extraire le surplus d'huile et servir aussitôt.

Court-bouillon de poisson *(4 à 6 personnes)*

1 kg de poisson (daurade ou autre)
Le jus de 2 citrons
Piment haché au goût
2 gousses d'ail écrasées
Sel et poivre
1 oignon coupé en lamelles
3 oignons verts (échalotes) hachés
45 ml (3 c. à soupe) d'huile
30 ml (2 c. à soupe) de beurre
15 ml (1 c. à soupe) de pâte de tomates
1 pincée de thym
15 ml (1 c. à soupe) de persil
375 ml (1 1/2 tasse) d'eau
Le jus de 1 citron
1 gousse d'ail écrasée
2 ml (1/2 c. à thé) de poivre
15 ml (1 c. à soupe) d'huile

Faire mariner le poisson environ 1 heure dans le jus de 2 citrons, le piment haché, 2 gousses d'ail écrasées, du sel et du poivre.

Faire revenir les lamelles d'oignons et les oignons verts dans l'huile et le beurre, ajouter la pâte de tomates, le thym et le persil; mouiller avec l'eau et amener à ébullition.

Déposer le poisson dans cette sauce, couvrir et laisser mijoter 10 min.

En fin de cuisson, verser sur le poisson le jus de 1 citron mélangé avec 1 gousse d'ail écrasée, 2 ml (1/2 c. à thé) de poivre et 15 ml (1 c. à soupe) d'huile.

Servir chaud avec le jus de cuisson et accompagner de riz créole.

Glace coco

2 noix de coco
500 ml (2 tasses) d'eau
165 ml (2/3 tasse) de sucre
Le lait des 2 noix de coco
5 ml (1 c. à thé) d'extrait de vanille pure
1 petit bâton de cannelle
Le zeste de 1 citron
1 boîte de lait concentré, sucré
2 ml (1/2 c. à thé) d'essence d'amande
500 ml (2 tasses) d'eau pour la demi-boîte de concentré de lait sucré

Extraire le lait des noix de coco et le conserver.

Fendre les noix et les extraire de leur coque. Les râper. Faire bouillir l'eau avec le sucre, le lait des cocos, ainsi que la vanille, la cannelle et le zeste de citron; déposer les râpures de coco dans un grand bol. Verser l'eau bouillante sur le coco râpé et laisser macérer le tout environ 1 heure.

Passer le lait obtenu au tamis et le réserver. Mettre les râpures de noix de coco dans un linge propre et les essorer dans le lait de cuisson passé au tamis.

Ajouter, au jus passé, la moitié de la boîte de lait concentré ainsi que l'essence d'amande.

Avec une écumoire, retirer le bâton de cannelle et le zeste de citron.

Mélanger le reste du lait concentré à 500 ml (2 tasses) d'eau et ajouter au lait de coco.

Verser la préparation dans des bacs à glace au congélateur et faire prendre en glace en mélangeant les ingrédients à quelques reprises durant la congélation.

LEXIQUE GASTRONOMIQUE

Accras   Beignets frits au poisson (morue), aux fruits de mer (crevettes, écrevisses) ou aux légumes

Bébélé   Tripes de mouton bouillies

Blaff   Poissons ou fruits de mer cuits dans l'eau bouillante épicée; c'est en fait l'onomatopée du bruit que fait le poisson lorsque trempé dans l'eau bouillante

Blanc-manger   Dessert gélatineux à base de noix de coco

Cabri   Variété de chèvre tenant la place de l'agneau dans la cuisine créole

Calalou   Soupe d'herbes et de légumes auxquels sont ajoutés des morceaux de crabe et de porc

Chatrou   Petite pieuvre

Chou coco   Cœur de cocotier mangé cru; mets très rare, car obtenu qu'après avoir abattu un cocotier

Chou-pays   Tubercule comestible différent de son homonyme européen, qui porte plutôt ici le nom de chou-France

Christophine   Légume particulièrement apprécié sous forme de gratin

Cirique   Petit crabe

Colombo   Mélange d'épices rappelant le curry saupoudré sur la viande, la volaille ou le poisson

Court-bouillon Préparation pour le poisson à base de tomate, de piment et d'oignon

Corossol   Fruit à chair laiteuse

Féroce   Préparation à base d'avocat, de morue, de farine de manioc et de piment

Fricassée   Poisson, ou viande, rissolé à la poêle

Fruit à pain   Sorte de gros melon

Giraumon   Potiron

Igname   Tubercule comestible aux nombreuses variétés

Lambi	Gros coquillage comestible
Manioc	Tapioca
Maracudja	Fruit de la passion
Matoutou	Fricassée de crabe
Pâté en pot	Potage aux abats de cabri, agrémenté de légumes, de câpres, de vin blanc et, à l'occasion, de rhum
Patate douce	Petit légume sucré
Planteur	Cocktail préparé à l'aide de rhum, de jus de fruit et de sirop de canne
Schrub	Liqueur d'oranges macérées dans le rhum
Soudon	Palourde
Ti-nain	Petite banane non sucrée, servie comme légume
Ti-Punch	Apéritif composé de rhum, de sirop de canne et d'un zeste de citron
Titiri	Poisson minuscule
Touffé	Cuisson à l'étouffée
Z'habitant	Grosse écrevisse

De plus, l'utilisation d'une quantité impressionnante de légumes propres aux Antilles (**christophine**, **igname**, **manioc**, **ti-nain**, etc.) contribue à donner une couleur unique à la cuisine d'ici.

En entrée d'un bon repas créole, vous vous ferez souvent proposer les **accras**, de savoureux beignets de poisson, de fruits de mer ou de légumes, que vous dégusterez en même temps que le punch en guise d'apéritif. Parmi les autres entrées traditionnelles, il y a le **féroce** (purée d'avocat mêlée à de la morue), le **pâté en pot** (potage d'abats de mouton et de légumes), le **boudin créole**, le **crabe farci** et les **soupes z'habitants** ou au poisson.

Comme plats principaux, les grandes vedettes sont les **blaffs** (poissons blancs ou crustacés plongés dans l'eau bouillante), le **court-bouillon** (poisson rouge cuit dans un roux à base de tomate et de piment) et les **colombos** de cabri, de poulet, de crabe, de poisson ou de tortue (plat d'origine indienne rappelant le curry).

La route du Rhum

Chacune des distilleries de la Martinique élabore un produit ayant ses particularités. Toutes possèdent leur histoire et leurs secrets. Voici une brève présentation de chacune d'entre elles.

Fort-de-France et ses environs

Aux alentours de Fort-de-France, vous pourrez visiter la distillerie **Dillon**, productrice de toute une gamme de rhums, dont plusieurs sont exportés en Europe, où ils connaissent un franc succès, de même que la distillerie **La Favorite**. On raconte que ce nom de «la favorite» proviendrait du fait que la maîtresse de Louis XV, Madame de Pompadour, appréciait tout particulièrement le rhum produit ici. Il y a aussi la distillerie **Bernus**, respectée mais bien discrète.

La Côte Nord-Caraïbe

Au Carbet, le rhum **Bally** était produit, jusqu'en 1978, sur la plantation Lajus. Aujourd'hui, même si la production elle-même a été déplacée au François, la bouteille contenant le rhum Bally a conservé sa forme carrée et son étiquette dessinée en 1924 par Jacques Bally. Certains rhums vieux millésimés ont fait la renommée de la maison : 1982, 1975, 1970, 1966 et 1957. Également au Carbet, la distillerie artisanale **Neisson** produit un rhum agricole de qualité.

Après l'éruption de la Montagne Pelée en 1902, qui décima les siens et anéantit Saint-Pierre, Victor Depaz rentra d'Europe, où il était allé étudier, et entreprit la reconstruction du domaine familial, l'Habitation Pécoul La Montagne. La «réserve spéciale» du rhum **Depaz** fait les beaux jours des connaisseurs.

Le Sud

Dans la région de Sainte-Luce, vous trouverez une sympathique distillerie artisanale dans le quartier **Trois-Rivières**. C'est sur les terres de l'actuelle plantation de la distillerie de Trois-Rivières que le surintendant des Finances de Louis XIV, Nicolas Fouquet, se fit construire un véritable château (1635), grâce à la fortune que ses fonctions lui avaient permis d'amasser frauduleusement. Colbert le dénonça au roi, qui ordonna alors la démolition du lieu de retraite doré du mécréant. Les rhums blancs Trois-Rivières, au goût de vanille, sont particulièrement appréciés.

L'une des plus importantes distilleries de l'île se trouve près de Rivière-Pilote. Il s'agit de la distillerie **La Mauny**, lieu de fabrication du rhum agricole le plus fameux de la Martinique. Dès 1749, l'habitation La Mauny fut baptisée de son nom actuel par Joseph Ferdinand Poulain, comte de Mauny en Normandie. Aujourd'hui, le rhum La Mauny s'accapare 50 % du marché intérieur martiniquais et atteint des records de vente en Europe (1 000 000 de bouteilles par an), où il est distribué par Barton et Guestier.

Près du bourg du François, sur la route de Saint-Esprit, vous pourrez visiter le Domaine de l'Acajou, aussi connu sous le nom d'Habitation **Clément**, créée en 1907 par le docteur Homère Clément, député-maire du François. On y fabrique le plus prestigieux des rhums martiniquais, avec celui de La Mauny.

Les connaisseurs apprécient particulièrement le rhum vieux Clément, et les millésimes 1952 et 1970 sont entrés dans la légende. On a admirablement restauré sur place une maison d'habitation du XVIIIe siècle. Un film sur la tradition du rhum en Martinique est par ailleurs présenté aux visiteurs, de même qu'un second relatant la rencontre en ce lieu des présidents François Mitterrand et George Bush pendant la guerre du Golfe en 1991.

La Côte Nord-Atlantique

Sur la presqu'île de la Caravelle, dans l'adorable village de pêcheurs qu'est Tartane, vous découvrirez les rhums **Hardy**, produits par la plus petite distillerie de l'île. Des rhums blancs, vieux et pailles y sont fabriqués en quantité limité.

À la sortie du village de Sainte-Marie, il ne faut surtout pas manquer de vous arrêter à la distillerie **Saint-James**. Cette rhumerie, originellement fondée sur les hauteurs de Saint-Pierre, fut déménagée ici après l'éruption de la montagne Pelée en 1902. On y fabrique un excellent rhum paille, plusieurs liqueurs et, surtout, vous pourrez vous y procurer un rhum vieux de plus de 100 ans d'âge. Saint-James est en fait la plus ancienne marque de Martinique. Son élégante bouteille carrée contribue aussi à son prestige. Grâce au Musée du Rhum qu'on y a installé, vous pourrez vous familiariser avec l'histoire de la culture de la canne à sucre de 1765 à nos jours.

Finalement, à Basse-Pointe, il y a la rhumerie **JM**, connue surtout pour ses excellents rhums vieux, élaborés sur l'une des plus anciennes habitations de la Martinique.

Pour le dessert, laissez-vous aller à la dégustation d'un délicieux **blanc-manger** ou d'un savoureux **sorbet aux fruits tropicaux**.

■ **Les boissons**

Le rhum

L'alcool numéro un produit en Martinique est le rhum, le meilleur des Antilles, prétend-on avec raison, sur un pied d'égalité avec celui de Haïti. Intimement lié à l'histoire de la Martinique, le rhum relève d'une grande tradition et joue un rôle essentiel dans la culture antillaise.

Il y a tout d'abord le rhum vieux, obtenu après vieillissement dans des fûts de chêne, d'où il tient sa couleur ambrée, puis le rhum blanc agricole, également tiré du jus de la canne à sucre, le vesou, mais mis en bouteilles sans vieillissement en tonneau.

De nombreuses distilleries transformant le jus de canne à sucre en rhum sont dispersées aux quatre coins de l'île. La plupart proposent d'ailleurs des visites guidées de leurs installations et organisent des dégustations de leur eau-de-vie. La plus réputée est probablement la rhumerie La Mauny. Toutefois, la visite de distilleries plus modestes (Trois-Rivières par exemple) constitue également une bonne initiation aux techniques de fabrication. Certaines distilleries se sont même dotées de «mini-musées» visant à faciliter la compréhension de leur art (Plantations Saint-James).

Avant les repas, vous vous ferez offrir le traditionnel **ti-punch**, constitué de trois mesures de rhum blanc agricole, d'une mesure de sirop de canne et d'un zeste de citron vert. L'un des cocktails les plus appréciés, parce que plus doux et fruité, demeure cependant le **planteur**, préparé au moyen de quatre mesures de rhum vieux, une mesure de sirop de canne, quatre mesures de jus d'orange, quatre mesures de jus d'ananas, de la muscade et de la cannelle. En guise de digestif, un **rhum vieux** tient ici la même place prestigieuse que les meilleurs cognacs. Le **schrub**, une liqueur d'orange à base de rhum, est un autre digestif purement martiniquais.

La bière

On trouve en Martinique plusieurs bières importées d'Europe (Heineken entre autres). Toutefois, les vrais amateurs seront ravis de découvrir une bière locale, brassée au Lamentin : la **Lorraine**. C'est une bière blonde, peu alcoolisée, fraîche et désaltérante, au goût fort agréable.

Le vin

Les caves à vins des restaurateurs martiniquais sont, en règle générale, bien modestes. Après tout, nous ne sommes pas tout à fait en France... Les vins rosés, servis très frais, accompagnent toutefois très bien les mets créoles.

 Sorties

Contrairement à ce qu'on pourrait naturellement être porté à croire, la vie nocturne martiniquaise s'avère relativement calme. À Fort-de-France, vous trouverez évidemment de quoi occuper vos soirées (boîtes de nuit, cinémas, théâtre, etc.), mais ailleurs dans l'île, outre dans les hôtels de luxe qui renferment occasionnellement discothèques (Méridien, Carayou, La Batelière) ou casinos (Méridien, La Batelière), les nuits sont plutôt sages.

Le petit magazine hebdomadaire *Choubouloute*, distribué gratuitement un peu partout, donne un aperçu de la semaine nocturne et culturelle de la Martinique. D'autre part, il vaut la peine de vous procurer le guide annuel *Ti-Gourmet*, disponible entre autres dans les syndicats d'initiative. Il s'agit d'une autre publication gratuite présentant une sélection de restaurants et contenant une section intitulée «Martinique By Night». Vous trouverez une liste assez complète de bars, de théâtres, de cinémas et de discothèques. Qui plus est, sur présentation du *Ti-Gourmet* dans les établissements dont il parle, vous bénéficierez la plupart du temps d'avantages tels que cocktail gratuit, réduction, etc.

 Magasinage

Les amateurs de magasinage et de belles boutiques seront comblés à Fort-de-France, où se retrouvent à peu près tous les grands noms européens (parfums, cristal, haute couture, montres, articles en cuir, etc.). Aux yeux des voyageurs européens, français métropolitains principalement, les prix apparaîtront toutefois un peu élevés, à cause des coûts de transport pour amener toutes ces marchandises jusqu'au cœur des Antilles. Les visiteurs québécois pourront, quant à eux, dans certains cas conclure de bonnes affaires.

Les heures d'ouverture des magasins vont de 9 h à 13 h et de 15 h à 18 h du lundi au vendredi, et de 9 h à 13 h le samedi. Outre les grandes rues commerçantes de Fort-de-France, il existe plusieurs centres commerciaux dans la banlieue (Cluny, Dillon, Bellevue, Lamentin, etc.). À noter que le paiement par chèque personnel est de moins en moins accepté dans les boutiques martiniquaises, tout comme dans les restaurants d'ailleurs.

Parmi les objets plus typiques à la Martinique pouvant constituer d'agréables souvenirs qui prolongent le voyage (ou du moins, qui en donnent l'impression...), mentionnons les bijoux en corail ou en or, les articles en bambou, les poupées créoles coiffées de madras, les vanneries, les poteries et, bien entendu, le rhum.

Le Centre des Métiers d'Art de Fort-de-France offre une belle vitrine de la production artisanale locale. De plus, sur la Place de la Savane, de nombreux comptoirs tenus par des artisans en tout genre plairont aux fervents du marchandage. Vous dénicherez d'autres marchés artisanaux de ce genre ailleurs dans l'île, à Saint-Pierre et à Sainte-Anne notamment.

Calendrier

■ **Les jours fériés**

1er janvier	Jour de l'An
Variable	Lundi gras
Variable	Mardi gras
Variable	Mercredi des Cendres
Variable	Vendredi saint
Variable	Pâques
1er mai	Fête du Travail
8 mai	Armistice de 1945
22 mai	Abolition de l'esclavage
Variable	Pentecôte

14 juillet	Fête nationale	
15 août	Assomption	
1er novembre	Toussaint	
2 novembre	Jour des défunts	
11 novembre	Armistice de 1918	
25 décembre	Noël	

Trois-Îlets	2 février
Vauclin	24 juin

■ Les fêtes patronales

Chacune des 34 communes que compte la Martinique célèbre annuellement sa fête patronale. Habituellement, les célébrations s'étendent sur quelques jours, le plus souvent la fin de semaine la plus rapprochée de la date officielle :

Ajoupa-Bouillon	8 décembre
Anses-D'Arlet	15 juillet
Basse-Pointe	24 juin
Bellefontaine	1er août
Carbet	25 juillet
Case-Pilote	15 août
Diamant	21 décembre
Ducos	8 septembre
Fonds-Saint-Denis	9 octobre
Fort-de-France	25 août
François	29 septembre
Grand'Rivière	25 novembre
Gros-Morne	2 juillet
Lamentin	10 août
Lorrain	15 août
Macouba	26 juillet
Marigot	29 juin
Marin	26 décembre
Morne-Rouge	8 décembre
Morne-Vert	11 novembre
Prêcheur	19 mars
Rivière-Pilote	8 décembre
Rivière-Salée	24 juin
Robert	30 août
Saint-Esprit	Pentecôte
Saint-Joseph	19 mars
Saint-Pierre	29 juin
Sainte-Anne	26 juillet
Sainte-Luce	13 décembre
Sainte-Marie	15 août
Schœlcher	8 septembre
Trinité	16 juin

Divers

■ Décalage horaire

Il y a une heure de décalage entre le Québec et la Martinique durant l'hiver. Lorsque le Québec adopte l'heure avancée, il n'y a cependant plus de décalage.

Par rapport à l'Europe occidentale, il y a une différence de cinq heures en hiver et de six heures en été.

■ Électricité

Les prises électriques sont rondes et fonctionnent à une tension de 220 volts (50 cycles). C'est donc dire que les voyageurs québécois doivent se munir d'un adaptateur et d'un convertisseur pour utiliser des appareils nord-américains.

■ Femme seule

Une femme voyageant seule en Martinique ne devrait pas rencontrer de problèmes. Dans l'ensemble, les gens sont bien gentils et peu agressifs. En général, les hommes sont respectueux des femmes, et le harcèlement est relativement peu fréquent, même si les Martiniquais s'amuseront à draguer les femmes seules. Bien sûr, un minimum de prudence s'impose; par exemple, évitez de vous promener seule, dans des endroits mal éclairés, tard la nuit...

Événements et manifestations

FÉVRIER Semaine Nautique Internationale de Schœlcher

Carnaval (quatre jours précédant le mercredi des Cendres)

MARS Semaine Internationale de la Voile, à Fort-de-France (☎ 63.26.76)

AVRIL Aqua-Festival, au Robert (fête nautique)

Salon du Tourisme de la Caraïbe

MAI Championnat de Tennis de la Caraïbe et des Amériques, au Lamentin (☎ 51.08.00)

Mai de Saint-Pierre (commémoration de l'éruption de la montagne Pelée)

Anniversaire de l'abolition de l'esclavage (22 mai)

JUIN Salon de l'Environnement

Festival de Jazz, à la Plantation de Leyritz

JUILLET Festival Culturel de Fort-de-France (☎ 71.66.25 ou 60.48.77)

Festival Culturel de Sainte-Marie (☎ 69.89.78)

Tour de la Martinique des yoles rondes (☎ 72.59.21)

Tour Cycliste de la Martinique

AOÛT Festival Culturel du Marin (☎ 74.90.74)

Tour de la Martinique des yoles rondes (☎ 72.59.21)

OCTOBRE Tournoi Intercaraïbe de Golf

NOVEMBRE Semi-Marathon de Fort-de-France (☎ 60.60.13)

Course Transat (tous les deux ans; années impaires) (☎ 63.26.76)

DÉCEMBRE Festival International de Jazz ou Carrefour Mondial de la Guitare (en alternance) (☎ 61.76.76)

Journées Martiniquaises du Tourisme

■ **Poids et mesures**

Le système métrique est en vigueur en Martinique.

■ **Presse écrite**

Il n'y a qu'un seul quotidien publié aux Antilles françaises, à Fort-de-France pour être plus précis, soit le *France-Antilles*. À ce quotidien, s'ajoutent quelques journaux hebdomadaires comme *Antilla*, *France-Antilles* (publié en France métropolitaine), *Question*, *Naïf*, *Justice* (Parti communiste martiniquais) et *Le Progressiste* (Parti progressiste martiniquais).

Bien sûr, tous les grands journaux français sont également distribués en Martinique.

Mentionnons de plus l'hebdomadaire *Choubouloute*, distribué gratuitement, qui donne un bon résumé des activités culturelles ayant cours à Fort-de-France et ailleurs en Martinique.

Finalement, *Le Madras* est une extraordinaire source d'informations sur la Martinique. Il s'agit d'un dictionnaire encyclopédique et pratique publié par les Éditions Exbrayat, de Fort-de-France. Il est vendu en librairie au prix de 120 F. Il est aussi possible de s'abonner (120 F par année) à *Mise à Jour*, une revue trimestrielle qui, comme son nom l'indique, permet de garder son *Madras* à jour...

Tableau des distances (en km)

	Trinité	Sainte-Anne	Saint-Pierre	Morne-Rouge	Le François	Grand'Rivière	Fort-de-France	Diamant	Anses-d'Arlet
Anses-d'Arlet									
Diamant									7
Fort-de-France								26	32
Grand'Rivière							44	70	74
Le François						52	21	28	34
Morne-Rouge					42	23	22	48	54
Saint-Pierre				7	43	30	22	48	54
Sainte-Anne			65	65	28	74	43	28	36
Trinité		42	45	32	18	32	23	38	44
Trois-Îlets	36	33	46	46	25	68	24	15	10

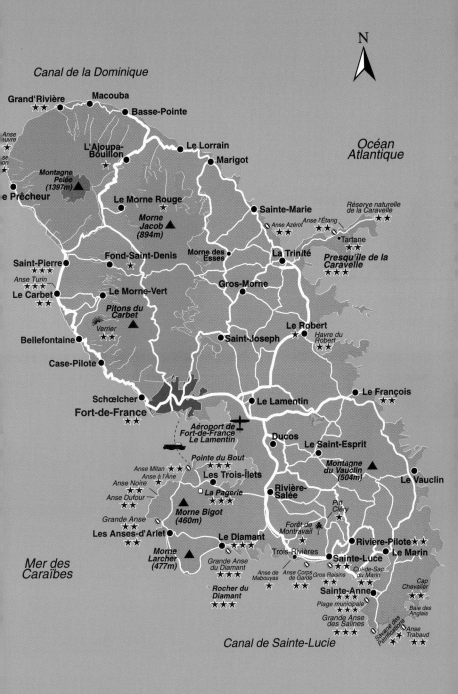

Canal de la Dominique

*Océan
Atlantique*

N

Grand'Rivière
★★
Macouba ●
Basse-Pointe ●

*Anse
ouvre*
★
*se
on*
★

L'Ajoupa-
Bouillon
★

Le Lorrain ●
Marigot ●

*Montagne
Pelée
(1397m)* ▲

e Prêcheur

Le Morne Rouge
★

Sainte-Marie ●
Anse Azérot ○ *Anse l'Étang*
★★ 🛈 *Réserve naturelle
de la Caravelle* ★★

Tartane
★★

*Morne
Jacob
(894m)* ▲

Fond-Saint-Denis ●

Morne des
Esses ●

La Trinité ●

*Presqu'île de la
Caravelle*
★★★

Saint-Pierre ●

Anse Turin
★★★

Le Carbet ●
★★

Le Morne-Vert ●

Gros-Morne ●

*Pitons du
Carbet* ▲

Verrier
★★

Le Robert ●
★
*Havre du
Robert*

Saint-Joseph ●

Bellefontaine ●

Case-Pilote ●

Le François ●
★★

Schœlcher ●

Fort-de-France
★★

Le Lamentin ●

*Aéroport de
Fort-de-France
Le Lamentin* ✈

Ducos ●

Le Saint-Esprit ●

Pointe du Bout

Anse Mitan ★★★ ○
Anse à l'Âne ★★ ○

Les Trois-Îlets ●
★★★

*Montagne
du Vauclin
(504m)* ▲

Le Vauclin ●
★

Anse Noire
★★
Anse Dufour

□ *La Pagerie*
★★★

Rivière-
Salée ●

*Pitt
Cléry* ●
★

*Morne Bigot
(460m)* ▲

Grande Anse
★★

Les Anses-d'Arlet ●
★★

*Forêt de
Montravail* 🌲
★

Rivière-Pilote ● ★★
Le Marin ●

Le Diamant ●
★★

Trois-Rivières

Sainte-Luce ●

*Morne
Larcher
(477m)* ▲

*Grande Anse
du Diamant*
★★★

*Anse de
Mabouyas* ★
*Anse Corps
de Garde* ★★ *Gros Raisins*
★★

*Cul-de-Sac
du Marin*

*Cap
Chevalier*
★★

*Mer des
Caraïbes*

*Rocher du
Diamant*
★★★

Sainte-Anne ●
★★★

Plage municipale
★★

*Baie des
Anglais*

*Grande Anse
des Salines*
★★★

*Savane des
Pétrifications* ★

*Anse
Trabaud*
★★

Canal de Sainte-Lucie

a Martinique

LYSSE

0   5   10 km

PLEIN AIR

Forêt tropicale à parcourir, mornes et montagnes à escalader, eaux limpides à explorer, longues plages bordées d'arbres où s'allonger..., on le voit, la Martinique possède tout ce qu'il faut pour combler les amateurs d'activités de plein air.

Nous dressons dans le présent chapitre une liste des activités les plus prisées qui donne une vue d'ensemble des sports de plein air en Martinique. Dans les chapitres ultérieurs, tous consacrés à une région définie, les sections «Parcs et plages», de même que «Activités de plein air», fourniront des adresses détaillées, permettant ainsi d'aller encore plus loin dans la précision des renseignements mis à la disposition du lecteur.

La baignade

Les nombreuses plages s'étirant le long des côtes ou se cachant au fond de petites baies (anses) constituent l'une des grandes richesses naturelles de la Martinique, du moins celle qui séduit le plus grand nombre de voyageurs.

Il y a les plages «classiques» de sable blanc du Sud, sur la côte Caraïbe (Grande Anse des Salines, Sainte-Anne, Diamant, Anse Mitan), baignées par une mer turquoise et bordées de cocotiers. Mais il y a aussi les plages de sable noir du Nord-Caraïbe (Le Carbet, Anse Céron, Anse Couleuvre), où règne une ambiance de mystère unique en son genre. Puis, on peut partir à l'aventure vers les plages sauvages et

---

Page de gauche : Le chef-lieu Fort-de-France, bourdonnant de circulation... jusque dans sa baie.

isolées de la côte Sud-Atlantique (Cap Chevalier, Anse Trabaud), où la mer, agitée, devient presque violente par endroits. Plus au nord (Le François, Le Robert), certains préféreront la baignade sur les fonds blancs, ces hauts fonds sablonneux protégés par des récifs coraliens où la profondeur de la mer atteint à peine 1 m.

Mentionnons qu'il n'y a pas de plage naturiste en Martinique. D'autre part, bien qu'il ne s'agisse pas là d'une pratique courante chez les Martiniquaises, les dames désirant se dénuder les seins sur les plages peuvent le faire.

Tout au long du présent guide, dans les sections «Parcs et plages» de chaque chapitre, vous trouverez une description des plages de chaque région, qu'elles soient petites ou grandes, aménagées ou non. Pour chacune des plages, une liste des services proposés est également présentée. De plus, nous avons reproduit la classification de la Direction Départementale des Affaires Sanitaires et Sociales (DDASS) quant à la qualité des eaux de baignade en mer :

A	Bonne qualité
B	Qualité moyenne
C	Momentanément polluée
D	Mauvaise qualité

Les baigneurs ne devraient jamais fréquenter les zones classées «D» (selon les tests de 1995, il n'y en a pas en Martinique) et devraient éviter les zones «C» pendant les trois jours suivant une période pluvieuse.

Le classement auquel nous nous référons pour les indications de qualité des eaux contenues dans ce guide a été

établi à la suite des 1 100 prélèvements effectués par le Laboratoire d'Hygiène de la Martinique entre le 1er octobre 1994 et le 30 septembre 1995. Ces données, compte tenu de l'évolution rapide possible en ce domaine, ne sont donc fournies qu'à titre indicatif. Pour plus d'informations, consultez la DDASS :

**Direction Départementale
des Affaires Sanitaires et Sociales
de la Martinique**
37, Boulevard Pasteur
B.P. 658
97263 Fort-de-France Cédex
☎ 60.60.08
⇄ 60.60.12

On peut aussi avoir accès à de l'information périodiquement mise à jour grâce au service minitel **3615 Info-Plage**.

 La plongée sous-marine

Toutes les conditions sont réunies en Martinique pour combler les passionnés de la plongée sous-marine : nombreux sites intéressants et clubs de plongée, eau de température idéale (26 °C), faune marine abondante et colorée, épaves fascinantes à explorer...

C'est surtout le long de la côte Caraïbe que les possibilités se font nombreuses, l'océan Atlantique s'avérant beaucoup plus agité. Ainsi, au sud, des sites remarquables attendent les plongeurs au Rocher du Diamant et à proximité des Anses-d'Arlet. La côte Nord-Caraïbe possède, quant à elle, de magnifiques sites dont le plus spectaculaire demeure la rade de Saint-Pierre, là où plusieurs épaves reposent depuis la

Un écosystème fragile

Les récifs de corail se développent grâce à des organismes minuscules, les cœlentérés, sensibles à la pollution de l'eau. En effet, l'eau polluée (forte teneur en nitrates) accélère le développement des algues, et ces dernières, lorsqu'elles sont en trop grand nombre, envahissent les récifs et les étouffent littéralement. Le diadema, cet oursin noir pourvu de longues aiguilles qui vit sur les récifs (dont les aiguilles provoquent des blessures), se nourrit d'algues et a un rôle majeur dans le contrôle de leur nombre; mais il n'y vit pas en quantité suffisante. En 1983, une épidémie aurait décimé bon nombre de ces oursins peuplant les fonds marins des Caraïbes; la pollution des eaux n'ayant pas cessé et les algues ayant proliféré, la survie de certains récifs est menacée. Depuis lors, des études scientifiques ont permis de comprendre l'importance des diademas pour l'équilibre écologique, et l'on a rétabli cette espèce sur certains récifs. Il demeure que ces petits oursins, bien que fort utiles, ne peuvent suffire à la tâche. Un contrôle rigide de la pollution demeure essentiel pour sauvegarder ces récifs de corail, dont près de 400 000 organismes dépendent.

tragique éruption du volcan de la Pelée, au début du siècle.

Pour prendre part à des excursions en Martinique, il faut posséder un permis de plongée. À l'intention de ceux qui ne l'ont pas, les grands hôtels proposent des cours d'initiation en piscine.

La plongée vous fera découvrir des scènes fascinantes, comme les récifs de corail, les bancs de poissons multicolores ou les surprenantes plantes aquatiques. Souvenez-vous cependant que cet écosystème est fragile et mérite qu'on y prête une attention particulière. Pour protéger ces sites naturels, quelques règles fondamentales doivent être suivies par tout plongeur : ne rien toucher (surtout pas les oursins, dont les longues aiguilles pourraient vous blesser); ne pas ramasser de corail (il est beaucoup plus joli dans l'eau que hors de l'eau, car il perd alors ses couleurs); ne pas déranger les êtres vivants qui y évoluent; ne pas chasser; ne pas nourrir les poissons; faire bien

attention en donnant des coups de palmes pour ne rien accrocher et, bien sûr, ne pas laisser de déchets. Si vous désirez rapporter des souvenirs de votre plongée, sachez que vous pouvez acheter dans certaines boutiques des appareils photo jetables, utilisables sous l'eau.

 La plongée-tuba

L'équipement de plongée-tuba se résume à peu de chose : un masque, un tuba et des palmes. Accessible à tous, elle constitue une bonne façon de prendre conscience de la richesse et dela beauté des fonds marins. On peut pratiquer cette activité un peu partout autour de l'île, là où des barrières de corail se trouvent à peu de distance des plages. Ainsi, il est à noter que des plateaux coraliens se trouvent aux abords du Rocher du Diamant, de même que près des bourgs des Anses-d'Arlet, de Case-Pilote et de Bellefontaine.

La pêche

Les amateurs de pêche aux gros peuvent prendre part à des excursions organisées par des sociétés spécialisées dans le genre, au départ des plus importantes marinas de l'île (Pointe du Bout, Le Marin, Le François) ou des plus grands hôtels.

Par ailleurs, l'organisme Le Monde des Pêcheurs (voir p 183) propose un concept original : passer une journée entière avec des pêcheurs du Carbet!

La navigation de plaisance

Un peu partout dans l'île, de nombreuses formules sont proposées aux visiteurs en ce qui a trait aux excursions organisées en mer ou à la location d'embarcations de toutes sortes.

Ainsi, sur les plages les plus fréquentées (Grande Anse, Sainte-Anne) et aux principaux ports de plaisance (Pointe du Bout, Le Marin, Le François), les loueurs de bateaux et les clubs de nautisme offrent toute une panoplie de possibilités aux marins en herbe.

Mentionnons par ailleurs la tenue de diverses manifestations nautiques tout au long de l'année, comme la Semaine Nautique Internationale de Schœlcher (février), la Semaine Internationale de Voile de Fort-de-France (mars), l'Aqua-Festival du Robert (avril) et le célèbre Tour de la Martinique des yoles rondes (août).

La planche à voile

Il est très facile de louer de l'équipement pour pratiquer la planche à voile dans le sud de la Martinique. Les plages de Sainte-Anne et de Sainte-Luce sont particulièrement appréciées des véliplanchistes.

Le Parc Naturel Régional de la Martinique

Le Parc Naturel Régional de la Martinique (PNRM) couvre pratiquement les deux tiers du territoire de l'île. En fait, toutes les régions rurales, donc en dehors des zones urbaines, font partie de ce vaste parc.

L'organisme dont relève la gestion du parc a pour mandat de préserver le milieu naturel tout en en faisant la promotion. Aussi organise-t-il toutes sortes d'activités allant de l'excursion guidée de randonnée pédestre (au moins trois par semaine) au rallye, en passant par des fêtes de l'environnement, des randonnées équestres et des expéditions nautiques. Le calendrier de ces événements est disponible un peu partout. On peut également se le procurer en communiquant avec le PNRM ou l'Association Martiniquaise pour le Tourisme en Espace Rural. Par ailleurs, le magazine hebdomadaire gratuit *Choubouloute* (voir p 61) présente dans chacun de ses numéros les activités hebdomadaires du PNRM.

Centre d'information du Parc Naturel Régional de la Martinique
(lun-ven 8 h à 12 h et 15 h à 18 h, sam 8 h à 12 h)

Les gommiers et les yoles rondes

Les gommiers et les yoles constituent deux types d'embarcations purement martiniquais. À coup sûr, vous apercevrez l'un et l'autre au cours de votre séjour.

Le plus facile à dénicher est le gommier, ce canot de pêche présent encore aujourd'hui sur bon nombre de plages de l'île. Vous le reconnaîtrez à ces couleurs vives et au nom évocateur que lui aura donné son propriétaire, et qui apparaît à l'avant. Traditionnellement, les Indiens Caraïbes sculptaient ces embarcations à même le tronc de l'arbre également connu sous le nom de «gommier».

On organisait jadis des courses de gommiers, mais l'instabilité de ceux-ci rendit indispensable l'invention d'une nouvelle embarcation qui saurait mieux répondre aux besoins de la régate. Ainsi est née la yole ronde. Il s'agit d'une embarcation à voile, dans laquelle de 8 à 11 personnes prennent place, spécialement équipée pour la compétition. Le célèbre Tour de la Martinique des yoles rondes a lieu chaque année au mois d'août. Cette compétition sportive majeure présente le spectacle de dizaines de bateaux aux grandes voiles colorées bataillant ferme pour la victoire. Parmi les concurrents, la glorieuse équipe de la commune du Robert jouit d'un prestige particulier.

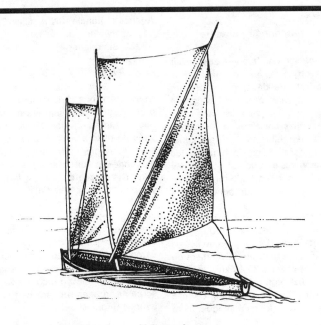

Yole ronde

Maison du Tourisme Vert
9, boulevard du Général-de-Gaulle
BP 437
97248 Fort-de-France Cédex
☎ 73.19.30

Service Administratif et Technique du PNRM
(lun, jeu, ven 7 h 30 à 13 h et 14 h à 17 h 30; mar, mer 7 h 30 à 13 h 30)
Tivoli - Ex-Collège Agricole
97200 Fort-de-France
☎ 64.42.59

Association Martiniquaise pour le Tourisme en Espace Rural
Maison du Tourisme Vert
9, boulevard du Général-de-Gaulle
B.P. 1122
97248 Fort-de-France
☎ 73.67.92
⇄ 63.55.92

 La randonnée pédestre

Voilà probablement l'activité de plein air la mieux organisée et pour laquelle le plus d'efforts de développement sont déployés. Il faut dire qu'il s'agit là d'une façon privilégiée de faire connaître quelques-unes des plus grandes richesses naturelles de la Martinique, comme la forêt tropicale humide, les plages sauvages du Sud-Est, les mornes et pitons qui parsèment le territoire et, cela va sans dire, la montagne Pelée.

Ainsi, l'Office National des Forêts, voué à la gestion des 15 000 ha du patrimoine forestier martiniquais, a développé un réseau de 31 sentiers de randonnée pédestre (170 km), dont il assure le balisage et l'entretien. Le point de départ de chacune de ces pistes est d'ordinaire bien indiqué, alors qu'un panneau présente une carte comportant le tracé à parcourir. De plus, l'Office a publié un guide décrivant de façon précise ces circuits, intitulé *31 sentiers balisés en Martinique*. Disponible dans les librairies et quelques kiosques à journaux un peu partout dans l'île, cet ouvrage fort bien fait coûte 60 F.

Office National des Forêts
3,5 km, route de Moutte
97200 Fort-de-France
☎ 71.34.50

Des cartes détaillées vous permettront du reste de mieux préparer encore vos excursions. Nous suggérons à cet effet celles de l'Institut Géographique National (IGN) de la série bleue (1/25 000e), disponibles dans les librairies de voyage. L'IGN possède de plus un bureau en Martinique :

Agence régionale IGN Antilles-Guyane
21, lotissement La Colline
97233 Schœlcher
☎ 61.48.23
⇄ 61.77.28

Nous décrirons brièvement dans le présent guide ces sentiers de randonnée, à l'intérieur des sections «Activités de plein air» de chaque chapitre. Les mentions «facile», «difficulté moyenne» et «difficile» vous aideront à choisir la balade convenant le mieux à votre condition physique.

En règle générale, on peut toutefois dire que la majorité des circuits se classent dans l'une des deux premières catégories. Cela dit, le randonneur sera toujours exposé à certains «dangers» : risque d'insolation, rencontre avec des serpents, orages rendant certains parcours impraticables.

■ Les insolations

Certaines pistes comportent de longues sections à découvert, sans possibilité de se réfugier à l'ombre. Les risques d'insolation sont donc importants et guettent tout marcheur pratiquant son activité favorite sous les tropiques. Crampes, chair de poule, nausées et manque d'équilibre constituent les premiers symptômes d'une insolation. Dans une telle situation, la personne souffrante devrait être rapidement mise à l'ombre, réhydratée et ventilée.

Afin d'éviter ces embarras, veillez à toujours porter un chapeau, et munissez-vous d'une bonne crème solaire. De plus, il est fortement conseillé de pratiquer la randonnée pédestre tôt le matin.

■ Les serpents

Il n'y a qu'un seul animal dangereux en Martinique. Il s'agit du trigonocéphale, un serpent dont la morsure peut parfois s'avérer mortelle. Il ne faut cependant pas exagérer les risques qu'il représente. En effet, l'arrivée d'un groupe de personnes le fera normalement fuir en déclenchant chez lui une peur panique.

La meilleure façon d'éviter la rencontre de ce serpent consiste à demeurer sur les sentiers balisés.

■ La pluie

La pluie, surtout lors d'orages violents, peut rendre certains sentiers absolument impraticables. C'est le cas, par exemple, des pistes permettant l'exploration des Pitons du Carbet et de la montagne Pelée. Il est donc préférable, dans ces cas précis, de pratiquer la randonnée durant la saison sèche. Quoi qu'il en soit, il demeurera toujours plus sage de s'enquérir des prévisions météorologiques avant d'entreprendre une excursion.

■ L'habillement

La règle générale à suivre consiste à porter des vêtements légers de couleur claire. Favorisez également des chaussures épaisses, à la fois légères et solides, dont les semelles sont pourvues de crampons.

Pour les sentiers en montagne, emportez un chandail à manches longues. Pour ceux longeant les côtes ou comportant des passages de rivière à gué, n'oubliez pas votre maillot de bain.

Un imperméable, pour vous garder au sec en cas de pluie, et un chapeau, pour vous protéger des rayons du soleil, devraient faire partie de votre équipement.

■ Quoi emporter?

Pour toute randonnée, votre sac à dos devrait contenir les objets suivants : une gourde, un canif, un antiseptique, des pansements, du sparadrap, des ciseaux, de l'aspirine, de la crème solaire, un insectifuge et la nourriture nécessaire à la durée de l'expédition.

 Le camping et le caravaning

On ne peut malheureusement pas dire que l'infrastructure d'accueil à l'intention des campeurs soit des plus développées en Martinique. On trouvera toutefois quelques terrains aménagés dans différentes régions :

Anse à l'Âne, Sainte-Anne, Sainte-Luce, Vauclin.

Mais là où ça devient particulièrement intéressant, c'est pendant les vacances scolaires (juillet et août), alors qu'il est permis de camper le long des plus fameuses plages du sud de la Martinique : Grande Anse des Salines, Grande Terre, Cap Chevalier. Beaucoup de familles martiniquaises s'y installent alors, ce qui ne conviendra peut-être pas à ceux qui recherchent le calme. Toutefois, il faut retenir que l'entreprise a au moins le mérite de faciliter les rencontres avec des gens du pays.

Les prix sont habituellement dérisoires, mais il faut se rapporter à la mairie de la localité où l'on veut s'installer pour obtenir une autorisation.

De plus, des loueurs de caravanes ou d'équipement de camping proposent leurs services à quelques endroits. Nous mentionnons leurs coordonnées tout au long du présent ouvrage, dans les sections «Activités de plein air».

 ## Le vélo

Les nombreuses routes sinueuses de l'île aux fleurs feront le bonheur des cyclistes. Toutefois, la chaleur et les multiples côtes à gravir en décourageront quelques-uns. Une bonne condition physique est nécessaire pour pratiquer cette activité sous les tropiques, et particulièrement en terre martiniquaise.

Par ailleurs, chaque année en juillet, se tient le Tour Cycliste International de la Martinique.

 ## Le vélo tout terrain (VTT)

La vogue du VTT a aussi atteint les Antilles françaises! Aussi peut-on louer un de ces véhicules à quelques endroits sur l'île, dont à la Pointe du Bout, près des Trois-Îlets (voir p 113).

 ## L'équitation

Les amants du monde équestre apprendront avec ravissement que la Martinique possède quelques centres d'équitation répartis un peu partout sur l'île : Trois-Îlets, Diamant, Sainte-Anne, région de Fort-de-France.

Les randonneurs ont ainsi l'occasion de partir d'une façon différente à la découverte de la forêt ou des plages sauvages de l'île aux fleurs.

 ## Le golf

Il n'y a qu'un seul terrain de golf en Martinique, situé près des Trois-Îlets, sur la pointe Sud-Ouest de l'île. Il s'agit du Country Club de la Martinique, aussi appelé communément le «golf de l'Impératrice», puisqu'il fut aménagé en partie sur les terres familiales de celle qui devait devenir l'impératrice Joséphine, Marie-Josèphe Rose Tasher de la Pagerie.

C'est à l'architecte paysagiste américain Robert Trent Jones que l'on doit le tracé de ce magnifique 18 trous, dont la réputation dépasse d'ailleurs les frontières de la Martinique. Il s'étend sur 63 ha et constitue en lui-même une attraction touristique.

Le tennis

La plupart des grands hôtels mettent des courts de tennis à la disposition de leur clientèle. Plusieurs sont dotés d'un système d'éclairage permettant de jouer durant la soirée. En règle générale, l'équipement est fourni.

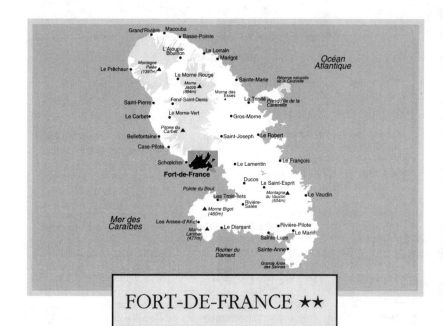

FORT-DE-FRANCE ★★

Fort-de-France se présente, sous tous rapports, comme la ville la plus importante de la Martinique. C'est celle qui compte le plus d'habitants (100 000) et qui possède le principal port de l'île, celui où transitent tous les navires étrangers. Fort-de-France, siège de la Préfecture de la Martinique, en est bien sûr le chef-lieu administratif où l'on retrouve les Conseils général et économique, les grandes banques, les consulats, l'évêché, le Trésor, etc.

Pourtant, au siècle dernier encore, la lutte était féroce entre Fort-de-France et Saint-Pierre, alors premier port de l'île, où les résidants jouissaient d'un niveau de vie supérieur. Au début du XXᵉ siècle, 30 000 personnes vivaient à Saint-Pierre et à peine 15 000 à Fort-de-France. Puis, en 1902, survint l'éruption du volcan de la montagne Pelée, qui anéantit Saint-Pierre et

trancha ainsi la question pour donner définitivement l'avantage à sa rivale.

Mais Fort-de-France a aussi connu sa part de difficultés. L'histoire de la cité fut en effet marquée par plusieurs catastrophes naturelles et assauts militaires. Ainsi, en 1674, les Hollandais tentèrent en vain d'envahir la ville. Les Anglais s'y attaqueront à leur tour en 1759, mais essuieront un échec; puis en 1762, en 1794 et en 1809, ils marcheront sur Fort-de-France et occuperont la Martinique. En 1839, un tremblement de terre y fera 500 morts. La liste s'allongera encore en 1890, alors qu'un incendie majeur détruira toute la ville et sera suivi d'un cyclone l'année suivante.

Les origines de la ville remontent aux premiers jours de la colonisation française. Dès 1638, du Parquet ordonna la

AIMÉ CÉSAIRE

Parmi les figures marquantes de la vie politique et artistique de la Martinique, il en est une dont la stature demeure à ce jour inégalée : Aimé Césaire.

Maire de Fort-de-France depuis 1945, fondateur du Parti progressiste martiniquais (PPM) en 1958, député de 1946 à 1993, conseiller général de Fort-de-France de 1946 à 1970 et président du Conseil régional de 1983 à 1988, Aimé Césaire a exercé à n'en pas douter un leadership politique d'une envergure impressionnante, et ce, pendant de nombreuses années.

Mais Césaire est aussi un homme de lettres, un grand poète dont l'œuvre influencera considérablement la littérature antillaise et africaine de langue française. Ainsi, son *Cahier d'un retour au pays natal* fera de lui un phare. Rejetant les canons de la littérature blanche, la plume d'Aimé Césaire défend et valorise la «négritude», terme inventé par lui pour désigner l'ensemble de la culture noire (voir p 31).

En 1993, on célébrait les 80 ans du maire-poète de Fort-de-France. De nombreuses manifestations furent organisées aux quatre coins de l'île et, à la radio, les animateurs lançaient : «*Bon anniversaire, papa Césaire!*» C'est que, malgré l'ampleur du personnage, malgré la vénération qu'on lui voue, malgré le respect dû à son rang et à son importance historique, les Martiniquais reconnaissent en lui un homme bon qui a su resté près d'eux tout en devenant leur guide. Ne serait-ce pas là, au fond, la plus importante qualité des grands personnages...

construction du fort Royal (aujourd'hui le fort Saint-Louis). En 1639, on éleva une première église, autour de laquelle se regroupèrent de plus en plus de gens. La ville de Fort-Royal était née. L'établissement des colons dans ce secteur s'avéra cependant bien difficile, le terrain étant marécageux et infesté de moustiques. Plusieurs des premiers arrivants souffrirent de la fièvre en plus de devoir subir les conséquences des inondations fréquentes. La mission de ces premiers colons consistait évidemment à cultiver les terres qu'on leur consentait, mais aussi à les assainir.

Mais c'est Charles de Courbon, comte de Blénac, qui doit être considéré comme le véritable fondateur de la ville. Gouverneur général des îles du Vent de 1677 à 1696, il fut aussi le concepteur du tracé de la ville actuelle.

En 1681, le titre de capitale échut à Fort-Royal, alors qu'était prise la décision de déplacer le siège administratif. Saint-Pierre perdait ainsi son rang de chef-lieu des Antilles françaises, ce qui ne l'empêcha toutefois pas de poursuivre son développement sur le plan commercial et d'ainsi rivaliser pendant plus de deux siècles avec la nouvelle élue.

Ce n'est pas avant 1802, sur ordre de Bonaparte, que la ville fut rebaptisée

Fort-de-France, alors que le fort Royal (les fortifications) ne devint le fort Saint-Louis qu'en 1814.

À partir de 1902, Fort-de-France connut une rapide croissance démographique. Sa population atteint 20 000 personnes en 1920, 40 000 en 1936, 60 000 en 1952, 85 000 en 1961 et 100 000 en 1974.

Depuis 1945, une des plus grandes figures mythiques de la Martinique occupe les fonctions de maire de Fort-de-France. Il s'agit, bien sûr, du poète noir Aimé Césaire, auteur du *Cahier d'un retour au pays natal* et fondateur du Parti progressiste martiniquais.

Aujourd'hui, Fort-de-France s'étend de plus en plus, tandis que des quartiers résidentiels apparaissent dans les collines qui l'entourent. Il y a tout d'abord les quartiers populaires en bordure du centre (Sainte-Thérèse, Trenelle...) et, plus haut, les quartiers chic (Redoute, Didier, Balata...). En outre, la cité s'étire maintenant vers l'ouest, si bien qu'on ne perçoit plus les limites entre Fort-de-France et Schœlcher. À l'est, la zone portuaire connaît un essor impressionnant tant sur le plan du transport de marchandises que sur celui du tourisme de croisière.

C'est en arrivant par la mer, grâce à la navette partant de la Pointe du Bout, qu'on apprécie le plus Fort-de-France. On y goûte alors avec ravissement le spectacle saisissant d'une petite ville grouillante, cachée tout au fond de la magnifique baie des Flamands et encerclée de collines, avec en arrière-plan la silhouette de quelques-uns des plus hauts sommets de l'île. Une fois à quai, certains seront déçus du petit nombre de monuments importants et de leur relative jeunesse (bien peu datent d'avant l'incendie de 1890). Ils

aimeront toutefois l'animation des grandes rues commerçantes de la ville où, au mépris de tous les clichés sur la supposée nonchalance antillaise, s'affairent les Foyalais. Ils s'éprendront aussi de la Savane, ce vaste espace vert autour duquel s'étend le centre-ville et où tout le monde vient se pavaner ou se reposer.

Il faut compter une journée pour visiter Fort-de-France. Tous les monuments sont situés dans un périmètre assez restreint, facilitant ainsi leur découverte à pied. Seuls quelques attraits situés en périphérie pourraient justifier l'utilisation d'une automobile dans les parages, encore que les taxis individuels ou collectifs permettent d'y accéder facilement. En fait, la circulation s'avère tellement dense à l'intérieur et autour de la ville qu'il est bien plus sage, et plus agréable, d'y accéder par la navette maritime venant de la Pointe du Bout et de la découvrir à pied.

 Pour s'y retrouver sans mal

■ **En voiture**

Depuis l'aéroport du Lamentin, la route nationale 5 (N5), puis la N1, permettent d'accéder à Fort-de-France. À la hauteur du quartier Dillon, la N1 plonge vers le centre de la ville et aboutit sur le boulevard du Général-de-Gaulle.

Il n'est pas aisé de circuler et de stationner dans le centre de Fort-de-France. Aussi recommandons-nous plutôt d'accéder à la ville au moyen de la navette maritime de la Pointe du Bout (voir plus bas).

La location d'une voiture

Toutes les entreprises internationales de location représentées en Martinique ont pignon sur rue à Fort-de-France :

Avis
4, rue Ernest-Deproge
☎ 70.11.60

Budget
30, rue Ernest-Deproge
☎ 70.22.75

Europcar
28, rue Ernest-Deproge
☎ 73.33.13

Hertz
24, rue Ernest-Deproge
☎ 60.64.64

Inter Rent
46, rue Ernest-Deproge
☎ 72.40.13 ou 76.66.48

■ En taxi

Il est facile d'obtenir un taxi à Fort-de-France. Vous en trouverez plusieurs le long de la rue de la Liberté, qui borde le côté ouest de la Savane.

■ En taxi collectif

La station de taxis collectifs se trouve à la Pointe Simon, sur le front de mer. Ceux-ci fonctionnent depuis très tôt le matin jusqu'à 18 h seulement. À titre indicatif, mentionnons qu'il en coûte 17 F pour le trajet Fort-de-France - Trois-Îlets, 19 F pour aller au Diamant, 31 F pour Sainte-Anne, 18 F pour Saint-Pierre et 40 F pour Grand-Rivière.

■ En autobus

Les autobus permettent de rejoindre à peu de frais les quartiers situés en périphérie de Fort-de-France. Les principales stations se trouvent sur le boulevard du Général-de-Gaulle.

■ Par bateau

Quatre bateaux (piétons seulement) font la navette entre la marina de la Pointe du Bout et le quai Desnambuc de Fort-de-France. Ce service est géré par la société Somatour *(☎ 73.05.53)*. Les tarifs sont les suivants :

Adultes (aller seulement)	17 F
Enfants (aller seulement)	8 F
Adultes (aller-retour))	29 F
Enfants (aller-retour)	13 F

On compte de très nombreux départs :

De la Pointe du Bout à Fort-de-France :

6 h 10,	7 h 15,	8 h 30,
9 h 30,	10 h 30,	11 h 30,
12 h 45,	14 h 30,	15 h 30,
16 h 30,	17 h 30,	18 h 30,
19 h 30,	22 h 45,	23 h 45.

Les gens qui résident dans les petits hôtels de l'Anse Mitan ou même de l'Anse à l'Âne, plutôt que d'avoir à se rendre jusqu'à la Pointe du Bout, peuvent aussi choisir la navette qui part du ponton de leur plage. Encore là, les départs sont fréquents et les tarifs sont similaires :

Adultes (aller seulement)	18 F
Enfants (aller seulement)	8 F
Adultes (aller-retour)	27 F
Enfants (aller-retour)	15 F

Par ailleurs, il existe des navettes reliant tous les jours Fort-de-France à la Guadeloupe, la Dominique, Les Saintes et Sainte-Lucie. Les tarifs adultes varient de 305 F à 450 F pour un aller simple. L'embarquement à Fort-de-France se fait au Quai Ouest, à l'entrée du Bassin de Radoub. Pour informations sur les horaires et la tarification précise, communiquez avec **L'Express des Îles** *(☎ 63.12.11, ⇄ 63.34.47)*.

Renseignements pratiques

■ Renseignements touristiques

Office Départemental du
Tourisme de la Martinique
Boulevard Alfassa,
sur le front de mer
☎ 63.79.60
⇄ 73.66.93

Office Municipal de Tourisme
76, rue Lazare-Carnot
☎ 59.60.61 ou 60.27.78
⇄ 60.27.95

Maison du Tourisme Vert
9, boulevard du Général-de-Gaulle
☎ 73.67.92

Union des Syndicats d'Initiative
9, boulevard du Général-de-Gaulle
☎ 63.18.54 ou 63.20.67

■ Banques

Banque Française Commerciale
6-10, rue Ernest-Deproge
☎ 63.82.57

Banque des Antilles Françaises
34, rue Lamartine
☎ 73.93.44

Banque Nationale de Paris
72, avenue des Caraïbes
☎ 59.46.00

Crédit Martiniquais
17, rue de la Liberté
☎ 59.93.00

Bred
Place Monseigneur-Romero
☎ 63.77.67

■ Bureaux de change

Change Point
Rue Victor-Hugo,
entre Schœlcher et de la Liberté
8 h à 18 h

Change Caraïbes
Rue Ernest-Deproge,
à côté d'Air France
☎ 73.06.16
lun-ven 7 h 30 à 18 h,
sam 8 h à 12 h 30

Martinique Change
137, rue Victor-Hugo
☎ 63.80.33
lun-ven 8 h 30 à 13 h, 14 h à 17 h 30,
sam 8 h 30 à 12 h 30

■ **Gendarmerie**

120, rue Victor-Sévère
☎ 63.51.51

■ **Mairie**

☎ 59.60.00
⇄ 60.91.69

■ **Poste**

Rue de la Liberté, coin Blénac

■ **Hôpital**

Hôpital Clarac
Boulevard Pasteur
☎ 55.20.00

■ **Pharmacies**

Pharmacie Alain Bucher
Rue de la République
☎ 71.30.04

Pharmacie Alain Cadore
42, rue Isambert
☎ 70.21.69

Pharmacie Célestin
106, rue de la République
☎ 71.47.89

Pharmacie de la Cathédrale
40, rue Antoine-Siger
☎ 63.27.33

Pharmacie Glaudon
Angle de la Liberté et Antoine-Siger

Pharmacie J.F. Ponceau
64, avenue des Caraïbes

■ **Développement de photos**

Photocolor
62, rue Ernest-Deproge
☎ 60.47.40

ou

64, avenue des Caraïbes
☎ 60.28.82

 Attraits touristiques

La grande majorité des attraits de Fort-de-France se concentrent autour de la Place de la Savane. Nous vous proposons donc ici deux circuits qui vous permettront de découvrir le centre de la ville, l'un dans les environs immédiats de la Place et l'autre dans les rues avoisinantes. Une troisième section viendra recenser les attraits situés en périphérie. Les numéros apparaissant à l'intérieur des parenthèses suivant immédiatement le nom des attraits réfèrent aux plans du centre et de la région de Fort-de-France.

Si le cœur vous en dit, vous pouvez vous joindre à un petit groupe et suivre un des quatre circuits à pied originaux proposés par la société **Azimut** (*90 F; 74 route de la Folie,* ☎ *60.16.59,* ⇄ *63.05.46*). Une des promenades présente les principaux monuments de façon classique, alors que les autres invitent à découvrir l'envers du décor, la cité insolite, les rues méconnues. Les départs se font au pied du monument à Belain d'Esnambuc, sur la Place de la Savane.

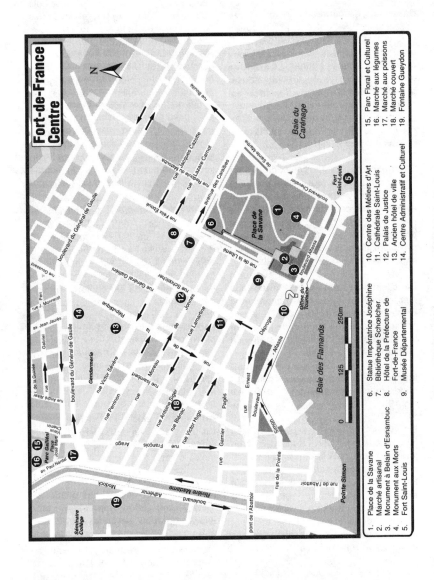

Fort-de-France Centre

N

Baie du Carénage

rue Bouillé

rue Jacques Cazotte

rue du Redoute de Matouba

rue Lazare Carnot

de Sainte-Marie

avenue des Caraïbes

rue Félix Eboué

Fort Saint-Louis

boulevard Chevalier

5

1

4

6

Place de la Savane

boulevard du Général de Gaulle

8

7

2

3

boulevard Alsace

rue de la Liberté

9

Office du Tourisme

?

10

Deproge

11

rue Lamartine

rue Schœlcher

12

Jonnès

de

rue Général Galliéni

rue Goussent

rue J. Monnerot

Gabriel

av. Jean Jaurès

la

République

13

14

Alsasa

Baie des Flamands

Ernest

rue

boulevard Simon

Pointe Simon

0   125   250m

boulevard du Général de Gaulle

Gendarmerie

rue Victor Sévère

rue Moreau

rue Isambert

rue Pennon

rue de la Guinée

rue André Aliker

rue Antoine Siger

rue Blénac

rue Victor Hugo

rue François Arago

Pagès

Garnier

rue

rue de la Pointe

rue de l'Abattoir

Parc Galliéni

15

16

av. Paul Nardal

Place José Marti

Vieux Chemin

17

Modock

boulevard Rivière Madame

Adhémar

pont de l'Abattoir

Séminaire Collège

19

1. Place de la Savane
2. Marché artisanal
3. Monument à Belain d'Esnambuc
4. Monument aux Morts
5. Fort Saint-Louis

6. Statue Impératrice Joséphine
7. Bibliothèque Schœlcher
8. Hôtel de la Préfecture de Fort-de-France
9. Musée Départemental

10. Centre des Métiers d'Art
11. Cathédrale Saint-Louis
12. Palais de Justice
13. Ancien hôtel de ville
14. Centre Administratif et Culturel

15. Parc Floral et Culturel
16. Marché aux légumes
17. Marché aux poissons
18. Marché couvert
19. Fontaine Gueydon

■ À voir sur la Place de la Savane

Dès votre descente du bateau, vous apercevrez, de l'autre côté du boulevard Alfassa, qui longe le bord de mer, une grande étendue de verdure de 5 ha avec des allées fleuries, de beaux grands palmiers royaux, des bancs où plusieurs se délassent, des statues élevées à la mémoire de quelques grands personnages et des étals où l'on marchande ferme : la fameuse **Place de la Savane** ★★★ (1).

C'est dans sa direction que convergent bon nombre de visiteurs dès leur arrivée dans le chef-lieu, prêts à négocier serré avec les marchands de serviettes de plage, de t-shirts, de chapeaux, de poupées, de tableaux... qui se rassemblent dans le **marché artisanal** (2), situé dans le coin ouest de la Place.

Dans le même secteur, faisant face à la mer, vous apercevrez le **monument à Belain d'Esnambuc** (3), celui qui prit possession de l'île au nom de la France le 15 septembre 1635. Cette statue de bronze fut élevée à la gloire du «fondateur» en 1955 par le sculpteur Marcel Armand Gaumont, également décorateur du paquebot *Île de France* (1949).

En vous dirigeant vers l'est, en longeant le boulevard Alfassa tout en jetant un œil du côté des voiliers qui mouillent dans la magnifique baie des Flamands, vous atteindrez bientôt le **Monument aux Morts** (4), qui rend hommage aux «enfants de la Martinique morts pour la France» lors des deux conflits mondiaux et des guerres d'Algérie et d'Indochine.

Au-delà du boulevard Chevalier-de-Sainte-Marthe s'élève le **fort Saint-Louis** ★ (5) *(visite guidée gratuite dim 9 h à 11 h; ☎ 63.72.07, poste 109).* Le domaine militaire actuel se trouve à l'emplacement du premier fortin de bois qu'érigèrent du Parquet et quelques colons en 1638, le fort Royal. Quelques années plus tard, le gouverneur de Baas ordonna que l'on renforce ce gardien de la baie des Flamands en creusant un fossé autour et en érigeant de hautes murailles de pierres. Sa construction sera achevée vers 1703.

L'histoire du fort Royal, qui deviendra le fort Edward lors des brèves occupations anglaises de 1762, de 1794 et de 1809 avant de prendre le nom de fort Saint-Louis en 1814, sera des plus mouvementées. Il servira d'abord à contrer les attaques des Hollandais (1674) et des Anglais (1759), puis, avec moins de succès toutefois, à défendre la ville lors d'un nouvel assaut anglais en 1762. C'est à la suite de cette défaite que l'on se rendit compte de la vulnérabilité de ce fort, dominé par plusieurs collines, lorsque attaqué par l'intérieur des terres. La construction du fort Bourbon (voir p 88), l'actuel fort Desaix, dans les hauteurs de Fort-de-France, viendra corriger cette faiblesse dans le dispositif de défense de la capitale martiniquaise.

Au début du siècle, le fort Saint-Louis fut transformé en zoo, mais, depuis le lendemain de la Deuxième Guerre mondiale, c'est l'état-major de la Marine française aux Antilles-Guyane qui y loge.

De retour dans le jardin lui-même, vous ne manquerez pas de jeter un coup d'œil à la remarquable **statue de l'impératrice Joséphine** (6), qui se dresse au nord de la Place. Cette œuvre de marbre blanc rappelle que c'est en Martinique, aux Trois-Îlets, que vit le jour Marie-Josèphe Rose Tasher de la Pagerie (1763-1814), celle qui allait devenir l'épouse de Napoléon 1er. La légende veut que ce monument, cadeau de Napoléon III, ait été originellement élevé à l'endroit précis où un boulet de canon tomba aux pieds de la future impératrice en 1790. Il fut érigé en 1859 au centre de la Savane et est l'œuvre du sculpteur Vital Dubray (1813-1892). Remarquez la main gauche de Joséphine posée sur la médaille de Napoléon, de même que le bas-relief illustrant le couronnement de l'impératrice qui orne le devant de la base. En septembre 1991, la statue de la belle impératrice créole était amputée de sa tête, œuvre probable de vandales qui lui ont ainsi fait subir le sort de la guillotine, à laquelle Joséphine échappa de justesse lors de la Révolution française. Cet incident souligne en fait, tout comme le déplacement de la statue en bordure du parc par l'Administration municipale d'Aimé Césaire en 1974, que le mythe de Joséphine en est un de Blancs en Martinique et que plusieurs n'ont jamais accepté que Bonaparte rétablisse l'esclavage, en 1802, sur ses conseils...

En face du monument, de l'autre côté de la rue de la Liberté, vous ne pourrez rester indifférent au charme certain de la **bibliothèque Schœlcher ★★★ (7)** *(entrée gratuite; lun mar jeu 8 h 30 à 12 h 30 et 14 h à 18 h, mer ven 8 h à 13 h, sam 8 h 30 à 12 h, fermée dim; ☎ 70.26.67)*. Pendant fort longtemps, on a laissé courir la rumeur selon laquelle ce joli bâtiment aurait été construit à Paris pour abriter le pavillon de la Martinique à l'Exposition

Bibliothèque Schœlcher

Universelle, présentée de janvier à juin 1889, avant d'être démonté à la fin de l'événement et relogé à son emplacement actuel en 1893. En fait, c'est plutôt dans le jardin des Tuileries, près de l'arc de triomphe du Carrousel, que cet édifice fut d'abord exposé.

La bibliothèque, qui compte aujourd'hui plus de 100 000 volumes, porte le nom de Victor Schœlcher, le célèbre député qui lutta afin d'obtenir l'abolition de l'esclavage dans les colonies. Convaincu de l'importance de favoriser l'éducation de la population noire, celui-ci avait fait don à la Martinique de sa collection personnelle de 10 000 livres en 1883 en demandant qu'une bibliothèque publique soit créée. La presque totalité de ce legs sera perdue lors de l'incendie de 1890, ce qui n'empêchera heureusement pas le projet de bibliothèque publique de se concrétiser. Ce bel édifice est l'œuvre de l'architecte Henri Picq, également auteur de la cathédrale Saint-Louis (voir ci-dessous). Son style reste toutefois difficile à définir : néo-oriental pour les uns, romano-byzantin pour les autres, baroque pour les plus prudents. Qu'à cela ne tienne, la bibliothèque Schœlcher, née à la même époque que la tour Eiffel, est devenue le symbole de Fort-de-France.

De l'autre côté de la rue Victor-Sévère s'élève l'**Hôtel de la Préfecture de Fort-de-France (8)**. Vous serez impressionné par la disposition des bâtiments qui permet de dégager une belle allée d'honneur, ainsi que par les édifices eux-mêmes, construits d'après un plan en fer à cheval entre 1925 et 1928, les premiers en béton armé à avoir été érigés en Martinique. Le bâtiment principal s'inspire du Petit Trianon de Versailles. À l'intérieur, on retrouve entre autres une toile de Paul Mascart, au fond de la Salle Félix-Éboué,

représentant la coupe de la canne à sucre, de même qu'un buste de Victor Scœlcher, réalisé par la Martiniquaise Marie-Thérèse Lung-Fou, dans la salle qui porte aujourd'hui le nom de l'abolitionniste.

Revenant sur vos pas, vous poursuivrez alors votre chemin sur la **rue de la Liberté**, que bordent nombre de beaux bâtiments abritant hôtels, bars, restaurants, boutiques, etc. Vous arriverez ainsi bientôt à la hauteur du **Musée Départemental ★★★ (9)** *(adultes 15 F, enfants 5 F; lun-ven 8 h 30 à 13 h et 14 h à 17 h, sam 9 h à 12 h, dim fermé; ☎ 71.57.05)*, dont la visite est essentielle. Consacré à l'archéologie précolombienne et à l'étude de la préhistoire de l'île, ce musée raconte l'implantation des Arawaks, puis des Caraïbes, sur le territoire martiniquais. Plus de 1 000 pièces (poteries, figurines, coupes gravées, etc.) issues de fouilles archéologiques relatent l'histoire amérindienne de la Martinique de 4000 avant J.-C. à 1660 après J.-C. Le bâtiment qui abrite aujourd'hui ce musée était anciennement l'édifice de l'intendance militaire et fut construit en 1898. Prenez note que des travaux de réfection étaient encore en cours à l'été 1995 et que la date de réouverture du musée était alors inconnue.

Plus loin, vous gagnerez le bord de mer, près des bureaux d'Air France et de l'**Office Départemental du Tourisme**.

■ À voir au centre-ville

Tout juste à l'arrière de l'Office du Tourisme, le **Centre des Métiers d'Art (10)** présente une vitrine assez complète de l'artisanat local (voir section «Magasinage», p 95).

son déplacement à l'endroit actuel en 1671. D'ailleurs, l'église que l'on peut voir aujourd'hui repose sur les fondations d'origine. Lors de l'attaque hollandaise de 1674, la chapelle de l'époque fut incendiée. Reconstruite en 1703, elle fut anéantie par un raz-de-marée en 1766. En 1839, c'est un tremblement de terre qui la rasera de nouveau. Elle sera par la suite dévastée par le grand incendie de 1890. L'année suivante, un cyclone viendra s'attaquer à ce qui reste encore debout. L'église actuelle sera inaugurée en 1895, mais les tremblements de terre de 1946 et de 1953 forceront la démolition en 1971 du clocher original, devenu instable. Le clocher que l'on aperçoit aujourd'hui fut élevé en 1979, et la cathédrale, restaurée en 1982.

À l'intérieur, il est intéressant de contempler les vitraux qui relatent l'histoire tumultueuse du temple. Mentionnons finalement que trois gouverneurs généraux furent inhumés dans le chœur de la cathédrale Saint-Louis : de Blénac, d'Éragny et d'Amblimont. En face de la cathédrale, vous remarquerez la petite **Place Monseigneur-Romero**, anciennement connue sous le nom de **Place Labat**, que l'on vient de rénover.

Plus loin, à l'angle de la rue Moreau-de-Jonnes et de la rue Schœlcher, toujours du côté gauche, vous apercevrez le **Palais de Justice ★ (12)**. Quatre bâtiments d'inspiration néoclassique sont disposés autour d'une place, au milieu de laquelle s'élève un **monument à Victor Schœlcher**. Ce dernier, œuvre de Marquet de Vaselot, fut réalisé en 1904, alors que le Palais de Justice lui-même ne fut inauguré qu'en 1907. Le monument présente Schœlcher accompagnant sur le chemin de l'éducation un enfant d'esclave devenu libre.

Cathédrale Saint-Louis

Vous remonterez alors la rue Schœlcher et apercevrez bientôt, sur la gauche, la **cathédrale Saint-Louis ★ (11)**, dont le haut clocher à armature métallique (59 m) en fait un point de repère visible de très loin. Le temple actuel, œuvre de Henri Picq, date de 1895. Mais l'histoire de la cathédrale de Fort-de-France remonte au début de la colonisation. L'église d'aujourd'hui est en fait la septième construite sur ce site. D'ailleurs, son histoire tourmentée est aussi celle de la ville, détruite puis reconstruite à maintes reprises à la suite de divers cataclysmes naturels ou assauts militaires. Ainsi, la première église de Fort-Royal fut érigée près du fortin de bois dès 1639. On décida de

Poursuivez alors votre balade jusqu'à la rue Victor-Sévère, sur laquelle vous tournerez à gauche en route vers l'**ancien hôtel de ville ★ (13)**, devenu aujourd'hui le Théâtre Municipal. En fait, même à l'époque où ce bâtiment abritait la mairie de la ville, une salle de théâtre à l'italienne y cohabitait avec les fonctions administratives, ce qui en faisait toute l'originalité. L'édifice fut construit en 1901 à l'endroit exact où se dressait une première mairie bâtie en 1848. Cette dernière devait être sérieusement endommagée par l'incendie de 1890, puis achevée par l'ouragan de l'année suivante. Lorsque l'administration de Fort-de-France fut déplacée dans un nouvel édifice en 1980, une seconde affectation fut attribuée à ce bâtiment que l'on rénova entièrement en 1987. Désormais, outre des représentations théâtrales, on y tient occasionnellement des expositions d'œuvres d'art.

Le 29 avril 1908, un événement tragique marqua l'histoire de l'édifice quand le maire de couleur Antoine Siger, alors en pleine campagne électorale, fut assassiné d'un coup de revolver à l'intérieur même de l'hôtel de ville de Fort-de-France. Le corps de Siger devait alors être exposé sur la table du Conseil municipal.

À l'arrière du Théâtre Municipal, l'architecture audacieuse, voire agressive, de l'édifice moderne où loge maintenant la mairie vous saisira. Ce complexe porte le nom de **Centre Administratif et Culturel (14)**.

Continuez ensuite votre chemin jusqu'à la place Clémenceau, tout au bout de la rue Victor-Sévère, puis tournez à droite pour atteindre l'entrée du **Parc Floral et Culturel (15)** (voir section «Parcs et plages» p 88).

Vous pourrez finalement terminer votre visite du centre de Fort-de-France en vous arrêtant aux différents marchés publics, toujours animés : le **marché aux légumes (16)**, le **marché aux poissons (17)** et le **marché couvert (18)**. Voir section «Magasinage», p 95.

■ **À voir aux alentours de Fort-de-France**

Du côté droit de la rivière Madame, au-dessus de celle-ci, un château d'eau visible depuis le boulevard Allègre, à la hauteur de la rue Antoine-Siger, ne manque pas de surprendre. Il s'agit de la **Fontaine Gueydon (19)**, élevée entre 1854 et 1856 sur ordre du gouverneur Louis-Henry de Gueydon afin d'alimenter la ville en eau potable. Lors de la période quelque peu anarchique qui suivit l'abolition de l'esclavage (1848), on confia à de Gueydon le mandat de remettre les gens au travail et d'assainir les finances publiques. Il s'y attaqua avec zèle en donnant des emplois obligatoires à ceux qui n'en avaient plus, puis en mettant sur pied un système de «passeports» qui lui permettait de contrôler l'identité de tout le monde pour s'assurer que chacun travaillait... et payait ses impôts. Les contrevenants étaient condamnés sur-le-champ. Aussi fit-il construire à très peu de frais le château d'eau, qui devait porter son nom, par des militaires relevant de lui et des condamnés pour faute fiscale.

Le Plateau Didier

Il ne faut pas manquer de faire une balade du côté du **quartier résidentiel du Plateau Didier ★★ (20)**, probablement le plus beau de Fort-de-France. Vous y accéderez en empruntant le

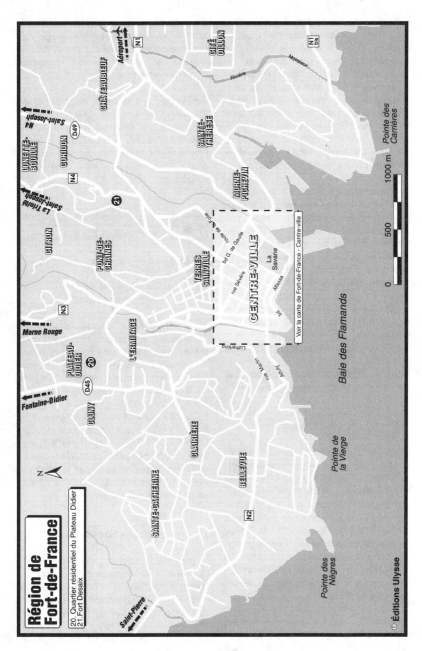

Région de Fort-de-France

20. Quartier résidentiel du Plateau Didier
21. Fort Desaix

N

Saint-Pierre

Fontaine-Didier

Morne Rouge

La Trinité
Saint-Joseph

Saint-Joseph

CHÂTEAUBLEUF

Aéroport

CITÉ DILLON

LUNETTE-BOUILLE

CORDON

CITRON

PONT-DE-CHAINES

L'ERMITAGE

CLUNY

PLATEAU-DIDIER

SAINTE-CATHERINE

CLAIRIÈRE

BELLEVUE

SAINTE-THÉRÈSE

MORNE-PICHEVIN

TERRES-SAINVILLE

CENTRE-VILLE

La Savane

route de Gaulle

bd G. de Gaulle

rue Sévère

bd Alfassa

Luthering

rue Marin

Attily

Voir la carte de Fort-de-France - Centre-ville

Baie des Flamands

Pointe de
la Vierge

Pointe des
Nègres

Pointe des
Carrières

Rivière

Monsieur

N

N1
bis

N4

D49

N3

N4

D45

N2

21

20

0   500   1000 m

© Éditions Ulysse

pont qui enjambe la rivière Madame, au bout de la rue Ernest-Deproge, puis en prenant la D45 vers le nord. De magnifiques villas coloniales aux accents louisianais, toutes blanches et entourées de splendides jardins, bordent la route. Vous pourrez alors en profiter pour faire une halte au petit **Musée de l'Esclavage** *(adultes 20 F, enfants 10 F; tlj 9 h à 18 h;* ☎ *64.06.09)*, qui retrace l'histoire de la traite des Noirs de 1684 à 1848.

La route serpente ensuite à travers une végétation luxuriante avant d'aboutir finalement à la **Fontaine Didier**, une source d'eau thermale (33 °C) acidulée, bicarbonatée et ferrugineuse. Le nom de Didier est celui du premier à avoir utilisé l'eau de cette source dès 1853 pour les bienfaits qu'elle pouvait apporter à ceux qui souffraient de problèmes de foie ou de rhumatisme. Quant à l'entreprise d'embouteillage, inaugurée en 1917, il est possible de la visiter sur réservation (☎ *64.07.88*).

Vous pouvez terminer votre escapade par une randonnée pédestre (voir p 89).

Le fort Desaix

La route de la Redoute conduit au **fort Desaix (21)**, originalement appelé fort Bourbon. L'invasion anglaise de 1762 démontra la vulnérabilité du fort Royal, lorsque attaqué par l'intérieur des terres. Aussi, au lendemain de la signature du traité de Paris, qui permit à la France de récupérer sa colonie, la décision fut-elle prise de construire cette nouvelle forteresse à la Vauban dans les hauteurs de la ville. Les travaux seront terminés en 1780.

Pendant la Seconde Guerre mondiale, l'or de la Banque de France, transporté en Martinique en 1940 par le croiseur

Émile-Bertin, y sera gardé. Aujourd'hui, le fort Desaix est devenu le siège du commandement supérieur des Antilles-Guyane et abrite le 33e régiment d'infanterie de la marine.

Finalement, sur la route de la Folie, le **Musée «Gen Lontan»** *(adultes 30 F, enfants 20 F; mar-sam 10 h à 20 h, dim et lun fermé;* ☎ *60.88.62)* raconte l'histoire de la Martinique au moyen d'une exposition de costumes d'époque.

 **Parcs et plages**

■ **Les parcs et plages du centre-ville**

Le Parc Floral et Culturel de Fort-de-France

Situé derrière la place José-Marti, davantage un stationnement qu'une place, ce jardin botanique présente plusieurs espèces de fleurs tropicales. Vous pourrez aussi y visiter la **Galerie de Géologie et de Botanique** *(adultes 5 F, enfants 1 F; mar-ven 9 h à 12 h 30 et 14 h 30 à 17 h 30, sam 9 h à 13 h et 15 h à 17 h, fermée dim et lun;* ☎ *71.33.96)* ou participer à l'une des nombreuses manifestations culturelles dont le parc est le théâtre (expositions, concerts, etc.). L'accès au parc extérieur est gratuit.

Les plages de Fort-de-France

La plage du fort Saint-Louis, à deux pas des quais où accostent les bateaux reliant le chef-lieu à la Pointe du Bout, n'est pas recommandée pour la baignade et s'avère parfois «mal fréquentée». D'ailleurs, les Foyalais eux-mêmes préfèrent se rendre à la

Pointe du Bout, de l'autre côté de la baie de Fort-de-France, d'où ils se dirigent vers l'Anse Mitan ou l'Anse à l'Âne.

Activités de plein air

La randonnée pédestre

Le sentier Fontaine Didier - Absalon

Au départ de la Fontaine Didier, tout au bout de la D45, ce sentier conduit à l'ancienne station thermale d'Absalon en longeant la rivière Dumauzé.

Cette agréable balade de 2 km nécessite environ 1 heure 30 min de marche et est considérée comme facile.

La navigation de plaisance

Pour ceux et celles que la voile intéresse, mentionnons l'existence du club de la Pointe Simon (☎ *63.26.63*).

Aussi à la Pointe Simon, il y a possibilité de louer des planches à voile chez SAS Planche à Voile (☎ *60.32.49*).

L'équitation

Sur la route de Didier (D45), le centre d'équitation La Gourmette (☎ *64.20.16*) peut constituer un autre arrêt sur le circuit que nous proposons dans ce secteur.

Hébergement

■ **Hébergement sur la Place de la Savane**

Sur la rue de la Liberté, en face de la Place de la Savane, quatre hôtels intéressants rivalisent afin de s'attirer la faveur des visiteurs. Le premier à apparaître, à l'angle des rues de la Liberté et Ernest-Deproge, est **Le Tortuga** (*195 F à 250 F; ≡, bp; 3 rue de la Liberté - 97200 Fort-de-France, ☎ 71.53.23, ⇄ 63.80.00*), un établissement économique proposant des chambres dépouillées et sans confort, quoique bien entretenues.

L'hôtel **La Malmaison** (*290 F à 380 F; tv, ≡, bp, ℜ; 7 rue de la Liberté - 97200 Fort-de-France, ☎ 63.90.85, ⇄ 60.03.93*) se situe, quant à lui, juste à côté du Musée Départemental. Il s'agit d'un sympathique hôtel où l'accueil est toujours chaleureux.

Non loin de là, les auvents bleus et blancs du **Lafayette** (*450 F; tv, ≡, bp; 5 rue de la Liberté - 97200 Fort-de-France, ☎ 73.80.50, ⇄ 60.97.75*), un hôtel de 24 chambres, ne manqueront pas d'attirer votre attention. Chambres simples mais très propres.

Finalement, vous trouverez un peu plus loin le magnifique hôtel **L'Impératrice** (*375 F à 510 F; tv, ≡, bp, ℜ; 15 rue de la Liberté - 97200 Fort-de-France, ☎ 63.06.82, ⇄ 72.66.30*). Il a fière allure, celui-là, avec sa superbe façade dont les lignes évoquent les grands paquebots. Vingt-quatre chambres confortables sont disponibles dans cet établissement qui renferme en outre un agréable restaurant : Le Joséphine.

■ **Hébergement du centre-ville**

Au nord de La Savane, plusieurs petits hôtels se cachent dans de petites rues au charme certain. Il s'agit bien souvent d'endroits fréquentés par des voyageurs soucieux de leur budget... ainsi que par des locaux.

Ainsi, **Le Rêve Bleu** *(195 F; ≡, bp; 50 rue Lazare-Carnot - 97200 Fort-de-France, ☎ 73.02.95)* dispose d'une demi-douzaine de chambres au confort minimum à bon marché.

Son voisin, l'hôtel **Un Coin de Paris** *(250 F à 320 F; tv, ≡, bp; 54 rue Lazare-Carnot - 97200 Fort-de-France, ☎ 70.08.52, ⇄ 63.09.51)* occupe une maison de bois, à laquelle son allure défraîchie donne un irrésistible cachet.

À deux pas de là, **Le Carlton** *(250 F; ☎ 60.41.76)* est aménagé dans un joli immeuble brun et beige qui fait l'angle avec la rue de la Redoute de Matouba.

Finalement, le beau bâtiment rose et gris muni de balcons du **Gommier** *(280 F à 375 F; tv, ≡, bp; 1-3 rue Jacques-Cazotte - 97200 Fort-de-France, ☎ 71.88.55, ⇄ 73.06.96)* se dresse à l'intersection Jacques-Cazotte et Bouillé. Grandes chambres de meilleur confort que celles des concurrents du secteur.

Quelques hôtels supplémentaires sont situés çà et là sur les autres rues du centre-ville. En règle générale, vous y trouverez un confort rudimentaire, mais des prix relativement peu élevés.

Mentionnons dans cette catégorie l'**Hôtel Central** *(330 F; tv, ≡, bp; 3 rue Victor-Hugo - 97200 Fort-de-France, ☎ 70.02.12, ⇄ 63.80.00)*, avec ses toutes petites chambres, néanmoins bien équipées.

Aussi, toujours sur la rue Victor-Hugo, trouverez-vous le sympathique **Balisier** *(320 F à 350 F; tv, ≡, bp; 21 rue Victor-Hugo - 97200 Fort-de-France, ☎ et ⇄ 71.46.54)*. Demandez-y une chambre à l'arrière pour plus de tranquillité.

■ **Hébergement aux alentours de Fort-de-France**

Offrant une vue imprenable sur Fort-de-France et sa splendide baie, le petit hôtel d'une quarantaine de chambres **Victoria** *(425 F; tv, ≡, bp, ≈, C; route de Didier - 97200 Fort-de-France, ☎ 60.56.78, ⇄ 60.00.24)* constitue un bon choix, compte tenu de son site enchanteur et de sa proximité du chef-lieu (moins de 1 km).

C'est sur la route menant à Schœlcher que vous trouverez le plus chic hôtel de la ville : **Le Squash Hotel** *(590 F; tv, ≡, bp, ≈, ◑, ℜ; 3 boulevard de la Marne - 97200 Fort-de-France, ☎ 63.00.01, ⇄ 63.00.74)*. Cet établissement de luxe de 108 chambres est surtout prisé des gens d'affaires, auxquels s'adresse une gamme complète de services. Le centre de conditionnement physique de l'hôtel s'avère particulièrement bien équipé avec ses trois courts de squash, sa salle de musculation, son sauna et sa baignoire à remous.

Le dernier-né des hôtels de Fort-de-France s'adresse surtout à une clientèle d'affaires. Il s'agit du **Valmenière** *(650 F à 900 F; tv, ≡, bp, ≈, ◑; Avenue des Arawaks - 97200 Fort-de-France, ☎ 75.75.75, ⇄ 75.69.70)*. Son audacieuse silhouette se profile sur la gauche lorsqu'on quitte la ville en direction est, en route vers l'aéroport du Lamentin. Inauguré fin 1994, ce bel immeuble de verre, auquel des passerelles et des balcons suspendus donnent un air futuriste, compte 117 chambres, 4 salles de conférences, une salle de conditionnement physique et une piscine. Un ascenseur extérieur vitré conduit au restaurant créole Le Dôme, aménagé au 8e étage.

 Restaurants

■ Les restaurants sur la Place de la Savane

Pour un repas sur le pouce, **Pain-Beurre-Chocolat**, au rez-de-chaussée de l'hôtel Tortuga (voir p 89), propose une intéressante sélection de sandwichs. Il y a aussi, dans le même genre, **L'Épi Soleil**, à l'angle de la Liberté et de Perrinon.

Au nord de la Savane, sur l'avenue des Caraïbes, près du cinéma Olympia, le **Snack Élysée** *(20 F)* constitue une autre adresse bon marché.

Au rez-de-chaussée de l'hôtel La Malmaison (voir p 89), vous pourrez bien manger et à bon compte : **La Taverne Malmaison** *(60 F; fermé dim)* propose pizzas, merguez, steaks.

De retour sur la face nord de La Savane, deux restaurants se partagent une petite maison de bois enserrée entre deux immeubles plus grands. Il s'agit du **Zenith** *(100 F)*, où vous pourrez avaler une pizza ou des crêpes, et, à l'étage, du **King Créole** *(85 F à 120 F; fermé sam soir et dim;* ☎ *70.19.17)*. Au menu de ce dernier, vous découvrirez goulache du chef, tirelire de christophine farcie au crabe et entrecôte.

Le premier restaurant faisant face à La Savane que vous apercevrez sur la rue de la Liberté se nomme **Le Planteur** *(150 F; fermé dim midi;* ☎ *63.17.45)*. Nous vous y recommandons le menu «découverte», qui permet de déguster un assortiment de mets : boudin, accras, crabe farci, colombo de poulet, fricassée de lambi et de chatrous... Situé à l'étage d'un bâtiment, il offre en prime une vue panoramique sur la Baie de Fort-de-France.

Au premier étage de l'hôtel Lafayette (voir p 89), **Le Dragon d'Or** *(190 F;* ☎ *70.14.70)* a remplacé le Lafayette, qui offrait jadis un buffet antillais. Aujourd'hui, ce sont plutôt les spécialités vietnamiennes et chinoises qui sont à l'honneur.

Également aménagé à l'étage d'un hôtel donnant sur la Savane (L'Impératrice), **Le Joséphine** *(250 F; fermé sam; 15 rue de la Liberté,* ☎ *63.06.82)* propose, dans une salle typiquement créole, une délicieuse cuisine que l'on déguste dans une ambiance romantique. Le midi, menu à 60 F.

■ Les restaurants du centre-ville

Ailleurs au centre-ville, les ressources ne manquent pas pour qui veut acheter ce qu'il faut pour préparer son repas. Ainsi, plusieurs petites épiceries et une poissonnerie peuplent la **rue Victor-Sévère** aux environs du **marché aux poissons**. On vend aussi des légumes un peu partout sur cette rue.

Il y a aussi le **marché couvert**, à l'angle des rues Blénac et Isambert, le **marché aux viandes**, tout juste derrière sur la rue Antoine-Siger, et le **marché aux légumes**, près du Parc Floral.

Mentionnons aussi, à l'intersection des rues Victor-Hugo et de la République, l'**épicerie 8 à huit**, et, sur la rue Antoine-Siger, le **supermarché MATCH**.

Ceux qui veulent déjeuner ou dîner à petits prix trouveront peut-être un avantage à voir Fort-de-France se faire envahir par les rois du fast-food à l'américaine. Les **McDonald's** (on ne peut le rater celui-là!), **Burger King** (il y en a trois!) et autres **Pizza Hut** ont maintenant tous pignon sur rue dans le chef-lieu de la Martinique.

Si vous cherchez toutefois quelque chose de plus authentique, rendez-vous au **Marie-Sainte** *(90 F; ouvert le midi seulement, fermé dim; 160 rue Victor-Hugo, 70.00.30)*, un gentil resto fréquenté par les gens qui travaillent dans le quartier. On vous y servira de grandes portions d'une succulente cuisine créole familiale. Surtout, ne vous laissez pas rebuter par la simplicité de la décoration : le Marie-Sainte est une très bonne adresse.

À côté de la cathédrale, voici une découverte à ne pas rater : **Le Second Souffle** (*100 F; fermé la fin de semaine; 27 rue de Blénac, ☎ 63.44.11*). C'est un restaurant végétarien où le chef a pris un évident plaisir à concocter une série de plats à base de légumes et de fruits martiniquais. Cela donne un menu composé de soufflés d'igname, de parmentiers de fruits à pain, de quiches aux gombos et de gâteaux maison aux fruits. Une adresse à retenir! Attention cependant! les cartes de crédit ne sont pas acceptées.

Sur la même rue, mais tout près de la Savane cette fois, dans un décor simple mais néanmoins chaleureux de rouge et de blanc, **Le Blénac** (*130 F; fermé dim soir; 3 rue de Blénac, ☎ 70.18.41*) vous permettra de très bien manger sans vous déposséder de votre fortune.

Entre autres plats, la maison sert de délicieux tournedos. Au dessert, essayez un de ses flans maison.

Voici une adresse où il est possible de dîner tard (jusqu'à minuit) : **La Case** *(190 F; fermé dim midi; 108 rue Ernest-Deproge, ☎ 63.04.00)*. Des spécialités créoles, françaises et italiennes garnissent la carte de ce sympathique restaurant. Salle et accueil chaleureux.

Vous recherchez une bonne adresse pour les fruits de mer à Fort-de-France? Alors, courez au **Victor-Hugo** (*200 F; fermé dim midi; 69 rue Victor-Hugo, ☎ 63.61.08*), et choisissez votre repas à même le vivier à homards et à langoustes! Le soufflé de saumon fumé, flambé à la vodka, mérite lui aussi considération. Vous apprécierez de plus la chaleur d'un décor où prédomine le bois. L'endroit était autrefois connu sous le nom de Nautilus.

Sur la Pointe Simon, vous avez la possibilité de vous offrir un extraordinaire repas à la terrasse dominant le club nautique en vous rendant à **La Grand'Voile** (*200 F à 300 F; fermé dim; Pointe Simon, ☎ 70.29.29*). On ne vient toutefois pas ici pour économiser, mais bien pour se régaler. Déjà, en jetant un œil au menu, la fête commence : salade de langouste pays, raviolis d'écrevisses, Saint-Pierre farci aux légumes, lapin à l'estragon, mousse de goyaves sur coulis... Pour plusieurs, la Grand'Voile doit figurer dans la liste des 10 meilleurs restaurants de la Martinique.

■ **Les restaurants aux alentours de Fort-de-France**

La rencontre de Paris et des Antilles ne se fait nulle part mieux qu'au **Bistrot de** la Marne (*120 F à 250 F; boulevard de la Marne;* ☎ *63.00.01*), le restaurant du Squash Hotel. À l'intérieur, c'est une brasserie dans la plus pure tradition parisienne; à l'extérieur, c'est une terrasse au bord d'une piscine où la végétation tropicale triomphe. Au menu : plusieurs grillades, une paella créole et de nombreux desserts.

Sur la route de la Folie, au nord de Fort-de-France, vous dénicherez le restaurant au joli nom de **La Petite Marmite** (*200 F; fermé sam et dim midi; 19 route de la Folie,* ☎ *60.96.92*). Essayez le foie gras de canard mi-cuit (un pur délice), le cassoulet de Castelnaudary et, en guise de conclusion, le flaugnarde aux poires et aux noix. Le midi, on peut s'en tirer à bon prix grâce au menu à 68 F. En n'en point douter, La Petite Marmite présente un des meilleurs rapports qualité/prix de la région.

Lorsqu'ils se sont rencontrés au printemps 1991, François Mitterrand et George Bush ont opté pour **La Mouïna** (*250 F; fermé la fin de semaine; route de la Redoute,* ☎ *79.34.57*), un très agréable restaurant aménagé à l'intérieur d'une non moins agréable maison coloniale des hauteurs de Fort-de-France. Qu'on se le dise, leur choix était très avisé. Pour une cuisine classique française, c'est ici qu'il faut s'arrêter. Escargots de Bourgogne, rognons de veau et charlotte à la framboise composent un repas que l'on oublie difficilement.

Ce qu'il est beau ce restaurant! Nous parlons ici de **La Belle Époque** (*280 F; tlj; 97 route de Didier,* ☎ *64.41.19*), restaurant de gastronomie française du quartier chic de Didier. Sa splendide salle au mobilier ouvragé d'une éclatante blancheur, s'ouvre sur un joli jardin créole. Un régal, avant même la première bouchée...

 Sorties

■ **À faire sur la Place de la Savane**

Le bar de l'hôtel L'Impératrice (*15 rue de la Liberté*), s'ouvrant sur la Place de la Savane, est l'endroit tout indiqué pour prendre l'apéro. En fait, s'offrir un ti-punch à L'Impératrice est devenu avec les années une sorte de rituel foyalais auquel vous ne devriez pas vous priver de participer.

Sur la rue des Caraïbes, du côté nord du parc, vous trouverez l'un des cinémas de la ville, **L'Olympia** (*44 avenue des Caraïbes,* ☎ *73.24.05*).

■ **À faire au centre-ville**

Sur le front de mer, **Le Cocoloco** (*lun-sam 10 h à 3 h, dim à partir de 18 h; rue Ernest-Deproge,* ☎ *63.63.77*) partage le même bâtiment que le Centre des Métiers d'Art. Des spectacles de musique populaire y sont présentés dans une atmosphère joyeuse.

Tout près de là, à deux pas de la station des taxis collectifs, **Le Terminal** (*lun-ven 10 h 30 à 2 h, sam-dim 18 h à 2 h; 104 rue Ernest-Deproge,* ☎ *63.03.48*) est une sorte de bar à bières fort sympathique.

Par ailleurs, le boulevard Allègre, qui longe la rivière Madame, s'est vu désigner la «rue des boîtes». Vous y remarquerez notamment le **Blue Night** (*mer-sam 18 h à 3 h, fermé dim; 20 boulevard Allègre,* ☎ *71.58.43*) et le

New Hippo (*mar-dim 22 h 30 à l'aube, fermé lun; 24 boulevard Allègre,* ☎ *60.20.22*). Ce dernier endroit conviendra tout particulièrement aux amateurs de jazz, de blues, de soul et de rhythm and blues.

Un des restaurants permettant de dîner le plus tard en ville, La Case (voir p 92), possède aussi un agréable piano-bar, **Le Jardin de la Case** (*108 rue Ernest-Deproge*), qui permet d'allonger encore la soirée jusqu'à 2 h du matin.

Si vous vous sentez d'attaque pour vous donner en spectacle, allez au bar *karaoke* **Le Tuttifrutti** (*tlj 18 h à 2 h, jusqu'à l'aube ven et sam; 14 rue François-Arago,* ☎ *71.54.64*)

Fort-de-France compte quelques salles de théâtre, dont les deux plus importantes sont le **Théâtre Municipal**, aménagé dans l'ancien hôtel de ville, et le **Théâtre de la Soif Nouvelle**, sur la Place Clémenceau.

Il y a de plus deux autres salles de cinéma au centre-ville : le **Ciné-Théâtre** (*65 rue Victor-Sévère,* ☎ *60.59.59*) et le **Cinéma Élysées** (*106 bis rue Victor-Sévère,* ☎ *59.35.34*).

Magasinage

■ Les rues commerçantes

À Fort-de-France, vous vous en rendrez compte très vite, l'activité commerciale est trépidante. Plusieurs des rues du centre-ville accueillent chaque jour des milliers de magasineurs. Parmi celles-ci, les **rues Victor-Hugo, Moreau-de-Jon-nes, Antoine-Siger, Schœlcher** et **de la République** possèdent les plus belles boutiques, où se côtoient tous les

grands noms : Chanel, Dior, Yves Saint-Laurent, Lacoste, Rolex, Mont Blanc...

D'autre part, à l'angle des rues Schœlcher et Perrinon, vous trouverez la **Librairie Antillaise** (☎ *60.61.60 ou 50.66.44*). Vous pourrez dénicher à cette excellente adresse à peu près tout, depuis le guide de voyage et l'album illustré sur la Martinique jusqu'au plus récent roman du dernier auteur antillais en vue. Fort-de-France est d'ailleurs très bien pourvue en librairies. Ainsi peut-on nommer la **Librairie Générale Caraïbe** (*109 rue Victor-Hugo,* ☎ *72.55.56*), la **Librairie Alexandre** (*54 rue Lamartine*), de même que, sur la même rue, près de la rue Schœlcher, la **Librairie Le Temps de Vivre**. Non loin de là, sur la rue Schœlcher, il y a aussi **La Cité du Livre**. Finalement, on notera la **Librairie de La Pensée** (*87 rue Moreau-de-Jonnes,* ☎ *71.60.78*).

Si ce sont plutôt des bijoux faits à la main que vous recherchez, allez jeter un coup d'œil à la **Bijouterie Onyx** (*26 rue Isambert,* ☎ *73.65.05*). Vous trouverez en outre les fameuses chaînes, bracelets ou colliers en or de type «forçat» dans les **Gold Centers** (*26 rue Lamartine, 88 rue Antoine-Siger* ou *44 rue Victor-Hugo*).

Fort-de-France possède aussi une boutique de saine alimentation lancée par la vedette mondiale de la nutrition **Michel Montignac** (*77 rue Blénac,* ☎ *70.21.69*).

Les amateurs de bons vins découvriront avec ravissement **La Cave à Vin** (*118 rue Victor-Hugo,* ☎ *70.33.02*) et son impressionnante sélection. Il y a également une petite salle à manger à l'arrière, où l'on propose un menu à 65 F le midi.

■ **Souvenirs et artisanat**

Pour l'artisanat, le **Centre des Métiers d'Art** (*rue Ernest-Deproge*), sur le bord de mer, vous donnera une bonne vue d'ensemble sur la production locale.

Tout autour, sur les rues **Ernest-Deproge** et **de la Liberté**, des boutiques de souvenirs s'alignent. Au programme : qualité et camelote... Mentionnons quelques adresses plus intéressantes que les autres : **Arts Caraïbes** (*38 rue Ernest-Deproge*, ☎ *70.32.16*), et l'ancien **Carambole**, rebaptisé **Paradise Island** (*20 rue Ernest-Deproge*, ☎ *63.93.63*), sans doute pour mieux attirer les touristes américains dont les bateaux de croisière font halte à la Pointe Simon toute proche, pour les bois sculptés, les poupées de collection et les bijoux créoles; **La Case à Rhum** (*5 rue de la Liberté*, ☎ *60.40.99*), pour le rhum, bien évidemment, mais aussi pour le miel, les confitures et les fruits confits.

À la très jolie boutique **Artisanat Cas'inti** (*73 rue Blénac*), non loin de la cathédrale Saint-Louis, vous trouverez de belles reproductions de poteries arawaks et caraïbes, en plus de lampes, de vases et de maisons créoles miniatures en terre cuite.

Pour des disques de musique antillaise, des partitions ou des instruments, il faut trouver la boutique **Muzikol**, bien dissimulée au coin des rues Jacques-Cazotte et de la Redoute de Matouba.

Mais c'est encore au **marché artisanal de la Savane** que vous ferez les meilleures affaires. Il n'y a rien de plus agréable que de traiter en plein air avec les artisans qui présentent ici des marchandises en tout genre : t-shirts, poupées, madras, bijoux, etc. Le marchandage est naturellement de mise, et vos «adversaires» n'hésiteront pas à user de «ma jolie doudou» et de «mon amour» pour vous amadouer. Le jeu, car c'en est bien un, est irrésistible!

Une autre place sert de marché en plein air à des artisans du cuir. Elle se situe sur la rue Moreau-de-Jonnes, à l'angle de la rue de la République.

■ **Les marchés**

Pour l'activité débordante qu'on y découvre, pour la boustifaille affriolante qu'on s'y fait offrir à grand coup de superlatifs et pour le pittoresque de l'expérience, la visite des marchés de Fort-de-France s'impose.

Le matin, dès le retour des pêcheurs, il faut commencer par le **marché aux poissons** de la Place Clémenceau, sur le bord de la rivière Madame. Vous ne reviendrez pas de la multitude de couleurs, celles des poissons tropicaux, bien sûr, qui couvre les étals.

Près de là, à côté du Parc Floral, le **marché aux légumes** est à ne pas rater. Encore ici, l'art du marchandage prend des dimensions épiques.

Finalement, le **marché couvert**, situé à l'angle des rues Blénac et Isambert, se présente comme un gigantesque bazar où il semble qu'il n'y ait rien que l'on ne puisse trouver : épices, fleurs, plantes médicinales, artisanat...

Page de droite : Le rocher du Diamant, sorte de symbole de la Martinique à travers le monde.

Grand'Rivière Macouba
● Basse-Pointe
L'Ajoupa-
Bouillon   Le Lorrain
Montagne   ● Marigot
Le Prêcheur ● Pelée
(1397m) ▲
Le Morne Rouge   Sainte-Marie   Réserve naturelle
de la Caravelle
Morne
Jacob ▲
(894m)   Morne des
Saint-Pierre ●   Fond-Saint-Denis   Esses
La Trinité   Presqu'île de la
Le Carbet ●   Le Morne-Vert   Caravelle
● Gros-Morne
Pitons du
Carbet
Bellefontaine ●   ● Saint-Joseph ● Le Robert
Case-Pilote ●
Schœlcher ●   ● Le Lamentin   ● Le François
Fort-de-France
Ducos   Le Saint-Esprit
Pointe du Bout   ●
Montagne ▲   ● Le Vauclin
Les Trois-Îlets   du Vauclin
Rivière-   (504m)
▲ Morne Bigot   Salée
Mer des   (460m)
Caraïbes   Les Anses-d'Arlet
Morne ▲   ● Le Diamant   ● Rivière-Pilote
Larcher   ● Le Marin
(477m)   Sainte-Luce ●
Rocher du   Sainte-Anne ●
Diamant
Grande Anse
des Salines

Océan
Atlantique

LA POINTE SUD-OUEST ★★★

Premier centre touristique de la Martinique, la pointe Sud-Ouest forme cette grande péninsule qui avance dans la mer des Antilles et dont le Cap Salomon marque le point le plus occidental. Au nord, la région baigne dans la baie de Fort-de-France, faisant ainsi face au chef-lieu. Le canal de Sainte-Lucie, où repose le célèbre Rocher du Diamant, borde, quant à lui, la côte sud de la péninsule.

Tout le long de la côte, de nombreuses plages de sable fin bordées d'arbres (cocotiers, raisiniers, amandiers, etc.), dont certaines comptent parmi les plus connues des Antilles, accueillent les vacanciers du monde entier (Grande Anse du Diamant, Grande Anse d'Arlet, Anse à l'Âne, Anse Mitan...). À l'intérieur des terres, cependant, le relief se fait beaucoup plus accidenté, avec les nombreux mornes dont les formes surprennent : le Morne Larcher (477 m), qui ressemble à une «femme couchée», le Morne Jacqueline (224 m), au pic très pointu, de même que les mornes Bigot (460 m), Réduit (308 m), La Plaine (399 m) et Pavillon (377 m).

Le territoire est divisé en trois communes. Le **Diamant**, au sud, avec sa longue plage battue par des vagues parfois vigoureuses, ses hôtels de luxe installés sur la pointe de la Chéry et son Rocher, symbole de la Martinique. Sur la côte ouest, les **Anses-d'Arlet** regroupent quelques baies hantées par les pêcheurs à la senne (grands filets)

Page de gauche : Une curiosité géologique empreinte de mystère : l'Anse Noire.

et une belle plage familiale (Grande Anse). Au nord, la commune des **Trois-Îlets** se veut une sorte de paradis touristique avec sa marina haut de gamme (Pointe du Bout), ses hôtels de grand luxe (Méridien, Bakoua, etc.), ses plages bondées (Anse Mitan, Anse à l'Âne), ses musées (Domaine de la Pagerie, Maison de la Canne, parc des Floralies, etc.) et son beau terrain de golf.

De plus, la pointe Sud-Ouest a été le théâtre d'événements historiques d'importance. C'est près du Diamant qu'eut lieu par exemple la révolte des békés propriétaires de plantations sucrières (la *Gaoulé*) en 1717. Les Anglais, de leur côté, désireux de conquérir la Martinique, se sont emparés du Rocher du Diamant en 1804, l'ont fortifié et en ont fait un «vaisseau» de la marine britannique. De plus, comme si cela ne suffisait pas, c'est aussi dans la région, près du bourg des Trois-Îlets, que l'impératrice Joséphine vit le jour en 1763.

Bref, il s'agit d'une région qui possède tous les ingrédients pour séduire le voyageur le plus exigeant. Son industrie première est d'ailleurs, comme il est aisé de le deviner, le tourisme.

Pour s'y retrouver sans mal

■ **En voiture**

Depuis Fort-de-France, il faut rejoindre, via le boulevard du Général-de-Gaulle, la route nationale 1 (N1), en direction du Lamentin, pour ensuite vous diriger vers Sainte-Luce au moyen de la N5. Vous aurez alors la possibilité d'emprunter la sortie menant aux Trois-Îlets

et à la Pointe du Bout, ou d'attendre un peu plus loin la sortie conduisant au Diamant. Cette dernière option permet d'entreprendre le «tour» de la région dans le sens des aiguilles d'une montre; c'est ce que nous suggérons dans les pages qui suivent.

De Sainte-Anne, la route départementale 9 (D9) traverse le village du Marin avant de donner accès à la N5, sur laquelle la sortie du Diamant est bien indiquée.

La location d'une voiture

Europcar International
Novotel Diamant
Pointe de la Chéry
☎ 76.47.18

Europcar International
Pointe du Bout
☎ 66.05.44

Avis
Hôtel Carayou Trois-Îlets
Pointe du Bout
☎ 66.04.27

Budget
Pointe du Bout
66.00.45

DOM Car Location
Pointe du Bout
☎ 66.11.63

Hertz
Hôtel Méridien Trois-Îlets
Pointe du Bout
☎ 66.03.27

Safari Car
Pointe du Bout
☎ 66.06.26

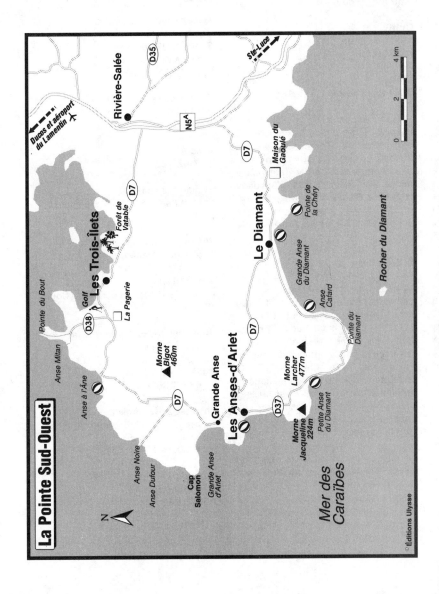

La Pointe Sud-Ouest

Suco
Anses-d'Arlet
☎ 68.62.09 ou 68.63.38

Thrifty
Pointe du Bout
☎ 66.09.59

■ En taxi collectif

Il faut beaucoup de patience pour explorer cette région au moyen des taxis collectifs. Toutefois, l'aventure présente un certain charme, et plusieurs se laisseront séduire par l'atmosphère unique des «désherbants». Au départ de Fort-de-France, comptez entre 14 F et 20 F pour le trajet jusqu'aux Trois-Îlets, au Diamant ou aux Anses-d'Arlet.

■ Par bateau

Au départ de Fort-de-France, plusieurs choisiront de monter à bord de la navette maritime reliant le front de mer du chef-lieu à la marina de la Pointe du Bout (voir horaire et tarifs p 47). La traversée d'une vingtaine de minutes s'avère des plus agréables, tout en permettant d'éviter les bouchons de circulation. Par la suite, il est facile de louer une voiture, ou encore de vous lancer à la découverte des environs en stop ou en taxi collectif.

De plus, d'autres navettes maritimes relient Fort-de-France à l'Anse Mitan et à l'Anse à l'Âne.

? Renseignements pratiques

■ La région du Diamant

Syndicat d'initiative
(en face de la mairie)
☎ 76.40.11

Gendarmerie
☎ 76.40.03

Mairie
☎ 76.40.11
⇄ 76.25.62

Station-Service
Esso, à l'entrée du bourg, en venant de l'est

Pharmacie G. Charpentier
À côté du cimetière

Blanchisserie
Près de la Poste, au centre du bourg

■ La région des Anses-d'Arlet

Mairie
☎ 68.62.02
⇄ 68.68.38

Pharmacie M. Bernis et
Centre de soins infirmiers
Au centre du bourg
☎ 68.60.54

Laverie
À Grande Anse
☎ 68.63.60

■ **La région des Trois-Îlets**

Office du Tourisme des Trois-Îlets
Mairie des Trois-Îlets
☎ 68.31.11

Gendarmerie
☎ 68.31.06

Mairie
☎ 68.31.11
⇄ 68.30.39

Stations-service
Shell, à la sortie du bourg des Trois-Îlets en vous dirigeant vers l'est, tout juste après le rond point Texaco, à l'Anse à l'Âne, près de l'hôtel Frantour

Bureau de change
Martinique Change
(lun-sam 8 h 30 à 13 h et 16 h à 18 h 30)
(aussi : services de fax et de photocopies, et vente de télécartes)
Pointe du Bout
☎ 66.04.44

Hôpital
☎ 68.31.08

Pharmacie des
Trois-Îlets
☎ 68.30.52

Pharmacie V. Étienne
Pointe du Bout
☎ 66.60.75

Pharmacie V.
Fougerouse Bourg
☎ 68.30.52

 Attraits touristiques

Après avoir quitté l'autoroute nationale 5 (N5) par la sortie menant au Diamant, vous vous engagerez sur la route départementale 7 (D7), étroite et sinueuse. Sur la gauche, vous apercevrez bientôt la mer et la petite plage de l'hôtel Novotel, tout au bout de la Pointe de la Chéry.

■ **À voir dans la région du Diamant ★★★**

La Maison du Gaoulé

Il faut être très attentif pour repérer le panneau indiquant la petite route à prendre pour aller à la **Maison de O'Mullane**, aussi appelée la **Maison du Gaoulé ★**. Il ne faudrait cependant pas manquer de vous arrêter à ce lieu historique que d'aucuns considèrent comme le théâtre de la première sédition du peuple martiniquais.

En 1717, le gouverneur général des Îles, Antoine d'Arcy seigneur de La Varenne, se voit confier par la France la mission de mettre un terme au commerce illégal du sucre entre les îles françaises et leurs voisines. En mai, lui et son intendant, Louis-Balthazar de Rincourt d'Hérouville, s'amènent en Martinique. On les invitera alors à un grand banquet à l'habitation Bourgeot, où ils auront la surprise de se voir séquestrés par une centaine de colons furieux avant d'être expulsés de l'île. Dans les mois qui suivront, les lois commerciales dictées par la métropole concernant le développement de l'industrie sucrière se verront assouplies à la satisfaction des planteurs martiniquais. Cette révolte, organisée par les békés propriétaires de plantations contre le pouvoir royal, prit le nom de *Gaoulé*, terme dont l'origine reste incertaine, bien que plusieurs prétendent que, chez les Indiens Caraïbes, ce mot signifiait «révolte».

Sur le site même de la plantation Bourgeot, vers 1740, fut construite la Maison de O'Mullane, aujourd'hui monument historique. Vous pouvez aujourd'hui admirer les ruines de cette maison en pierre, exemple intéressant d'architecture coloniale.

La Pointe de la Chéry

En poursuivant sur la D7, vous atteindrez bientôt un rond point récemment aménagé, dont l'un des embranchements conduit aux complexes hôteliers de luxe (Novotel, Marine Hotel Diamant...) de la **Pointe de la Chéry**, également appelée **Pointe du Marigot**. Il vaut le coup de vous y arrêter pour profiter de l'une de ses petites plages ou, tout simplement, de la superbe vue sur la **Grande Anse du Diamant**, une magnifique plage de sable blanc, et sur le célèbre **Rocher du Diamant**.

Le Rocher du Diamant ★★★

Ce rocher, qui a effectivement la forme d'un immense diamant (180 m de haut, 1 200 m de circonférence), a donné son nom au bourg qui lui fait face, dont il n'est éloigné que de 5 km. Ce bloc calcaire géant, devenu une sorte de symbole de la Martinique à travers le monde, possède une histoire tout à fait unique. En 1804, les Anglais, sous le commandement de l'amiral Samuel Hood, en prirent possession et le fortifièrent, en plus d'y ériger des bâtiments servant de réserves de munition, un quai de déchargement,

une citerne et même un hôpital. Ils en firent un «navire» de guerre des forces britanniques en le baptisant *HMS Diamond Rock*. Son «équipage» comptait 107 hommes, dont la tâche consistait à assurer le maintien sous blocus de la Martinique en contrôlant tout le trafic maritime de la région. Ce n'est que le 1er juin 1805 que le gouverneur Villaret-de-Joyeuse put enfin déloger les Anglais du Rocher, avec l'aide de la flotte franco-espagnole dirigée par l'amiral de Villeneuve. Les marins britanniques, vaincus, fuirent vers la Barbade et furent traduits en cour martiale pour l'abandon du vaisseau *HMS Diamond Rock*...

Le bourg du Diamant

À l'entrée du **bourg du Diamant**, vous avez le choix de continuer à rouler sur la D7, qui devient alors une agréable route, dite du Morne Blanc, se dirigeant tout droit vers les Anses-d'Arlet. Pourtant, en optant pour cette voie, vous vous priverez de la visite du joli village du Diamant, de sa magnifique plage longue de 4 km et des superbes panoramas à découvrir en contournant le Morne Larcher.

Habité dès le IVe siècle par les Indiens Caraïbes, le site de l'actuel bourg du Diamant, avec celui des Anses-d'Arlet, constitua la seconde zone colonisée de l'île au XVIIe siècle. Dès 1687, on y érigea une église en pierre.

Le bourg s'étire le long de la route principale, qui le traverse en son centre. Vous y apercevrez tour à tour la poste, la mairie et l'**église**. Cette dernière, classée monument historique, comporte un bassin monolithique taillé dans le roc, qui pourrait bien correspondre aux fonts baptismaux

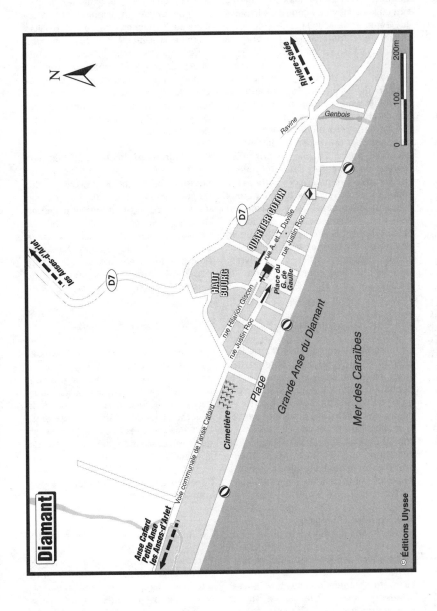

Diamant

© Éditions Ulysse

d'origine (1687). En face de l'église, un monument aux morts des deux guerres mondiales s'élève au centre de la **place du Général de Gaulle** et, à côté, la bibliothèque municipale présente à l'occasion des expositions.

Un peu passé le bourg, en face du Rocher du Diamant, la coquette et colorée **Maison du Bagnard** ne manque pas de charme. On la nomme ainsi, car elle fut construite au début des années cinquante par un certain Médart Aribo, qui avait purgé 15 ans de prison en Guyane pour meurtre avant de revenir en Martinique. Il bâtit alors cette petite demeure et en sculpta les nombreux éléments décoratifs. Cette maison est devenue célèbre de par le monde, tellement elle a été reprise, avec le Rocher du Diamant en arrière-plan, sur cartes postales, affiches ou livres, comme «image symbole» de la Martinique.

Le Morne Larcher

La route contourne alors le **Morne Larcher** (477 m), d'où vous obtenez des vues saisissantes sur la mer et le Rocher du Diamant, qui n'est plus alors qu'à 1 800 m. Un sentier balisé, au départ de l'Anse Cafard, permet de tirer le meilleur parti de cet extraordinaire site d'observation (voir «Randonnée pédestre», p 111). Puis, vous atteindrez bientôt le modeste village de **Petite Anse**, en route vers les Anses-d'Arlet.

■ À voir dans la région des Anses-d'Arlet

Le bourg des Anses-d'Arlet ★★

La route serpente ensuite tout en escaladant le Morne Jacqueline, avant d'entreprendre une descente spec-

taculaire vers le **bourg des Anses-d'Arlet**, que vous reconnaîtrez au loin en apercevant la silhouette fine et élancée du clocher de sa belle **église** blanche. Celle-ci fait face à la mer, bordée d'une belle plage de sable blanc, et au grand ponton de bois qui avance dans l'eau turquoise. De plus, une agréable promenade, aménagée récemment tout le long de la plage, devient peu à peu le point de rencontre des Arlésiens.

Ce village de pêcheurs, d'un peu plus de 3 000 âmes, tient son nom d'un chef caraïbe nommé Arlet, qui conclut un pacte avec le gouverneur Duparquet en 1637, au terme duquel il acceptait de s'installer ici. Par ailleurs, le mot «Anses» s'écrit au pluriel pour faire écho à la situation géographique du bourg, entre deux anses : la Petite Anse du Diamant, au sud, et la Grande Anse d'Arlet, au nord.

Grande Anse ★★

Pour quitter le village, il faut bifurquer vers la droite peu après l'église. Vous pouvez alors retourner vers le Diamant par la route du Morne Blanc, ou poursuivre votre chemin en direction de la superbe **plage de la Grande Anse ★★**, l'une des favorites des familles martiniquaises. Les résidences de vacances poussent comme des champignons dans les environs, en voie de devenir l'une des zones de villégiature les plus appréciées de l'île.

L'Anse Dufour et l'Anse Noire ★★

Poursuivant votre itinéraire vers le Morne Bigot, toujours par la D7, il ne faut pas manquer l'étrange spectacle des deux plages voisines de l'Anse Dufour et de l'Anse Noire, une curiosité géologique étonnante. Pour y accéder, vous devez prendre à gauche environ 3 km après Grande Anse et vous engager sur une petite voie discrètement indiquée. Ce petit chemin étroit aux pentes prononcées conduit aux deux plages en question.

La première que vous apercevrez est la plage de l'**Anse Dufour**, au beau sable blond et sur laquelle vous remarquerez des cases de pêcheurs et leur gommier. Vous devez alors garer votre voiture et continuer à pied, par un très court sentier, pour rejoindre la plage de l'**Anse Noire**, qui, comme son nom l'indique, se compose de sable noir en plus d'être bordée de grands cocotiers lui donnant une allure sauvage.

La coexistence de ces deux plages, à quelques mètres l'une de l'autre, représente à la fois un attrait unique sur le plan géologique et une sorte de rencontre de deux Martinique : celle du Sud, avec ses plages de rêve, et celle du Nord, avec ses paysages plus rugueux et son sol volcanique.

■ **À voir dans la région des Trois-Îlets ★★★**

L'Anse à l'Âne ★

Après avoir traversé le massif du **Morne Bigot** (un sentier de randonnée pédestre conduit au sommet, voir p 111), la D7 permet d'atteindre l'**Anse à l'Âne**, une autre plage très fréquentée où, entre autres choses, vous pouvez pique-niquer ou vous adonner au camping.

En plus de la baignade, vous pourrez visiter un curieux musée aménagé à l'intérieur d'une petite boutique au bord de la route. Il s'agit du **Musée d'Art du**

Coquillage (*adultes 15 F, enfants 5 F; lun-sam 10 h à 12 h et 15 h à 17 h, dim fermé;* ☎ *68.34.97*), dans lequel sont représentées plusieurs scènes de la vie quotidienne antillaise à l'aide de coquillages aux formes diverses. Vous y apercevrez même une reproduction du sacre de Napoléon... tout en coquillages.

La Pointe du Bout et l'Anse Mitan

À quelque 3 km de l'Anse à l'Âne, vous apercevrez le panneau indiquant la route D38, qu'il faut emprunter sur la gauche pour vous diriger vers le haut lieu du tourisme martiniquais, la **Pointe du Bout ★★★**. Là, vous découvrirez en effet la plus importante concentration d'établissements à vocation touristique de l'île : grands hôtels de luxe, restaurants gastronomiques, casino, discothèques, boutiques chic. Qui plus est, la Pointe du Bout n'est distante de Fort-de-France que d'une vingtaine de minutes, grâce à un service de navettes maritimes (voir horaire p 47). Celles-ci prennent et déposent leurs passagers à la marina, où sont aussi amarrées de nombreuses embarcations de plaisance.

Également accosté à la marina de la Pointe du Bout, le bateau à fond de verre *Seaquarium* (*journée complète 380 F, demi-journée 150 F; journée complète de 9 h 30 à 17 h, demi-journée de 14 h à 17 h;* ☎ *66.05.50,* ⇄ *66.05.52*) propose des excursions de diverses natures (demi-journée, journée entière, soirée dansante, etc.), au cours desquelles un guide commente le spectacle de la faune sous-marine. Le prix comprend généralement le buffet, les consommations à volonté et un arrêt pour la baignade.

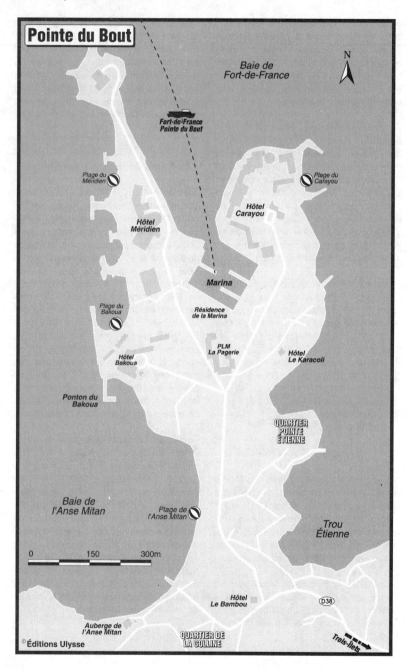

Pointe du Bout

Baie de
Fort-de-France

N

Fort-de-France
Pointe du Bout

Plage du
Méridien

Plage du
Carayou

Hôtel
Carayou

Hôtel
Méridien

Marina

Plage du
Bakoua

Résidence
de la Marina

PLM
La Pagerie

Hôtel
Le Karacoli

Hôtel
Bakoua

Ponton du
Bakoua

QUARTIER
POINTE
ÉTIENNE

Baie de
l'Anse Mitan

Plage de
l'Anse Mitan

Trou
Étienne

0   150   300m

Hôtel
Le Bambou

D38

Auberge de
l'Anse Mitan

QUARTIER DE
LA COLLINE

Trois-Îlets

© Éditions Ulysse

Tout près, la plage de l'**Anse Mitan** ★★ accueille les familles voyageuses autant que locales. Une foule d'établissements plus modestes y sont regroupés : sympathiques auberges, bungalows, petits restaurants de plage...

Le Domaine de la Pagerie ★★★

Un peu plus loin, en direction des Trois-Îlets, vous pourrez accéder à la Pagerie, lieu de naissance (1763) de Marie-Josèphe Rose Tasher de la Pagerie ou, si vous préférez, de celle qui devait devenir l'impératrice Joséphine, épouse de Napoléon 1er. Elle vécut ici sa jeunesse jusqu'à son départ pour la France en 1779, alors qu'elle épousa le fils du marquis de Beauharnais, Alexandre de Beauharnais. Elle devait revenir vivre deux ans au domaine natal à partir de 1788, avec ses deux enfants, Eugène et Hortense, pour retourner en France quelques années avant que son mari ne soit exécuté, en 1794, au moment des troubles de la Révolution française. Joséphine elle-même échappa de justesse à la guillotine en raison de la chute de Robespierre et finit par épouser Napoléon Bonaparte, en 1796, qui la sacra impératrice. Ne pouvant plus enfanter, elle fut répudiée en 1809 et alla terminer sa vie au château de Malmaison, à l'ouest de Paris, où elle mourut d'une pneumonie en 1814.

Une petite maison en pierre renferme aujourd'hui le **Musée de la Pagerie** ★★★ (*adultes 20 F, enfants 3 F; mar-dim 9 h à 17 h, lun fermé;* ☎ *68.34.55*), qui rend hommage à la belle impératrice créole, à qui, selon la légende, une sorcière noire des environs, Euphrémie David, avait un jour prédit qu'elle deviendrait «plus que reine». On y présente divers objets lui ayant appartenu : meubles, lettres signées de la main de Napoléon, portraits, etc. Outre le musée, vous pouvez vous balader dans le superbe domaine verdoyant, qui portait à l'époque le nom de Petite Guinée, où vous remarquerez les ruines de la maison principale, l'ancienne sucrerie et le moulin à canne.

Aménagé à même les anciennes terres du Domaine de la Pagerie, le **terrain de golf Country Club de la Martinique** (☎ *68.32.81,* ⇄ *68.38.97*) s'étend sur 63 ha. Ce splendide golf de 18 trous fut dessiné par l'expert américain Robert Trent Jones. (Voir section «Activités de plein air» pour plus de détails sur les divers services offerts, p 112).

Tout près de là, vous pouvez visiter le **parc des Floralies** ★, où se déroula l'édition 1979 de cet événement international (voir section «Parcs et plages», p 109).

Le bourg des Trois-Îlets

Ce joli village, l'un des plus charmants de la Martinique, doit son nom aux trois îles miniatures qui lui font face : Tébloux, Charles et Sixtain. La paroisse qui l'englobe remonte à aussi loin que 1683, alors qu'on l'appelait «Cul-de-Sac-à-Vaches».

En 1724, on construisit l'**église** ★ actuelle, et la paroisse fut renommée Trois Îlets Bénits. Les parents de Joséphine s'y marièrent, et la future impératrice y fut baptisée. Vous y remarquerez une reproduction de la toile de Murillo, *L'Assomption*, offerte par Napoléon III, petit-fils de Joséphine. Cette modeste mais belle église blanche, la petite place ombragée sur laquelle elle donne, les édifices municipaux entretenus avec zèle et les jolies maisons à façade de briques rouges provenant de l'usine toute proche constituent un ensemble remarquable au charme irrésistible. Toutes ces qualités, rehaussées par la concentration dans les environs d'hôtels, de restaurants et de musées, ont contribué à faire des Trois-Îlets une sorte de «capitale touristique» du sud de la Martinique.

À la sortie du bourg, vous vous engagerez bientôt dans un rond point, où vous choisirez de vous diriger vers Rivière-Salée.

La **forêt de Vatable**, avec ses aires de pique-nique et la superbe vue sur Fort-de-France, mérite bien une halte, à peine 1 km plus loin (voir «Parcs et plages», p 109).

Un arrêt au domaine de la **Maison de la Canne** ★ (*adultes 15 F, enfants 5 F; mar-dim 9 h à 17 h, lun fermé; ☎ 68.32.04*), à la Pointe Vatable, tout juste après, vous permettra de mieux saisir à quel point la canne à sucre est intimement liée à l'histoire de la Martinique, à quel point elle a contribué à forger la vie de son peuple jusqu'à en inspirer ses artistes, romanciers, musiciens et cinéastes. Vous y découvrirez comment, pendant plus de 300 ans, la canne à sucre, qu'on a longtemps cultivée dans le cadre d'habitations sucrières esclavagistes, a joué le rôle de moteur de l'économie martiniquaise. Même une fois l'esclavage aboli, elle a conservé sa place prépondérante, alors que les grandes usines centrales prenaient la relève. Encore de nos jours, grâce au rhum, la canne demeure un acteur de premier plan malgré l'effondrement du marché

mondial du sucre. Pour rendre compte de la richesse de ce pan du patrimoine martiniquais, cet intéressant musée a été fondé en 1987 dans l'enceinte même de l'ancienne distillerie de Vatable. Au programme, une collection d'instruments, de maquettes et de reproductions qui illustrent les techniques de la culture de la canne à sucre. Par ricochet, la Maison de la Canne devient aussi une sorte de musée de l'esclavage en présentant la vie quotidienne de ceux qui travaillaient sur les habitations et en expliquant ce qu'était le Code noir, régissant les rapports entre les maîtres et leurs esclaves.

Un peu plus loin, un petit chemin bien indiqué conduit, sur la gauche, à la **poterie-briqueterie des Trois-Îlets** ★★ (*entrée libre; lun-sam 9 h à 17 h, dim fermé; ☎ 68.22.05*). Ici sont produites la majorité des briques utilisées dans la construction des maisons et édifices de l'île, et aussi des artisans tournent devant vous de magnifiques vases, jarres ou carafes en utilisant la manière de faire des Arawaks ou des Caraïbes. Plus vieille entreprise de la Martinique, cette véritable institution, en opération depuis le XVIIIᵉ siècle, produit aujourd'hui plus de 2 500 tonnes d'objets divers par mois. Une pierre gravée en 1783 orne l'un des murs de la fabrique. On peut y lire : «Ici le travail change la terre en or.»

À quelques centaines de mètres de là, vous remarquerez l'antenne parabolique blanche de 26 m de diamètre du **Centre de télécommunication spatiale**, qui assure les liaisons téléphoniques par satellite entre la Martinique et le reste du monde.

Parcs et plages

■ Les parcs et plages de la région du Diamant

La Grande Anse du Diamant ★★★ (A)

La grande plage de sable blanc qui longe le bourg du Diamant est, avec ses 4 km, la plus longue de la Martinique. Il s'agit sans doute aussi de l'une des plus belles de l'île grâce au décor qui l'entoure : en face, le symbolique Rocher du Diamant; au bout de la baie sur la droite, le Morne Larcher; à l'arrière, d'innombrables cocotiers, raisiniers et amandiers. Malheureusement, la mer y est quelque peu agitée, rendant en certains points la baignade dangereuse. La prudence s'impose donc, et il est préférable de choisir la partie de la plage s'étendant de la Chéry au cimetière pour les bains de mer. Ce petit côté sauvage présente toutefois l'avantage de maintenir l'endroit relativement peu fréquenté, d'en conserver le calme et l'authenticité.

L'Anse Cafard (A)

La plage de l'Anse Cafard constitue en fait l'extrémité ouest de la Grande Anse du Diamant. C'est d'ici que la vue sur le Rocher du Diamant devient la plus spectaculaire. Mais c'est aussi en cet endroit que les courants s'avèrent les plus puissants. Il y a deux petits restaurants sur la plage.

Petite Anse (B)

Cette modeste plage de sable brun, où vous apercevrez davantage de barques de pêcheurs que de vacanciers, demeure un peu secrète et très peu fréquentée, ce qui lui confère un charme tout à fait particulier. Au bout de la petite baie, à droite, vous verrez le sommet pointu du Morne Jacqueline. Malgré la tranquillité des lieux, de bons restaurants se trouvent à deux pas de la plage (Au Dessous du Volcan, Aux Délices de la Mer; voir p 121).

■ Les parcs et plages de la région des Anses-d'Arlet

Plage du bourg des Anses-d'Arlet (B)

Encore ici, il faut partager la plage avec les pêcheurs, ce qui au fond n'a rien de désagréable. Il y a un quai qui avance dans la mer et où accostent des vedettes venant de Fort-de-France. Vous remarquerez aussi plusieurs bateaux de plaisance stationnés au large.

Grande Anse ★★ (B)

Voilà une véritable plage familiale. Tranquille en semaine, elle devient très animée les fins de semaine et les jours de congé, alors que les familles de Fort-de-France l'envahissent. Vous trouverez sur la plage plusieurs petits restaurants de poisson «temporaires».

La plage, plutôt sauvage dans sa partie sud, devient très large et sablonneuse, à mesure que vous vous déplacez vers le nord, aux alentours du restaurant Ti-Sable (voir p 122).

Services : douches et toilettes; club de plongée; locations de bateaux à moteur et de scooters.

L'Anse Dufour et l'Anse Noire ★★

Ces deux plages se côtoient malgré leur profonde dissemblance : l'une, de sable blanc, est le repaire de pêcheurs (l'Anse Dufour), alors que l'autre, sauvage, possède un sable noir et est bordée de cocotiers (L'Anse Noire). Il y a un restaurant près de la plage de l'Anse Dufour, et un autre directement sur celle de l'Anse Noire.

■ **Les parcs et plages
de la région des Trois-Îlets**

L'Anse à l'Âne ★ (B)

Cette belle grande plage de sable blond, bordée de grands cocotiers, est de plus en plus sollicitée par les promoteurs... Aussi y trouve-t-on maintenant de grands hôtels (le superbe Frantour notamment) et de très nombreux restaurants de poissons et fruits de mer.

Au sud, aux abords du Frantour, l'endroit offre plus de tranquilité. Au nord, au-delà du petit terrain de camping, la plage se fait plus sauvage, et vous y apercevrez des cases et des bateaux de pêcheurs.

Services : douches et toilettes; camping; tables de pique-nique; location de planches à voile.

L'Anse Mitan ★ (B)

L'eau y est magnifiquement limpide, et le décor, avec les nombreux petits voiliers qui mouillent au large, des plus sympathiques. Avec des qualités pareilles, que pourrait-on reprocher à la belle plage de sable blanc de l'Anse Mitan, située tout près de la prestigieuse Pointe du Bout? Bien sûr, il y a

beaucoup de monde..., mais cela aussi a ses charmes. Le grand quai accueille les navettes venant de Fort-de-France.

Services : douches et toilettes; téléphone public; location de planches à voile; restaurants; tables de pique-nique; bars; pédalos.

Le parc des Floralies ★

En 1979, la région des Trois-Îlets accueillit la deuxième édition des Floralies internationales. Il est toujours possible aujourd'hui, un peu à l'ouest du bourg des Trois-Îlets, de visiter le magnifique **parc des Floralies** (*adultes 10 F; enfants 5 F; lun-ven 8 h 30 à 17 h, sam-dim 9 h 30 à 13 h;* ☎ *68.34.50 ou 64.42.59*), qui fut réalisé pour l'occasion au coût de 2,5 millions de francs. En plus de présenter une centaine d'espèces de fleurs, d'arbres et d'arbustes dans plusieurs agréables jardins, le site dispose d'un théâtre de verdure, d'aires de pique-nique, d'un aquarium et de volières abritant de nombreux oiseaux exotiques.

La forêt de Vatable

À la sortie du bourg en vous dirigeant vers l'est, la forêt de Vatable, superbement aménagée par l'Office National des Forêts à l'intention première des écoliers de la Martinique, mérite que vous vous y arrêtiez. Cette agréable zone récréative dispose notamment d'aires de pique-nique où il fait bon casser la croûte. De plus, on y a une jolie vue sur Fort-de-France, en face.

Activités de plein air

La randonnée pédestre

Le Morne Larcher

Au départ de l'Anse Cafard, un sentier balisé par l'Office National des Forêts conduit jusqu'à un terrain plat (414 m), près du sommet du Morne Larcher (477 m), avant de redescendre vers Petite Anse. Outre les vues à couper le souffle qu'il offre sur le Rocher du Diamant, toute la côte sud de l'île et le canal de Sainte-Lucie, ce parcours permet d'apprécier une forêt sèche de ti-baumes et bois d'Inde.

Il s'agit d'un sentier de randonnée pédestre linéaire de difficulté moyenne. Il faut compter 3 heures pour parcourir ses 3,5 km. Certains segments sont pentus, alors que d'autres sont couverts de pierres, qui deviennent fort glissantes par temps de pluie. Il vaut mieux vous attaquer à cette excursion tôt le matin, car, en après-midi, la chaleur peut devenir insupportable, et les risques d'insolation augmentent. Il faut emporter de l'eau.

Le Morne Bigot

Entre Grande Anse et l'Anse à l'Âne, peu après la petite route menant aux anses Dufour et Noire, une seconde route, sur la droite cette fois, conduit à un court sentier permettant d'escalader le Morne Bigot (460 m). Vous pouvez également accéder à ce sentier par le nord, grâce à la route D38 que vous attraperez à la jonction des voies menant à la Pointe du Bout et au bourg des Trois-Îlets.

Cette randonnée de 2 heures, relativement facile, permet d'obtenir un point de vue remarquable sur la baie de Fort-de-France et les Pitons du Carbet vers le nord, de même que sur le Morne Larcher et le Rocher du Diamant vers le sud.

La plongée

Plusieurs sites de plongée sont dignes de mention dans la région. Il y a tout d'abord les alentours du **Rocher du Diamant** qui présentent une série de failles, de grottes et de tunnels sous-marins. De plus, à l'est du Rocher, se trouve un plateau corallien fréquenté par d'innombrables poissons. Des excursions quotidiennes avec équipement fourni sont organisées à l'hôtel Novotel (☎ 76.25.80). Un des hôtels voisins, le Marine Hotel, gère également un club de plongée (☎ 76.46.00, poste 1600).

On considérera en outre les **pointes Burgos et Lézarde**, au nord du bourg des Anses-d'Arlet, pour leur falaise corallienne et la richesse de la faune marine à y découvrir.

Un peu plus au nord, le **Cap Salomon** est célèbre pour l'abondance de sa flore colorée.

Il ne faudrait pas non plus oublier la **Pointe de la Baleine**, aux eaux très claires, et l'**Anse Dufour**, avec son plateau rocheux riche en faune et en flore.

Il y a un club de plongée, sur la plage de la **Grande Anse d'Arlet**, qui porte le nom de Plongée Passion (☎ 76.27.39).

À l'**Anse Mitan**, le club Lychée Plongée (☎ 66.05.26) de l'hôtel Bambou organise des baptêmes de plongée, des plongée de nuit et des excursions de photographie sous-marine.

À la marina de la **Pointe du Bout**, vous pouvez vous embarquer sur le bateau de 14 m *Planète Bleue*, qui fait, chaque jour, deux sorties en mer *(de 9 h à 12 h et de 15 h à 18 h)*. Tout l'équipement est disponible sur le bateau. Une plongée coûte environ 200 F par personne. Renseignements et réservations : ☎ 66.08.79 ou 66.09.95, ⇄ 66.00.50.

Toujours à la Pointe du Bout, les hôtels de luxe que sont le Méridien *(☎ 66.00.00, poste 225)* et le Bakoua *(☎ 66.02.02, poste 1502)* possèdent leur propre club de plongée.

Il y a aussi le club Espace Plongée *(☎ 66.01.79 ou 66.14.34)*, qui organise des sorties quotidiennes à 9 h et à 14 h.

 La pêche

À la marina de la **Pointe du Bout**, la société Scheherazade *(☎ 66.08.34)* met sur pied des excursions de pêche au gros d'une journée ou d'une demi-journée. Comptez 480 F par pêcheur pour une sortie de 6 h à 12 h, et 700 F, de 6 h à 18 h.

 La navigation de plaisance

Dans la région, on ne compte plus les nombreuses possibilités d'excursions en mer ou de location d'embarcations de toutes sortes. Voici quelques exemples :

Sur la plage de la **Grande Anse**, l'entreprise Localizé *(☎ 68.64.78, ⇄ 68.68.88)* vous convie à ses croisières d'une demi-journée, d'une journée, ou plus, à bord d'un monocoque de grand confort.

À la marina de la **Pointe du Bout**, vous n'aurez aucun mal à louer un catamaran, un bateau à moteur ou un voilier, avec ou sans équipage *(Agi Cat Club, ☎ 66.33.01, ⇄ 66.03.24; Star Voyages Antilles, ☎ 66.00.72; Tropic Yachting, ☎ 66.03.85; Soleil et Voile, ☎ 66.09.14, ⇄ 66.09.15; Kiriacouli, ☎ 66.09.26, ⇄ 66.01.72)*.

 Le camping et le caravaning

Il n'y a qu'un seul terrain de camping aménagé dans la région. Il s'agit du Nid Tropical, situé directement sur la plage de l'**Anse à l'Âne** (voir description dans la section «Hébergement», p 116).

Il est possible de louer une caravane ou un camping-car à l'**Anse Mitan**, chez Wind Martinique *(☎ 66.02.22)*.

 L'équitation

Vous pouvez louer des chevaux en vue d'une agréable randonnée équestre au club La Cavale *(☎ 76.22.94)* de la **Pointe de la Chéry**, au Ranch Jack *(☎ 68.63.97)*, dans le quartier Galocha des **Anses-d'Arlet**, et chez Black Horse *(☎ 66.00.04)*, près du Domaine de la Pagerie aux **Trois-Îlets**. Comptez 150 F par personne pour deux heures de randonnée.

 Le golf

Dessiné par l'expert américain Robert Trent Jones, le terrain de golf Country-

Club Martinique (☎ 68.32.81), près du bourg des **Trois-Îlets**, jouit d'une réputation internationale. Ce golf de 18 trous (normale 71) s'étend sur 63 ha. Un restaurant, un bar, une boutique et deux courts de tennis complètent les installations. Vous pouvez y louer tout l'équipement nécessaire. Comptez environ 230 F en haute saison et 195 F en basse saison pour un parcours, excluant la location d'un kart électrique *(230 F)* et d'un sac de clubs *(80 F)*.

 Le vélo tout terrain

Les amateurs de vélo tout terrain (VTT) seront heureux d'apprendre qu'ils peuvent louer l'un de ces véhicules à la **Pointe du Bout**, chez VT TILT *(☎ 66.01.01)*, au stationnement du trou Étienne (Hertz), un peu avant d'arriver à l'hôtel La Pagerie *(tarifs à l'heure et à la demi-journée)*.

 Hébergement

■ **Hébergement de la région du Diamant**

La Pointe de la Chéry

À environ 2 km à l'est du bourg du Diamant, une petite route mène à la Pointe de la Chéry, où quatre établissements hôteliers ont été construits. Le premier que vous apercevrez est le **Marine Hotel Diamant** (*790 F à 895 F; ≡, bp, ≈, ℜ, C; Pointe de la Chéry - 97223 Diamant, ☎ 76.46.00, ⇄ 76.25.99*), un grand complexe de luxe de 150 appartements tout équipés avec vue sur le célèbre rocher. Il n'y a pas de plage, mais plutôt une gigantesque piscine avec glissades. Mais,

pour ce qui est de la plage manquante, les clients de l'hôtel ont depuis longtemps réglé le problème en se dirigeant vers celles du Novotel, bien que située à bonne distance de marche.

Suivent deux petits villages de bungalows, soit le **Diamant Bleu** (*365 F; ≡, bp, ≈; Pointe de la Chéry - 97223 Diamant, ☎ 76.42.15, ⇄ 76.40.67*) et le **Relais Caraïbes** (*600 F à 990 F pdj; tv, ≡, ≈, ℜ; ☎ 76.44.65, ⇄ 76.21.20*).

Parmi tous ces établissements, toutefois, celui qui attire l'attention est le **Novotel** (855 F à 1 985 F pdj; tv, ≡, bp, ≈, ℜ; Pointe de la Chéry - 97223 Diamant, ☎ 76.42.42, ⇄ 76.22.87), l'un des meilleurs hôtels de l'île. Installé tout au bout de cette presqu'île, il fait face au rocher du Diamant. Ses chambres spacieuses, agréablement décorées de meubles en rotin rose, qui se marient délicatement au turquoise et au blanc des portes et des murs, vous assurent un niveau supérieur de confort. Une grande piscine qu'enjambe un petit pont constitue le point de rencontre du complexe. En outre, les clients de l'hôtel ont accès à trois petites plages privées. Malgré ses 180 chambres réparties dans quatre pavillons de trois étages, la principale qualité du Novotel demeure sa tranquillité, qui en fait un lieu de vacances remarquable.

À l'intérieur ou à proximité du bourg du Diamant

Signalons la présence d'un gîte dans les environs, soit celui de **M. Paul Cidalise-Montaise** (n°027, ¶¶) *(1 330 F par semaine; en-dessous du logement de vacances du propriétaire; Dizac - 97223 Diamant)*.

Sur la route des Anses-d'Arlet, au-dessus du bourg du Diamant, il y a un petit hôtel qui gagne à être découvert. Il s'agit de **L'Écrin Bleu** *(281 F à 351 F; ≡, bp, ≈, ☉, ℜ; Route des Anses-d'Arlet - 97223 Diamant, ☎ 76.41.92, ⇄ 76.41.90)*. La magnifique vue sur la baie et le Rocher du Diamant, la proximité de la seule discothèque de la région (Le Neptune), la salle d'entraînement et la jolie piscine parviennent à faire oublier son éloignement de la mer.

Sur la route D7, qui longe la côte à cet endroit, vous ne pouvez rater l'hôtel **Plein Sud** *(440 F à 790 F; tv, ≡, bp, ≈, ℭ; 97223 Diamant, ☎ 76.26.06, ⇄ 76.26.07)*, avec sa galerie de boutiques au rez-de-chaussée, où vous noterez l'existence d'une épicerie et d'un guichet bancaire automatique. Ce complexe récent, constitué de deux édifices de trois étages, s'élève non loin de la mer, de l'autre côté de la route longeant la plage. Géré par Pierre et Vacances.

Ouvert en janvier 93, l'hôtel **Calypso** *(440 F à 790 F; tv, ≡, bp, ℭ; Quartier Dizac - 97233 Diamant; ☎ 76.40.81, ⇄ 76.40.84)* propose des studios et des appartements entièrement équipés dans un cadre pour le moins étonnant. Situé un peu en retrait de la route qui longe la côte, sur les hauteurs, ce complexe se voit en effet à moitié encerclé par une falaise. Un petit bar, près de la piscine, invite à la détente dans un cadre qui sort définitivement de l'ordinaire. Géré par Pierre et Vacances.

L'un des hôtels de la région jouissant du meilleur emplacement demeure sans conteste le **Diamant les Bains** *(500 F à 600 F; tv, ≡, bp, ≈, ℝ, ℜ; 97223 Diamant, ☎ 76.40.14, ⇄ 76.27.00)*, qui compte 24 chambres ou bungalows à l'entrée du bourg, directement sur la plage. Il ne faut surtout pas vous laisser rebuter par son environnement immédiat (station-service et épicerie juste à côté), car cet hôtel constitue un havre de paix, même au cœur d'un secteur aussi fréquenté. Qui plus est, le personnel est d'une gentillesse exemplaire. Pour couronner le tout, le restaurant de l'hôtel jouit d'une excellente réputation, bien méritée d'ailleurs (voir p 120).

L'**Hôtel Ultramarine** *(665 F à 1 115 F; tv, ≡, bp, ≈, ℭ; Quartier Dizac - 97223 Diamant, ☎ 76.46.46, ⇄ 76.20.43)* se compose de trois bâtiments de trois étages, pour un total de 77 appartements. Situé un peu loin de la mer (quelques minutes de marche), il offre en contrepartie le calme de son magnifique jardin et la fraîcheur de l'eau de sa grande piscine. Géré par Pierre et Vacances.

L'Anse Cafard

Mentionnons tout d'abord deux gîtes ruraux à l'Anse Cafard, soit ceux de **M. Roland Boclé (n°016, ⫿⫿)** *(1 425 F par semaine; gîte indépendant; Anse Cafard - 97223 Diamant)*, au rez-de-chaussée d'une jolie villa, et de **M. Jean-Yves Adele (n°023, ⫿⫿)** *(1 860 F par semaine; gîte indépendant; Anse Cafard - 97223 Diamant)*.

Tout le monde ici connaît les **Chambres d'Hôtes Diamant Noir**, bien que plusieurs parlent plutôt de **Chez Élène** *(297 F; ⊗, bp, ℝ; Anse Cafard - Dizac - 97223 Diamant, ☎ 76.41.25, ⇄ 76.28.89)*. Rappelez-vous tout simplement que c'est la même chose, soit une sorte d'institution qui reçoit les voyageurs depuis près de 20 ans. Cinq belles chambres avec salle de bain sont disponibles, mais attention! il faut réserver plusieurs mois à l'avance : l'endroit est très apprécié... Les invités peuvent faire connaissance dans la grande cuisine commune, ou autour du barbecue installé dans le magnifique jardin où ils découvrent avec ravissement de nombreux arbres fruitiers. Il faut par ailleurs vous souvenir qu'aucune carte de crédit n'est acceptée et que vous devez réserver pour un minimum de trois nuits, «histoire de prendre le temps de se connaître un peu», vous diront les aimables propriétaires de la maison. À la fin de 1995, on prévoyait l'ajout d'une annexe comprenant quatre chambres, en bordure de la plage de l'Anse Cafard. Lors de votre réservation, il vous faudra donc préciser que vous souhaitez être logé «côté jardin» ou «côté mer»...

Les huit bungalows de bois de l'**hôtel de l'Anse Bleu Le Paladien** *(549 F; C, Anse Cafard - 97223 Diamant,* ☎ *76.21.91,* ⇄ *76.47.50)* se présentent comme une espèce de mini-village, juste un peu en retrait de la route principale à l'Anse Cafard, une jolie plage qui ne mérite sûrement pas un pareil nom.

En face du célèbre rocher et en bordure de cette sympathique plage de l'Anse Cafard, qui est en fait l'extrémité ouest de la longue plage de la Grande Anse du Diamant, s'étend le **Village du Diamant** *(650 F; tv,* ≡*, bp,* ≈*,* ℜ*, C, Dizac - 97223 Diamant,* ☎ *76.41.89,* ⇄ *63.53.32),* une communauté constituée de 59 chambres avec balcon entourant une agréable piscine. Les chambres sont regroupées dans une série de bâtiments de trois étages ou de bungalows peints de bleu, de blanc et de rouge.

■ **Hébergement de la région des Anses-d'Arlet**

Le bourg des Anses-d'Arlet

Il n'y a que très peu de possibilités de vous loger dans ce village pourtant fort sympathique. Aussi est-ce avec grande joie que les visiteurs découvrent depuis peu un tout nouvel hôtel de huit chambres, tout juste à côté de l'église, **le Madinakay'** *(350 F; tv,* ≡*, bp, C, ℜ; 97217 Anses-d'Arlet,* ☎ *68.70.76,* ⇄ *68.70.56).* Le gentil propriétaire de l'endroit est, lui aussi, très heureux de recevoir des gens, à tel point qu'il place de belles fleurs et des fruits dans les chambres pour mieux les accueillir. Le décor est sobre et modeste, et l'endroit, d'une tranquillité inouïe; les hôtes sont d'une amabilité qui fait chaud au cœur, et la plage se trouve tout juste de l'autre côté de la rue... Que demander de plus!

Grande Anse

À Grande Anse, le gîte de **M**^me **Rachel Mélinard** (n°109) *(1 800 F par semaine; à côté du logement du propriétaire; Grande Anse - 97217 Anses-d'Arlet)* jouit d'une situation exceptionnelle, tout juste au bord de la mer.

Situé en face du Complexe Communal des Sports des Anses-d'Arlet, un peu à l'écart, mais tout de même à distance de marche de la plage de Grande Anse, **La Sucrerie** *(1 800 F par semaine; bp, C; Grande Anse - 97217 Anses-d'Arlet,* ☎ *68.66.66,* ⇄ *68-72-99)* propose ses studios tout neufs.

Une autre possibilité dans les parages, bien que sans grand confort, est le **Tamarin Plage** *(360 F; ℜ; Grande Anse - 97217 Anses-d'Arlet,*

☎ *68.62.67)*, qui a tout de même l'avantage de donner sur la plage.

■ **Hébergement de la région des Trois-Îlets**

L'Anse à l'Âne

Plusieurs gîtes ruraux, tous aménagés dans de jolies demeures, sont à signaler dans les parages. Il y a celui de **M**me **Giovanny Bracciano (n°021,** ¥¥) *(1 290 F par semaine; au-dessous du logement du propriétaire; Anse à l'Âne - 97229 Trois-Îlets)*, celui de **M. Pierre Prospert (n°029,** ¥¥¥) *(1 805 F par semaine; gîte indépendant; Anse à l'Âne -97229 Trois-Îlets)*. Mentionnons aussi ceux de **M. Victor Martinel (n°040)** *(1 280 F; au rez-de-chaussée du logement du propriétaire; Anse à l'Âne - 97229 Trois-Îlets)* et de **M. Gérard Fédronie (n°174 à 177)** *(1 695 F par semaine; au rez-de-chaussée d'une villa; Anse à l'Âne - 97229 Trois-Îlets)*.

Dans les hauteurs, bien que peu éloignées de la plage de l'Anse à l'Âne, les résidences touristiques du petit complexe joliment nommé **Anthurium-Acalypna-Flamboyant** *(1 500 F à 2 390 F par semaine; Anse à l'Âne - 97229 Trois-Îlets, ☎ 68.38.06 ou 68.36.03, ⇄ 57.68.60)* proposent calme, verdure et belle vue.

Directement sur la plage de l'Anse à l'Âne, vous pouvez planter votre tente au **Nid Tropical** *(70 F)*. Bien qu'on ne puisse parler d'un site enchanteur, il faut souligner l'avantageux site de ce petit terrain de camping, de même que les tarifs qui y sont pratiqués. Quelques appartements sont également disponibles *(250 F à 300 F; ≡, C Anse à l'Âne - 97229 Trois-Îlets, ☎ 68.31.30, ⇄ 68.47.43)*.

Également sur la plage de l'Anse à l'Âne, non loin du ponton, il est un peu surprenant de découvrir le village de maisonnettes en bois qu'est **Le Courbaril** *(245 F pour deux personnes, 300 F pour quatre; bp, C Anse à l'Âne - 97229 Trois-Îlets, ☎ 68.32.30, ⇄ 68.32.21)*. Chacune de ces cabanes, accollées les unes aux autres, renferme un studio équipé pour deux personnes ou un appartement pour quatre.

Près de l'Anse à l'Âne, en bordure de la route principale, s'élève une série de maisons au toit orangé et aux murs extérieurs roses. Certaines de celles-ci font partie de l'hôtel **Arawaks** *(385 F à 400 F; tv, ≡, ≈, C Anse à l'Âne - 97229 Trois-Îlets, ☎ 68.40.23, ⇄ 68.31.50)*, qui compte au total une douzaine de chambres, et les autres appartiennent à l'hôtel **Maharadja** *(380 F; tv, ≈, C Anse à l'Âne - 97229 Trois-Îlets, ☎ 68.36.70, ⇄ 68.37.51)*, qui, lui, en dispose de 26. Il est effectivement facile de confondre ces deux hôtels, voisins l'un de l'autre.

S'il y a un hôtel qui porte bien son nom en Martinique, c'est bien le **Panoramic** *(650 F; tv, ≡, bp, ≈, C Anse à l'Âne - 97229 Trois-Îlets, ☎ 68.34.34, ⇄ 50.01.95)*. Situés dans les hauteurs, ses 36 appartements avec balcon offrent en effet une vue rien de moins qu'imprenable sur la plage et le village de l'Anse à l'Âne, de même que, par temps clair, sur une partie de la baie de Fort-de-France, en arrière-plan. Le tout est aménagé sur un gentil domaine verdoyant et fleuri.

Vous ne pourrez rester insensible au merveilleux jardin à la végétation luxuriante, autour duquel s'étend le complexe hôtelier de luxe du **Frantour Trois-Îlets** *(988 F à 1 168 F pdj; tv, ≡, bp, ≈, ℜ; Anse à l'Âne - 97229 Trois-*

Îlets, ☎ 68.31.67, ⇄ 68.37.65). Les invités jouissent de plus d'un accès direct à la plage de l'Anse à l'Âne. Chacune des 77 chambres donne sur un balcon ou, encore mieux, sur un jardinet privé.

L'Anse Mitan

Parmi les bonnes adresses à bon prix de ce lieu fort populaire qu'est l'Anse Mitan, mentionnons l'hôtel **Rivage** *(420 F; tv, ≡, ≈, C, ℜ; Anse Mitan - 97229 Trois-Îlets, ☎ 66.00.53, ⇄ 66.06.56)*, situé à deux pas de la plage, tout comme **La Bonne Auberge** *(350 F à 400 F pdj; ≡, ⊗, bp, ℜ; Anse Mitan - 97229 Trois-Îlets, ☎ 66.01.55, ⇄ 66.04.50)*. La principale qualité de cette dernière demeure son joli restaurant (voir p 124). Ses aimables propriétaires proposent 32 chambres correctes avec air conditionné ou ventilateur au plafond, au choix et pour le même prix, le tout à 50 m de la plage et du quai.

Autre établissement modeste des environs, l'**Hôtel de la Baie** *(280 F à 580 F; ≡, bp, ≈, C, Anse Mitan - 97229 Trois-Îlets, ☎ 66.06.66, ⇄ 63.00.70)* se cache dans la montagne. Il dispose d'une douzaine de studios pouvant héberger de deux à quatre personnes.

Également à deux pas de la plage et du quai de l'Anse Mitan, le petit complexe hôtelier **Les Alamandas 2** *(360 F à 625 F; tv, ≡, bp, ≈, ℜ; Anse Mitan - 97229 Trois-Îlets, ☎ 66.06.06, ⇄ 66.07.01)* présente un bon rapport qualité/prix. Sa trentaine de chambres avec balcon, dont certaines offrent la vue sur la mer, sont décorées sobrement, mais restent très confortables. Cet hôtel, une jolie construction blanche et rose, s'avère de

fait fort attrayant grâce à son site, devant la mer, et à son gentil restaurant en terrasse. Quelques chambres sont par ailleurs équipées d'une cuisinette.

Son petit frère, **Les Alamandas 1** *(360 F à 625 F; tv, ≡, bp, ≈, C, Anse Mitan - 97229 Trois-Îlets, ☎ 66.06.06, ⇄ 66.07.01)* se situe, quant à lui, à flanc de colline et dispose de studios équipés.

Visible depuis la plage, dans les hauteurs de l'Anse Mitan, la silhouette bleue et blanche du **Camélia** *(490 F; tv, ≡, bp, ≈; Anse Mitan - 97229 Trois-Îlets, ☎ 66.05.85, ⇄ 66.11.12)* séduit dès le premier coup d'œil. De ses 49 chambres, 22 sont équipées d'une cuisinette.

Si vous rêvez d'une bonne vieille auberge à la française, ici même en Martinique, dites-vous que cela existe : c'est l'**Auberge de l'Anse Mitan** *(420 F; ≡, C, Anse Mitan - 97229 Trois-Îlets, ☎ 66.01.12, ⇄ 66.01.05)*. Il s'agit d'une très grande maison coloniale faisant face à la mer, qui fut, il y a quelque 60 ans, transformée en auberge. Voilà, en résumé, une bonne vieille adresse dont les habitués sont nombreux.

Tout juste avant d'atteindre l'Auberge de l'Anse Mitan, une petite annonce indique la route de terre battue qu'il faut emprunter, sur la gauche, pour vous rendre à **L'Impératrice Village** *(660 F; tv, ≡, bp, ≈, C, Anse Mitan - 97229 Trois-Îlets, ☎ 66.08.09, ⇄ 66.07.10)*, un joli complexe situé légèrement en retrait dans un cadre des plus tranquilles. Ses quelque 50 studios sont répartis par groupe de trois ou quatre dans d'agréables bungalows au toit orangé, dont la forme rappelle celle des maisons créoles. Malgré l'impression d'éloignement ressentie sur place, la plage de l'Anse Mitan se trouve à moins de 10 min de marche du village.

Situé en bordure de la plage de l'Anse Mitan, l'**Éden Beach** *(680 F à 860 F; ≡, bp; Anse Mitan - 97229 Trois-Îlets,* ☎ *66.01.19,* ⇄ *66.04.66)* propose deux formules à ses visiteurs : l'«option Éden», 16 chambres et 9 bungalows côté jardin, ou l'«option Beach», 13 chambres et 2 suites avec vue sur la mer. Une table de billard rehausse la réception, du reste fort belle. Un restaurant (voir p 123) et un bar complètent le tableau.

Un chemin pavé serpente dans un joli jardin, où ont été disposées d'étranges petites cabanes doubles. C'est **Le Bambou** *(730 F à 850 F; tv, ≡, bp, ≈, ℜ; Anse Mitan - 97229 Trois-Îlets,* ☎ *66.01.39,* ⇄ *66.05.05)*, un classique de l'Anse Mitan, voisin de l'Éden Beach. Avec son agréable piscine, son accès direct à la plage et sa grande salle à manger ouverte sur deux côtés, il règne en cet endroit une atmosphère qui n'est pas sans rappeler celle des terrains de camping familiaux. D'ailleurs, chaque soir pendant le repas, des musiciens viennent animer le tout, et les convives envahissent la piste de danse et s'en donnent à cœur joie sur l'air des *Célimène, Donne-moi un Tibo* et autre *Il Tape sur les Bambous*. Aussi, quelques studios se trouvent à l'intérieur d'un immeuble de trois étages.

La Pointe du Bout

Trois grands hôtels et quelques autres plus modestes se partagent la célèbre Pointe du Bout et son non moins célèbre port de plaisance.

Le plus économique des hôtels de la prestigieuse Pointe du Bout est le **Davidiana** *(450 F; ≡, bp, ℜ; Pointe du Bout - 97229 Trois-Îlets,* ☎ *66.00.54,* ⇄ *66.00.70)*, pourtant situé directement sur la marina. On y propose 14 chambres sans confort.

À droite de La Pagerie (voir plus bas), un chemin permet de monter jusqu'au **Karacoli** *(430 F à 520 F; ≡, bp, ≈, Ç; Pointe du Bout - 97229 Trois-Îlets,* ☎ *66.02.67,* ⇄ *66.02.41)*, une aubaine, du moins dans le contexte de la Pointe du Bout. Dès que vous pousserez la porte et que vous pénétrerez dans son délicieux jardin, vous saurez que c'est d'un véritable hôtel de charme dont il s'agit ici. Les meubles de rotin qui ornent la réception et sa jolie terrasse, la piscine minuscule, le petit bar, tous ces éléments aux dimensions humaines et agencés avec goût font rapidement oublier le tape-à-l'œil un peu clinquant que plusieurs reprochent aux environs. L'agréable Karacoli dispose de 18 chambres bien joliment décorées, chacune équipée d'une cuisinette.

C'est toutefois l'hôtel **La Pagerie** *(590 F à 935 F; tv, ≡, bp, ≈, Ç; Pointe du Bout - 97229 Trois-Îlets,* ☎ *66.05.30,* ⇄ *66.00.99)* et sa galerie de boutiques, avec pignon sur rue au rez-de-chaussée, que vous apercevrez droit devant en arrivant à la pointe. Bien que, contrairement à ses trois riches voisins, il ne possède pas sa propre plage, cet établissement n'a en définitive que bien peu de chose à leur envier. Compte tenu de son emplacement, il offre un excellent rapport qualité/prix. Puis, ce que vous n'y trouverez pas (plage, discothèque, casino), vous irez le chercher chez les voisins, voilà tout...

Sur la droite, à deux minutes de marche, vous trouverez, au bout d'un chemin bordé d'arbres et de fleurs, **Le Carayou** *(1 140 F; tv, ≡, bp, ≈, ℜ; Pointe du Bout - 97229 Trois-Îlets, ☎ 66.04.04, ⇄ 66.00.57)*. Les invités de ce complexe de 200 chambres ont à leur disposition tous les services qu'ils peuvent espérer trouver dans la grande hôtellerie, incluant une plage privée, une discothèque et une grande piscine. Les chambres sont grandes, bien éclairées et décorées avec goût.

De l'autre côté de la pointe se dresse l'élégant **Bakoua** *(1 470 F à 2 830 F; tv, ≡, bp, ≈, ℜ; Pointe du Bout - 97229 Trois-Îlets, ☎ 60.02.02, ⇄ 66.00.41)*, construit autour d'une piscine sublime, dont la forme rappelle celle d'un coquillage géant. Récemment rénové, le Bakoua a définitivement retrouvé sa superbe d'antan.

Mais le grand chic se trouve, bien sûr, au **Méridien** *(1 230 F à 1 880 F; tv, ≡, bp, ≈, ℜ; Pointe du Bout - 97229 Trois-Îlets, ☎ 66.00.00, ⇄ 66.00.74)*. Ce magnifique complexe de 300 chambres, directement situé sur une très belle plage de sable fin, s'adresse, vous l'aurez deviné, à une clientèle aisée... ou en congrès. Le Méridien possède en outre l'un des deux casinos de la Martinique.

 Restaurants

■ **Les restaurants de la région du Diamant**

À l'intérieur ou à proximité du bourg du Diamant

Mentionnons tout d'abord, à l'intention des visiteurs qui désirent préparer eux-mêmes leur repas, qu'il y a une **épicerie 8 à huit**, commodément située à l'entrée du bourg, près de la station-service Esso et de l'hôtel Diamant les Bains.

Petit truc aussi pour les mordus du boudin bien frais : une gentille dame profite chaque dimanche matin de la sortie de la grand-messe pour proposer son boudin, mais aussi ses accras. Irrésistible!

Le casse-croûte de l'hôtel Plein Sud, le **Rocher Créole** *(50 F)*, permet de bien manger pour pas trop cher dans cette région où pullulent les établissements plus dispendieux. Au menu, des choses toutes simples comme des brochettes, des grillades, des crêpes salées et sucrées, des sandwichs et des pizzas à grignoter à une petite terrasse extérieure.

Au centre du bourg, **Pizza Pepe** *(50 F; fermé lun)* constitue une autre option, lorsque le goût vous prendra d'un bon repas à petit prix. Quelques chaises et tables sur une terrasse qui donne sur la mer, trois ou quatre pots de fleurs, et voilà, vous avez un restaurant! En fait, on ne vient pas chez Pepe pour l'accueil ou la décoration (surtout pas la décoration!), mais bien pour sa bonne pizza et ses délicieuses omelettes qu'un tel dépouillement permet d'obtenir pour deux fois rien.

En plein cœur du bourg du Diamant, directement sur la plage, deux gentils restos se font une aimable concurrence côte à côte. Il s'agit de **Chez Lucie** *(100 F; fermé mer; ☎ 76.40.10)* et du **Diamant-Plage les Pieds dans l'Eau** *(100 F; fermé lun)*. Ici, rien de prétentieux ni de compliqué, mais on mange bien, et les menus sont très variés. La mer sert de décor, et le bruit des vagues dessine l'ambiance. On va chez Lucie pour la soupe z'habitants et le touffé de requin, et au Diamant-Plage, pour les délectables fricassées de langouste, d'écrevisses ou de poulet et la bonne soupe de poisson.

Si vous n'y prenez garde, vous risquez fort de passer à côté de **Chez Christiane** (*100 F;* ☎ *76.28.54*), une erreur dont vous vous ferez le reproche pour le reste de vos jours. Il faut savoir que ce restaurant est situé juste à côté de la mairie du Diamant, sur la rue principale, et il ne faut surtout pas vous laisser décourager par le billard à l'aspect quelque peu rébarbatif, du moins aux yeux des non-initiés, qui se trouve en façade. Le resto est caché derrière, à l'intérieur d'une charmante salle aux murs de roseaux. Et quelle cuisine! Tout simplement succulente. Il faut essayer l'estouffade de raie au gingembre, ou encore la fricassée de crevettes sauce caraïbe.

Au-dessus du bourg du Diamant, sur la route des Anses-d'Arlet, le resto de l'hôtel **L'Écrin Bleu** (*100 F;* ☎ *76.41.92*) mérite un détour. Depuis la terrasse, à la fois ouverte aux quatre vents et chaleureuse, avec ses boiseries qui rehaussent son décor blanc, la vue sur la baie est saisissante. Tout au fond, vous remarquerez un petit bar bien sympathique. Quant au repas en lui-même, les tagliatelles au saumon méritent sûrement une bonne note, tout comme les filets de vivaneau sauce américaine ou de saumon au noilly.

Sur la Place de l'Église, au cœur du bourg, il faut aussi noter le bar-restaurant **La Case Créole** (*100 F;* ☎ *76.10.14*). Au menu, les classiques de la cuisine créole : fricassée d'écrevisses, plateau de fruits de mer, blanc manger coco.

Le restaurant de l'hôtel **Diamant les Bains** (*150 F; fermé mer;* ☎ *76.40.14*), tout juste à l'entrée du bourg, a acquis une réputation des plus enviables au cours des années, et pour cause. Vous y mangerez à une agréable terrasse de blanc et de vert que vous atteindrez après avoir franchi le beau hall de l'hôtel. De la terrasse, vous apercevrez la piscine, entourée d'un superbe jardin, de même que la mer, un peu plus loin. Qui plus est, le menu fait honneur à ce sublime décor avec, entre autres, sa soupe de poisson ou son potage cultivateur, suivi d'un filet de vivaneau au curry ou d'un filet de bœuf garni.

Les propriétaires du **Diam's** (*150 F; fermé mar toute la journée et mer midi;* ☎ *76.23.28*), sur la rue principale du bourg du Diamant, près de l'église, ne sont pas du genre à avoir froid aux yeux. Une grande affiche accueille la clientèle en disant «Le Diam's, un très bon restaurant!!!». Voilà ce qu'on appelle se mettre de la pression sur les épaules. Eh bien, pari tenu! On vous y apporte une copieuse portion dont l'arôme et les couleurs sont à l'image de la Martinique..., un délice avant même d'avoir pris une première bouchée. Vous pouvez choisir le menu à 145 F, incluant le quart de rosé. Des tableaux naïfs colorés ornent les murs et sont à vendre. On pourrait ajouter sur l'affiche : «Le Diam's, une très bonne galerie d'art!!!». Le midi, à l'arrière, un menu à 80 F est proposé à la terrasse donnant sur la plage.

L'Anse Cafard

Pour de savoureuses grillades au feu de bois, la **Paillote Bleue** (*100 F;* ☎ *76.21.91*) est tout indiquée. Entrecôtes à 85 F, *T-Bone steak* à 95 F et brochettes de merguez à 65 F constituent quelques exemples de ce

Flamboyant

qu'affiche le menu. Vous pouvez également vous y offrir une langouste grillée pour 160 F.

Petite Anse

Il y a un casse-croûte en bordure de route sans autre nom que ce que l'on peut lire sur son affiche : **Snack Pâtisserie**. Parfait pour un court arrêt avant de reprendre la route.

Un classique de la région dont à peu près tous les résidants vous parleront est le restaurant **Au Dessous du Volcan**, également appelé **Chez Hans** *(100 F; tlj 19 h à 23 h; ☎ 68.69.52)*. On y va pour les entrecôtes *(80 F)*, les queues de crevettes à l'ail *(100 F)* et les poissons grillés *(75 F)*, de même que pour les délicieux desserts. Tout juste à côté, vous noterez la présence du resto **Aux Délices de la Mer** *(100 F;*

☎ *68.69.69)*, qui se tire bien d'affaires, lui aussi, avec sa table d'hôte à 85 F. En vedette, le touffé de requin et la fricassée de poulet. Vous y mangerez à une grande et agréable terrasse.

■ Les restaurants de la région des Anses-d'Arlet

Le bourg des Anses-d'Arlet

À la sortie du bourg, en vous dirigeant vers la Grande Anse, **Le Gommier des Caraïbes** *(80 F)* propose son menu à 80 F : accras de morue, colombo de poulet et dessert. Sans prétention et sympathique.

Une savoureuse découverte que celle du **Flamboyant des Isles** *(100 F; fermé dim soir et mar; ☎ 68.67.75)*, tout juste avant le bourg des Anses-d'Arlet, en venant du Diamant. Déjà, le décor charmera les plus difficiles : beau mobilier noir avec nappes rouges à l'intérieur, mais, surtout, extraordinaire terrasse extérieure surplombant la mer et offrant un séduisant panorama de la baie et du petit village. De plus, bien sûr, l'endroit est entouré de superbes flamboyants, ces arbres dont les fleurs rouges ou jaunes illuminent la Martinique de juin à octobre. On y sert ce qu'il est convenu d'appeler la nouvelle cuisine créole : burgos du Flamboyant (sorte d'escargot), balaous des Caraïbes (petit poisson blanc, servi panné ou bouilli), Saint-Pierre farci aux oursins ou aux lambis. Puis, comme si ce n'était pas assez, les prix s'avèrent tout à fait abordables. Le buffet du dimanche midi, par exemple, à 50 F par personne, est une véritable aubaine!

Grande Anse

À la plage familiale de Grande Anse, les possibilités ne manquent pas côté bouffe : étals où l'on vend fruits, légumes et poissons frais, restos de plage sans prétention, établissements un peu plus relevés, tout y est!

Pour trouver de quoi préparer vous-même votre repas, vous n'avez qu'à emprunter la petite rue qui longe la plage. Vous dénicherez ainsi sans difficulté des endroits où acheter des fruits ou du poisson, ainsi que la petite **épicerie Deloy** (☎ 68.62.68).

Quelques restaurants de plage très modestes offrent également la possibilité de se sustenter à petits prix. À l'**Ombre des Cocotiers** est l'un de ceux-là, de même que le **Bid Joul** (☎ 68.65.28), qui comporte un beau décor de bambou, ou encore son voisin **Les Délices des Anses** (85 F; ☎ 68.68.33).

Le **Quai Sud** (85 F; ☎ 68.66.90) propose quant à lui, entre autres, son porc caramel (miam!) ou sa daube de lambis. Un bar en forme de gommier, le coco-bar, permet de plus de prendre un verre à deux pas de la mer.

Poissons grillés, poulet frit et entrecôtes sont servis avec panache à **L'Amandier** (120 F; fermé mer; ☎ 68.65.39).

À l'extrémité nord de la plage de Grande Anse, **Ti-Sable** (150 F à 200 F; ☎ 68.62.44) constitue la meilleure adresse des environs. Vous y dégusterez une délicieuse cuisine dans une superbe maison coloniale ou à la non moins superbe terrasse, très grande, qui donne sur la plage, fort agréable à cette hauteur. Un grand buffet créole est servi le dimanche soir : méchoui, poisson grillé, poulet Trinidad. Cette grande fête style barbecue coûte 165 F par personne, incluant vin et service. Le restaurant Ti-Sable met par ailleurs des chaises longues à la disposition de ses clients qui souhaitent entretenir leur hâle.

L'Anse Dufour et l'Anse Noire

Dominant la plage de sable blond de l'Anse Dufour, le petit resto **Sable d'Or** (65 F; fermé mar; ☎ 68.62.97) propose, en plus d'une belle vue sur la mer, de délicieux poissons grillés, et ce, sans aucune ombre de prétention.

Toutefois, si vous avez le goût d'une cuisine vraiment inventive, poursuivez jusqu'à la plage de sable noir voisine, où se niche l'**Anse Noire** (65 F à 120 F; ouvert le midi, fermé lun; ☎ 68.62.82). Vous vous installez à de longues tables sous une grande hutte pour savourer de délicieux poissons frais. L'endroit vaut que vous y consacriez un repas, ne serait-ce que pour avoir le temps d'apprivoiser ce cadre tout à fait unique.

■ **Les restaurants de la région des Trois-Îlets**

L'Anse à l'Âne

Directement sur la plage de l'Anse à l'Âne, vous pouvez vous offrir une petite bouffe rapide, les pieds dans le sable, au **Nid Tropical** (*35 F; tlj 11 h 30 à 15 h et 18 h 30 à 21 h; ☎ 68.31.30*) : hamburgers ou croque-monsieur à moins de 20 F, merguez avec frites à 35 F, menu un peu plus élaboré à 100 F.

Près du ponton, **Chez Jojo** (*75 F; ☎ 68.37.43*) se présente comme un resto de plage assez agréable, tout comme son voisin immédiat, **Pignon sur Mer** (*75 F; fermé dim; ☎ 68.38.37*), où l'on sert des brochettes de poulet, du poisson frit et même des langoustes.

Le Calalou (*☎ 68.31.67*), le restaurant de l'hôtel Frantour (voir p 116), propose sa brochette de poisson le midi (*85 F*) ou sa demi-langouste le soir (*165 F*). Animation musicale tous les soirs.

Sur la route, en face de l'entrée du Frantour, **Ti-Calebasse** (*180 F; ☎ 68.38.77*) mérite une sérieuse considération. Dans une belle salle fleurie, vous débuterez lentement avec une succulente soupe de poisson. Vous vous laisserez ensuite tenter par le gratin de christophines à la langouste ou aux oursins. Puis, vous terminerez le tout en douceur avec le flan coco. En deux mots : une bien belle soirée! Animation musicale les vendredis soirs.

Un peu plus loin, une autre adresse doit être retenue, celle de **Ti-Punch** (*200 F; ☎ 68.30.38*), qui, dans un cadre raffiné, propose une inventive cuisine créole et française. Deux exemples : les roulées de sole au saumon sauce framboise, et le magret de canard aux fruits exotiques. Musiciens les vendredis et samedis soirs.

L'Anse Mitan

À l'Anse Mitan, notons tout d'abord une adresse économique : le **Corossol** (*30 F à 90 F; ☎ 66.02.07*). Vous le trouverez sur la route conduisant à la Pointe du Bout et pourrez vous y offrir des galettes de sarrasin ou diverses salades.

Pour les petits budgets, il y a aussi quelques endroits où acheter de quoi se faire à manger soi-même, toujours sur la route reliant l'Anse Mitan à la Pointe du Bout, comme le **Jardin Créole** (*☎ 66.06.78*), où l'on vend fruits et légumes, de même que l'épicerie-boucherie-charcuterie **Bora Bora**.

L'Éden (*200 F; ☎ 66.01.19*), le restaurant de l'hôtel Éden Beach (voir p 118), possède une sympathique terrasse donnant directement sur la plage. Au menu, poissons et viandes à la créole, Saint-Jacques poêlées au jus de passion, cuisse de canard farci au lambis, etc.

À deux pas du quai de l'Anse Mitan, faites l'essai du petit resto sympathique **La Langouste** (*100 F; ☎ 66.04.99*). À une jolie terrasse ombragée, vous dégusterez l'assiette antillaise composée d'accras, de boudin et de crudités, ou encore un poisson grillé au feu de bois, un colombo de poulet ou une entrecôte. Stratégiquement situé au-dessus de la plage, près du ponton, La Langouste est pratiquement incontournable.

Toujours à l'Anse Mitan, un peu en retrait, mais offrant tout de même une agréable vue sur les bateaux qui mouillent dans la baie, le **Restaurant Cannelle** (*150 F*) n'est pas un mauvais choix du tout. Le magret de canard à l'ananas ou les écrevisses en fricassée devraient tout particulièrement attirer votre attention. De jolis meubles en rotin assortis à des tissus à motifs de roses composent un décor sobre et de bon goût où vous vous sentirez tout de suite à votre aise.

L'un des restos les plus sympathiques de l'Anse Mitan demeure toutefois celui de **La Bonne Auberge** (*150 F;* ☎ *66.01.55*), vraiment agréable avec son grand bar et ses meubles de bois foncé. Il y a, entre autres, le menu à 150 F comprenant l'assiette antillaise (boudin, accras, crudités), la langouste grillée et la banane flambée, ou encore l'assiette créole composée de boudin, de crabe farci, d'accras et de crudités.

Sur la route de la Pointe du Bout, en face de l'une des deux entrées du Bambou, des serveuses vêtues du costume traditionnel vous accueillent **Au Poisson d'Or** *(250 F; fermé lun;* ☎ *66.01.80)*. Murs et plafond de roseaux, fleurs sur les tables, plantes partout, arbres tout autour; le cadre est on ne peut plus typique. Sur la carte, grillades et spécialités créoles.

Finalement, il ne faudrait surtout pas omettre **La Villa Créole** *(250 F; fermé dim;* ☎ *66.05.53)*, une institution située sur la rue menant à la plage. Attablé à une terrasse donnant sur un beau jardin où une petite scène et une piste de danse ont été aménagées, vous ne pourrez que vous extasier devant la pure poésie du menu. Pour vous tenter encore davantage, voici un exemple : le pavé de saumon caraïbe au foie gras sur coulis d'écrevisses. Qu'en dites-vous? Très souvent, le patron lui-même prend place sur la scène, guitare à la main. Souvenez-vous toutefois qu'il faut absolument réserver, l'endroit étant, pour des raisons évidentes, très couru.

La Pointe du Bout

Même à la chic Pointe du Bout, vous pouvez manger sur le pouce pour pas trop cher. Pour cela, il faut aller à **L'Embarcadère** (*15 F à 40 F*), tout juste à côté de l'endroit d'où part la navette maritime pour Fort-de-France. Bien entendu, rien de bien compliqué n'est servi ici : salades à 40 F, hamburgers à 15 F, brochettes de poisson à 38 F.

Notez aussi la présence d'un **Délifrance** (croissants, viennoises, pâtisseries, sandwichs) et du glacier **Boule de Neige**, où l'on sert aussi le petit déjeuner.

Pour quelque chose d'un peu plus élaboré, toujours dans le cadre du joli port de plaisance de la Pointe du Bout, choisissez **La Marine** (*100 F*). Vous y mangerez dans l'une des trois grandes salles à la fois aérées et chaleureuses, où domine le bois. Vous aurez l'embarras du choix entre un tartare *(75 F)*, un filet grillé au poivre *(85 F)*, un risotto de fruits de mer *(68 F)* ou une fricassée de lambis *(70 F)*. Encore mieux, si vous avez une grosse faim, offrez-vous le plateau du pêcheur à 390 F : langouste, crevettes, crabe farci, gambas, calmars frits. Également, pizzas de 38 F à 50 F.

Une autre adresse à souligner à la marina est celle du **Davidiana** (*100 F*), où l'on sert de la cuisine française et créole à une jolie terrasse, à l'étage, décorée de meubles en rotin blanc qui donnent du chic à l'endroit. Le requin poêlé au beurre blanc et le rouget grillé devraient vous redonner des forces pour poursuivre votre périple en sol martiniquais...

En arrivant à la Pointe du Bout, sur la gauche, tout près de l'entrée du Bakoua (voir p 119), vous trouverez **L'Amphore** *(250 F; fermé lun;* ☎ *66.03.09)*, un restaurant à l'ambiance on ne peut guère plus chaleureuse. Vous y dégusterez une langouste, pêchée à même le vivier, grillée ou à la nage. Pour terminer le tout en beauté, après un bon repas dans un cadre aussi intime, vous aurez le loisir de faire un saut à la boîte de nuit Le Cotton Club (voir p 126), située dans le même bâtiment.

Les grands hôtels des environs possèdent aussi, en règle générale, de bonnes tables. Il faut toutefois, en règle générale aussi, y mettre le prix... **Le Châteaubriand** *(280 F;* ☎ *66.02.02)* de l'hôtel Bakoua, par exemple, propose chaque soir un dîner dansant où vous pouvez vous délecter d'un cœur de filet de bœuf en chevreuil sauce poivrade. Le vendredi, un gargantuesque buffet créole est à l'honneur, et les Grands Ballets de la Martinique animent la soirée.

Le bourg des Trois-Îlets

Dans le bourg, vous trouverez tout ce qu'il faut pour préparer vous-même vos repas. Ainsi, il y a un charmant **marché** *(mer à dim à partir de 7 h 30)* sur la place centrale.

Par ailleurs, tout juste à côté de l'église, à la gauche de celle-ci, vous trouverez l'**épicerie Chez Zozime**. Puis, de l'autre côté du temple, en face du joli cimetière, vous noterez la présence d'une **boulangerie-pâtisserie** *(*☎ *68.32.24)*.

En quittant le village, en direction de Rivière-Salée, vous apercevrez finalement une **boucherie**, un peu avant le rond-point.

 Sorties

■ À faire dans la région du Diamant

Au Morne la Croix, accessible par la D7, qui grimpe au-dessus du bourg du Diamant, se trouve l'une des bonnes discothèques de l'île, **Le Neptune** *(tlj sauf lun, à partir de 22 h;* ☎ *76.25.47)*.

Au centre commercial faisant partie du complexe de l'hôtel Plein Sud (voir p 114), **Le Lady D** *(tlj 23 h à 1 h;* ☎ *76.29.41)* est un bar *karaoke* où il est aussi possible de manger légèrement (crêpes, glaces).

■ À faire dans la région des Trois-Îlets

L'Anse Mitan

Au **Bambou**, un hôtel ayant des allures de camping familial (voir p 118), des musiciens animent le dîner à tous les soirs. Grandes pistes de danse permettent de vous éclater... en famille.

Au **Sun Sea Beach**, situé directement sur la plage, les hauts parleurs crachent de la musique populaire tous les soirs. Bon choix de bières blondes et brunes. Un bon endroit pour festoyer sous les étoiles.

La Pointe du Bout

Dans la région des Trois-Îlets, la vie nocturne compte parmi les plus actives de la Martinique. On y trouve tout d'abord l'une des deux maisons de jeux du département, le **Casino du Méridien** *(70 F, vous devez présenter vos cartes d'identité;* ☎ *66.00.30)*, où vous pouvez assouvir votre soif du jeu jusqu'aux petites heures du matin. Vous pouvez, entre autres, y jouer au black jack et à la roulette, de 21 h à 3 h, alors que les machines à sous sont accessibles de 12 h à 3 h. À noter que le port du short n'y est toléré que jusqu'à 19 h. Tenue de ville en soirée. La discothèque **Vonvon** complète les installations nocturnes du Méridien.

À l'hôtel Carayou, les danseurs s'en donnent à cœur joie sur la piste du **Vesou** *(100 F incluant une consommation gratuite; 22 h à 3 h;* ☎ *66.04.04)*.

Le restaurant **L'Amphore** (voir p 125), situé près de l'entrée de l'hôtel Bakoua, se double d'un agréable bar, **Le Cotton Club** *(tlj 23 h à 3 h)*. Celui-ci possède une impressionnante carte de whiskies et de rhums vieux.

Le restaurant **Le Châteaubriand** (voir p 125) du Bakoua propose chaque soir des dîners dansants. Le vendredi soir, la soirée est animée par les Grands Ballets de la Martinique.

Magasinage

■ Magasiner dans la région du Diamant

En vous dirigeant vers le Diamant en venant de l'est, vous croiserez un **atelier de céramique** entre la Pointe Chéry et le village.

Puis, à l'intérieur du bourg, vous trouverez divers souvenirs à la boutique **Papaye**.

Il y a finalement une petite galerie marchande au rez-de-chaussée de l'hôtel **Plein Sud**, à la sortie du bourg du Diamant en vous dirigeant vers l'ouest.

■ Magasiner dans la région des Trois-Îlets

L'Anse Mitan

Sur la route menant en direction de la Pointe du Bout, en face de l'une des entrées de l'hôtel Bambou, vous ne pouvez que remarquer la boutique **Carib-Curious** *(tlj 7 h 30 à 19 h 30)*, tellement elle est pleine à craquer de t-shirts, de serviettes de plage, de bijoux, de madras et d'autres souvenirs populaires.

La Pointe du Bout

La Pointe du Bout fourmille de petites boutiques plus chic et plus chères les unes que les autres.

Au programme, des boutiques de souvenirs en tout genre et de vêtements pour dame, une petite galerie d'art, une librairie, une boutique de «souvenirs marins» baptisée **Philleas Fogg**, où vous dénicherez, entre autres, des t-shirts arborant des citations d'auteurs comme Georges Brassens (*Les copains d'abord*).

Parmi ces nombreux établissements, mentionnons encore **L'Oiseau Rare** (poupées, madras, t-shirts), **La Cassonade** (confiserie, rhums, confitures locales), **Belle Matadore** (bijoux), **Chaussures Macadam** (sandales) et **Captain's Shop** (articles pour marins).

À la **Boutique Lafleur** et chez **Citron Vert**, donnant sur la marina, vous trouverez de belles robes aux couleurs de la Martinique, inspirées du costume traditionnel.

Les amateurs d'affiches et de cartes postales seront, quant à eux, ravis de découvrir **Passion Soleil**, qui propose un choix varié.

Vous pourrez aussi vous approvisionner en fleurs aux **Jardins de l'Ajoupa**, situés sur le stationnement, ou, en face, chez **McIntosh**.

Finalement, la **Librairie La Page** est davantage une maison de presse qu'une librairie. Vous y dénicherez tout de même quelques bouquins.

Le bourg des Trois-Îlets

Dans le bourg, la papeterie **La Case Océane** propose magazines, cartes postales et quelques livres.

Cependant, c'est à la poterie-briqueterie des Trois-Îlets (*lun-sam 9 h à 17 h;* ☎ *68.22.05*), à 3 km à l'est du bourg, que vous trouverez les objets les plus intéressants. Des artisans qui utilisent des techniques inventées par les Indiens Arawaks et Caraïbes y tournent sous les yeux des visiteurs de magnifiques vases, pots, jarres, etc.

LA ROUTE DES PLAGES DU SUD ★★★

La plage de la Grande Anse des Salines, avec son sable blanc immaculé que vient caresser une eau turquoise d'une incroyable limpidité, jouit d'une renommée internationale. Un peu au nord, le Club Med Les Boucaniers, lui aussi célèbre de par le monde, a été construit il y a déjà bien longtemps à la pointe Marin, près de Sainte-Anne. D'autre part, la région de Sainte-Luce attire de plus en plus l'attention de nombreuses personnes qui, séduites par ses jolies plages, viennent s'y faire construire des résidences de vacances. Enfin, côté atlantique, un littoral très découpé a favorisé la formation d'innombrables petites plages, pour la plupart encore sauvages, qui émerveillent les plus blasés. Plus haut sur cette côte, aux environs du François, les békés ont établi leur «fief» et célèbrent la tradition du ti-punch sur les fonds blancs.

On le voit, la région la plus méridionale de la Martinique constitue une sorte de terrain de jeu géant où il fait bon profiter du soleil et de la mer, et où l'on ne peut résister à l'envie de s'évader. C'est à la conquête de ce pays de rêve que le prochain circuit vous conduit.

 Pour s'y retrouver sans mal

■ En voiture

Au départ de Fort-de-France, il vous faut rejoindre, par le boulevard du Général-de-Gaulle, la route nationale 1 (N1), en direction du Lamentin, pour ensuite vous diriger vers Sainte-Luce par la N5. Au Marin, la route départementale 9 (D9) vous mènera vers Sainte-Anne et les Salines, alors que la N6 vous permettra de poursuivre la grande boucle de notre circuit par Le Vauclin, puis Le François.

Depuis la région des Trois-Îlets, vous emprunterez la D7 en direction de Rivière-Salée, où vous pourrez poursuivre sur la N5 en direction sud pour entreprendre la boucle de notre circuit.

Si vous partez de la région du Diamant, c'est également la D7 qu'il vous faudra suivre vers l'est avant d'emprunter la N5 vers le sud.

La location d'une voiture

Locanord Worrel
Rue Zizine des Étages
Ducos
☎ 56.34.46

Dillon 2000
Résidence Brise Marine
Sainte-Luce
☎ 62.46.94

Tender
Sainte-Anne
☎ 76.79.31

Avis
Supermarché Anett
Marin
☎ 74.80.81

Ozier Lafontaine
Carrefour Diaka
Marin
☎ 74.82.49

Rent Eco
Marin
☎ 74.89.90

Sainte-Anne
☎ 76.76.65

Sainte-Luce
☎ 62.32.60

■ En scooter

Moyen de transport fort prisé dans les régions de Sainte-Luce et Sainte-Anne, le scooter permet de sillonner les routes qui longent la côte jusqu'à la Grande Anse des Salines, à l'extrémité sud de l'île.

La location d'un scooter

Funny
Rue de Caritan
Sainte-Anne
☎ 76.92.16

Sainte-Luce Locations
A9 Gros Raisins
Sainte-Luce
☎ 62.49.66

Sud Loisirs
Près de l'entrée du Club Med
Sainte-Anne

■ En taxi collectif

Encore une fois, il est possible de visiter la région au moyen des taxis collectifs. Il faut toutefois faire preuve de patience et, à la limite, être disposé à recourir à l'auto-stop pour accélérer quelque peu le processus.

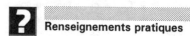 **Renseignements pratiques**

■ La région de Ducos

Gendarmerie
☎ 56.13.12

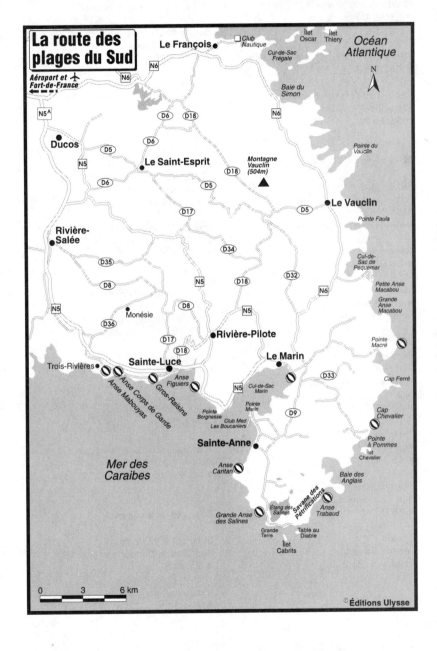

La route des
plages du Sud

Aéroport et
Fort-de-France

Le François • ☐ Club Nautique

Îlet Oscar   Îlet Thiery   *Océan Atlantique*

Cul-de-Sac Frégate

N

Baie du Simon

N5ᴬ

N6   D6   D18

N6

Ducos •
D5

D6

• Le Saint-Esprit

D18   Montagne Vauclin (504m) ▲

Pointe du Vauclin

N5

D6   D5

D17

D5   • Le Vauclin

Pointe Faula

Rivière-Salée •

D34

Cul-de-Sac de Pequemar

D35

D8   N5   D18   D32   N6

Petite Anse Macabou

Grande Anse Macabou

N5   D8

• Monésie   N5

D36   D17   • Rivière-Pilote   *Pointe Macré*

D18   Le Marin •

Trois-Rivières •   Sainte-Luce •

Anse Corps de Garde   Anse Mabouyas   Gros-Raisins   Anse Figuiers

N5   D33   *Cap Ferré*

Cul-de-Sac Marin   D9   *Cap Chevalier*

Pointe Borgnesse   *Pointe Marin*   Club Med Les Boucaniers

Pointe à Pommes   *Îlet Chevalier*

Sainte-Anne •

Mer des Caraïbes

Anse Caritan   *Baie des Anglais*

Etang des Salines   Savane des Pétrifications   Anse Trabaud

Grande Anse des Salines   Grande Terre   Table au Diable

Îlet Cabrits

0   3   6 km

© **Éditions Ulysse**

Mairie
☎ 56.13.01
⇄ 56.18.17

Pharmacie Marie Madeleine Julien
☎ 56.13.36

Pharmacie Louison Reinette
Place Éloi-Virginie
☎ 56.18.88

■ La région de Rivière-Salée

Syndicat d'initiative
Restaurant Chez Claudy
Petit Bourg
☎ 68.01.90

Gendarmerie
☎ 68.03.53

Mairie
☎ 68.01.90
⇄ 68.21.71

Stations-service
Esso et Shell, au centre du bourg

Pharmacie Adrien Altius
Rue Principale
☎ 68.02.66

Pharmacie JC Marie Nelly
Rue Pasteur
☎ 68.14.77

Pharmacie Thérèse Yung Hing
Rue Félix-Éboué
☎ 68.00.45

Laverie
Laverie Saléenne
(centre du bourg)
☎ 68.00.98

■ La région de Sainte-Luce

Syndicat d'initiative
Place de la Mairie
☎ 62.57.85

Mairie
☎ 62.50.01
⇄ 62.30.15

Pharmacie Condé
☎ 62.50.25

Pharmacie Michel-Édouard Longe
Place de la Mairie
☎ 62.50.25

Pharmacie Jocelyne Mitrail
Rue Pierre et Marie Curie
☎ 62.40.99

■ La région de Rivière-Pilote

Syndicat d'initiative
☎ 62.60.03 ou 62.88.99

Gendarmerie
☎ 62.60.08

Mairie
☎ 62.60.03
⇄ 62.73.65

Pharmacie Danielle Binet
Place du 22 Mai
☎ 62.60.10

■ La région du Marin

Syndicat d'initiative
Rue Osman Duquesnoy
☎ 74.93.53

Gendarmerie
☎ 74.90.04

Mairie
☎ 74.90.02
⇄ 74.96.60

Hôpital
Marin-Hospice
☎ 74.73.38 ou 74.92.05

Pharmacie Lucien Ductor
Rue Duquesnay
☎ 74.90.26

Pharmacie Alain Laventure
Rue Schœlcher
☎ 74.92.41

■ **La région de Sainte-Anne**

Syndicat d'initiative
Près de l'entrée de la plage municipale,
du côté opposé de la route
☎ 76.73.06 ou 76.73.45

Mairie
☎ 76.73.06
⇄ 76.76.95

Station-service
Sur la route reliant la D9 au camping
municipal

Pharmacie du Panorama
Route du bord de mer, en face du
cimetière

■ **La région du Vauclin**

Syndicat d'initiative
Rue de la République
☎ 74.40.38 ou 74.40.40

Gendarmerie
☎ 74.40.02

Mairie
☎ 74.40.40
⇄ 74.44.11

Pharmacie Marie-Louise F.-Celma
Rue Victor-Hugo
☎ 74.41.75

Laverie
Pressing, à l'entrée de la ville

■ **La région du François**

Syndicat d'initiative
Route de la Jetée, en face du marché
☎ 54.67.50

Gendarmerie
☎ 54.30.03

Mairie
☎ 54.30.02
⇄ 54.76.76

Hôpital rural
☎ 54.38.77 ou 54.30.49

Station-service
À la sortie de la ville en direction du
Robert, sur la gauche

Pharmacie Centrale M. Laurencine
35, rue Homère Clément
☎ 54.33.86

Pharmacie de la Place
Près de l'église

Pharmacie Victor Élana
151, rue de la Liberté
☎ 54.42.50

 Attraits touristiques

■ **À voir dans la région de Ducos**

Premier bourg sur notre «route des
plages», Ducos compte plus de 12 000
habitants. La région a une vocation

essentiellement agricole (canne à sucre, bananes et légumes). Le bourg prit officiellement son nom actuel le 4 septembre 1855 en hommage au ministre de la Marine Théodore Ducos, qui, en son temps, contribua fortement à asseoir l'autorité de la France en Nouvelle-Calédonie et dans les Petites Antilles. Auparavant, l'endroit était connu sous le nom de «Trou au Chat», une déformation rappelant que le premier Français à s'installer ici, aux premiers jours de la colonisation, se nommait Lechat.

L'**église   Notre-Dame-de-la-Nativité**, détruite par un cyclone en 1891, fut reconstruite en 1901 par Henri Picq, architecte très actif en Martinique, à qui l'on doit entre autres la cathédrale Saint-Louis et la bibliothèque Schœlcher de Fort-de-France.

C'est sur le territoire de la commune de Ducos, à la limite du Lamentin, que s'élève le «**château Aubéry**» (*sur la N6 conduisant au François*). Ce bâtiment néoclassique, œuvre des architectes italiens Volpi et Balesco, fut construit entre 1928 et 1931 pour le compte d'Eugène Aubéry, administrateur d'une usine sucrière centrale. Après sa mort, en 1942, l'étonnante construction fut délaissée par sa famille, puis rachetée par le département en 1954. École normale de 1957 à 1973, le «château», vendu à la commune de Ducos en 1987, est aujourd'hui abandonné, servant tout au plus, et ce très occasionnellement, de décor lors d'activités d'ordre culturel.

Saint-Esprit

Avant de descendre vers le sud, vous pourrez faire un détour jusqu'au village de **Saint-Esprit**. On ne fait généralement que traverser ce bourg agricole, isolé au milieu des terres. Mais on peut aussi choisir de s'y arrêter quelques minutes, le temps de visiter son petit **Musée des Arts et Traditions Populaires** *(adultes 15 F, enfants 5 F; mar-sam 9 h à 13 h et 15 h à 17 h, dim 9 h 30 à 12 h, lun fermé;* ☎ *56.76.51)*. Aménagé en 1987 dans un ancien collège dont la construction remonte à 1913, il présente surtout des instruments voués à l'agriculture, ainsi que plusieurs objets d'artisanat.

Le bourg portait le nom des Coulisses au XVIIIe siècle et dépendait alors de la commune de Rivière-Salée. Cet étrange nom originait du système de «coulisses» qui permettait d'acheminer la canne à sucre, une fois coupée, jusqu'au bas des mornes de la région. Aujourd'hui, la rivière qui traverse le village porte toujours le nom des Coulisses, alors que le bourg, qui devint une commune en 1837, fut rebaptisé Saint-Esprit.

La jolie **mairie**, monument historique datant de 1924, mérite également un coup d'œil.

D'autre part, la cloche de l'église de Saint-Esprit a une histoire tout à fait exceptionnelle. Ainsi, l'abbé Fauveau, curé de la paroisse devenu aumônier du corps expéditionnaire de Crimée, fit expédier à ces anciens paroissiens chéris, aux alentours de 1855, le bourdon d'un village cosaque du Caucase. On nomme cette cloche, fondue à Stravopol en 1849, **la Sébastopol**.

■ À voir dans la région de Rivière-Salée

La route, plane et rapide dans ces environs, conduit ensuite à Rivière-Salée, une commune de près de 9 000 habitants ayant le grand mérite de jouer le rôle de porte d'entrée à la **réserve ornithologique de Génipa** (voir section «Parcs et plages», p 143).

La commune de Rivière-Salée est effectivement traversée par un cours d'eau que le jeu des marées alimente en eau salée. Par ailleurs, c'est sur son territoire que fut installé le premier moulin à vapeur, importé de France, vers 1820. La propriété Meaupoux fut le théâtre de cette grande première et porte depuis lors le nom de «Vapeur».

Rivière-Salée est en fait constituée de deux bourgs, le grand et le petit, qui ont conservé leur propre caractère. À l'origine, ces deux bourgs s'étaient organisés autour de deux usines sucrières centrales. Celles-ci fermèrent leurs portes en 1970 (Petit-Bourg) et en 1973 (Rivière-Salée ou Grand-Bourg).

L'écrivain Joseph Zobel est originaire de Petit-Bourg et, lorsque son roman *Rue Cases-Nègres* fut adapté pour le cinéma par Euzhan Palcy, l'**usine du Petit-Bourg** revint à la vie le temps du tournage.

La fête communale de Rivière-Salée se tient le 24 juin, jour de la Saint-Jean-Baptiste. Traditionnellement, une grande pêche au crabe de terre, qui se pratique à la tombée du jour, est organisée pour l'occasion dans la mangrove voisine.

■ **À voir dans la région de Sainte-Luce ★★**

Trois-Rivières et les quartiers de villégiature

Après Rivière-Salée, suivez la N5 sur quelque 5 km avant de prendre la sortie conduisant à **Trois-Rivières**, où il est possible de visiter une petite distillerie de rhum agricole (*dégustation gratuite; lun-ven 9 h à 17 h, sam 9 h à 12 h; ☎ 62.51.78*). C'est sur les terres de l'actuelle plantation de la distillerie de Trois-Rivières que le surintendant des Finances de Louis XIV, Nicolas Fouquet, se fit construire un véritable château (1635), grâce à la fortune que ses fonctions lui avaient permis d'amasser frauduleusement. Colbert le dénonça au roi, qui ordonna alors la démolition du lieu de retraite doré du mécréant.

Vous longerez ensuite la côte jusqu'à Sainte-Luce par une petite route et aurez le loisir de vous arrêter à l'une des belles plages de sable blanc du secteur : **Anse Mabouyas ★**, **Anse Corps de Garde ★★** ou **plage de Gros Raisins ★★**.

Le bourg de Sainte-Luce

Peu après le **Village Vacances Familles** (possibilité de camping), vous pénétrerez dans le **bourg de Sainte-Luce**. Les habitants du village et des environs (5 500 hab.) vivent principalement de la pêche et du tourisme. La région est en effet une zone de villégiature en constante progression, si bien que la population double littéralement pendant les vacances estivales. L'élevage du bœuf, du mouton et du cabri est de plus pratiqué dans la campagne qui entoure le hameau.

Historiquement, Sainte-Luce a connu des moments pour le moins difficiles. Elle fut tout d'abord envahie et incendiée par les Anglais en 1693, ce qui força une grande partie de sa population à fuir vers les mornes environnants. Puis, en 1817, un ouragan vint à nouveau ravager le village. Aujourd'hui, Sainte-Luce, avec sa petite église toute blanche et les innombrables gommiers de ses pêcheurs, est un village serein que vient animer l'arrivée massive des estivants. Sa proximité de Fort-de-France (moins de 20 min par une route moderne et rapide) et les belles plages de ses environs contribuent en effet à attirer de plus en plus de vacanciers qui se font construire des résidences d'été dans les hauteurs ou qui choisissent de se loger dans l'un des nombreux établissements de la région (auberges, résidences hôtelières, Village Vacances Familles, etc.).

Avant de quitter Sainte-Luce, il ne faudrait surtout pas manquer de faire un petit détour du côté de la **forêt de Montravail ★**, que vous atteindrez en empruntant la route D17 en direction nord. Des roches gravées par les Indiens Arawaks peuvent y être admirées (voir section «Parcs et plages», p 143).

■ **À voir dans la région de Rivière-Pilote ★★**

Tout de suite après Sainte-Luce, bifurquez sur la route D18 vers l'intérieur des terres en direction de Rivière-Pilote, un bourg des plus animés, surtout aux alentours de son marché couvert et de son église récemment rénovée. Son nom vient d'un chef caraïbe surnommé Pilote, qui, tout comme Arlet, accepta de se rallier à l'envahisseur français.

En 1870, au lendemain de la proclamation de la IIIe République, Rivière-Pilote fut le théâtre de l'«Insurrection du Sud» à la suite de la condamnation du Noir Léopold Lubin. Ce soulèvement populaire fut, entre autres, marqué par l'assassinat de Louis Codé, adjoint au juge, par le pillage de la propriété La Mauny et par l'envoi, une fois la révolte réprimée, de 12 des insurgés devant le peloton d'exécution.

De nos jours, les quelque 12 500 Pilotins tirent leur subsistance de l'agriculture (canne à sucre, bananes, légumes), de l'élevage et de la pêche.

Deux sites célèbres, accessibles par une route qui serpente à travers la forêt tropicale, se trouvent un peu au nord de Rivière-Pilote. Il y a tout d'abord le **pitt Cléry ★** (*entrée 50 F; combats dim et mer entre 14 h 30 et 18 h; ☎ 62.61.69*), le plus couru de l'île, où sont présentés des combats de coqs et de mangouste contre serpent.

Puis, près de là, la **distillerie La Mauny** (*visite guidée et dégustation gratuites; lun-ven 10 h à 15 h 30; ☎ 62.62.08*), lieu de fabrication du rhum agricole le plus fameux de la Martinique, mérite une visite. Dès 1749, l'habitation La Mauny fut baptisée de son nom actuel par Joseph Ferdinand Poulain, comte de Mauny en Normandie. Aujourd'hui, le rhum La Mauny s'accapare 50 % du marché intérieur martiniquais et atteint des records de vente en Europe (1 000 000 de bouteilles par an), où il est distribué par Barton et Guestier.

Après avoir fait demi-tour jusqu'à Rivière-Pilote, vous remarquerez, à la sortie du village, les **blocs erratiques** qui se dressent vers le ciel. On appelle «bloc erratique» une formation rocheuse transportée loin de son lieu d'origine par d'anciens glaciers.

Notez également la présence d'un modeste jardin zoologique privé, le **Parc de l'Escoet** (☎ 62.60.11), où sont abrités quelques animaux locaux (manicous, mangoustes, etc.) et une collection d'oiseaux naturalisés.

De retour vers la route principale (N5), vous prendrez la première sortie sur la droite afin de vous diriger vers la petite plage familiale nouvellement aménagée par la commune de Rivière-Pilote à l'**Anse Figuier** ★★. C'est là que vous pourrez visiter l'**Écomusée de Martinique** ★★ (*adultes 15 F, enfants 5 F; mar-dim 9 h à 17 h, lun fermé;* ☎ *62.79.14,* ⇄ *62.73.77*), qui occupe une ancienne distillerie. Sur deux étages, ce musée rend compte des diverses périodes marquantes de l'histoire de la Martinique : la préhistoire arawak et caraïbe, l'ère coloniale, le système esclavagiste et l'économie de plantation. Une boutique d'artisanat complète le tout.

■ **À voir dans la région du Marin**

De retour sur la N5, vous longerez bientôt la pointe Borgnesse et jouirez d'une **vue extraordinaire sur le Cul-de-Sac du Marin** ★★, cette grande baie étroite, au bord de laquelle se blottit l'important centre administratif qu'est devenu **Le Marin**. Beaucoup d'automobilistes, séduits par le panorama, s'arrêtent ici en bordure de la route. Juste en face, vous apercevrez les bâtiments blancs au toit rouge du Club Med Les Boucaniers.

Vous entrerez ensuite dans le bourg du Marin à proprement parler, l'une des deux sous-préfectures de l'île. À l'entrée du village, sur la droite, vous remarquerez la **marina**. Plus loin, vous serez charmé par la belle façade jésuite de l'**église** datant du XVIIIᵉ siècle. Une visite de son intérieur s'impose. Elle renferme des ornements et des marbres remarquables. Ceux-ci étaient en fait destinés à la cathédrale de Lima, au Pérou. Le bateau qui les transportait fut toutefois surpris par une tempête, et la légende raconte que le capitaine du navire jura de faire don de sa précieuse cargaison si lui et son équipage étaient

sauvés. Ils échouèrent alors au Marin... sains et saufs.

Stratégiquement positionné, Le Marin est devenu plus d'une fois l'objet de la convoitise des Anglais. Il dut en effet essuyer des attaques successives en 1672, en 1693, en 1759, en 1792, en 1808 et même en 1884 pendant la guerre du Mexique. Comme si ce n'était pas suffisant, le bourg fut dévasté à deux reprises par des cyclones, en 1891 et en 1903.

Outre son port de plaisance et sa belle église, Le Marin est pourvu d'un agréable **bord de mer** où il fait bon se balader et d'une petite **place centrale** où s'élève un monument à la mémoire du docteur Osmann Duquesnay, originaire du Marin, qui fut maire du village, puis député-maire de Fort-de-France avant de s'engager volontairement pour la guerre de 1914... à l'âge de 70 ans.

Le Marin fut également le lieu de naissance de l'amiral Auguste-Delvrier Despointes, qui, vers 1853, prit possession de la Nouvelle-Calédonie au nom de la France.

■ **À voir dans la région de Sainte-Anne** ★★★

Peu après le village, il vous faudra prendre à droite sur la D9 pour vous diriger vers Sainte-Anne et les plages du Sud. En arrivant aux abords du bourg de Sainte-Anne, deux embranchements permettent d'accéder au centre. Le premier conduit directement à l'entrée de la **plage publique** et du terrain de camping, de même qu'à l'entrée du **Club Méditerranée Les**

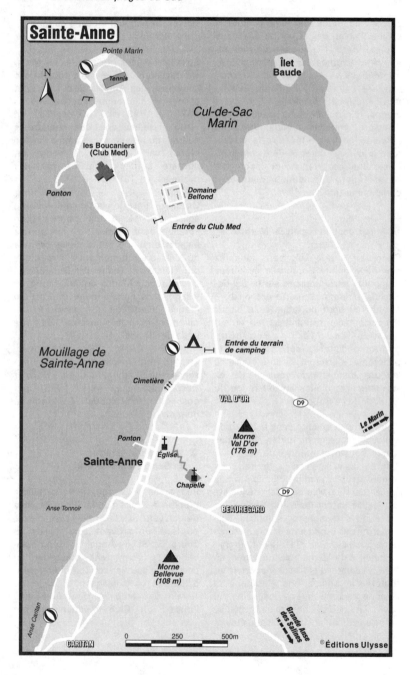

Boucaniers (*possibilité de visite accom-pagnée du Club avec participation aux sports pour 250 F à 500 F par jour*). Par la suite, en prenant vers la gauche, vous pénétrerez dans le centre du vil-lage en longeant agréablement la côte (belle vue en plongée sur la plage et la pointe Marin). Si, par contre, vous attendez le second embranchement avant de tourner à droite vers Sainte-Anne, vous apercevrez les pavillons de tons pastel du tout récent complexe hôtelier de luxe Le Hameau de Beaure-gard, à ne pas confondre cependant avec le **Manoir Beauregard**, célèbre hôtel historique autrefois réputé pour sa superbe collection de meubles anciens, mais qui fut victime d'un incendie ma-jeur au début des années quatre-vingt-dix. Il fait actuellement l'objet d'une rénovation qui lui permet, peu à peu, de renaître de ses cendres.

La commune de Sainte-Anne, qui compte environ 4 000 habitants, est la plus méridionale de la Martinique. Elle vit de la pêche, de l'élevage (bœuf, mouton, chèvre) et, surtout, du tourisme. Son village est tout ce qu'il y a de plus coquet, avec son **cimetière** fleuri, sa petite place au bord de la mer, sur laquelle donnent l'**église** et la **mairie**, ses boutiques, ses restaurants et son **marché artisanal**.

Au ponton du village, vous apercevrez l'étrange embarcation qu'est l'***Aquascope Zemis*** (*adultes 100 F, enfants 50 F; départ tlj 9 h 30, 11 h, 14 h et 15 h 30, durée de l'excur-sion 1 heure 15 min; ☎ 74.87.41*), un semi-submersible qui peut vous amener à la conquête des fonds marins sans que vous ayez besoin de vous mouiller le petit orteil.

De l'autre côté du village, une autre belle plage plaira aux familles : l'**Anse Caritan**.

Les Salines ★★★ et les plages de la côte Sud-Atlantique ★★

De retour sur la D9, vous vous dirigerez vers ce que d'aucuns qualifient de «plus belle plage de la Caraïbe» ou, mieux encore, de «perle des Antilles». Vous l'avez deviné, il s'agit de la **Grande Anse des Salines** ★★★, la plus célèbre et la plus paradisiaque des plages martiniquaises, qui s'étire sur plus de 1 km de sable parfaitement blanc.

À proximité de ce décor idyllique, le spectacle lunaire qu'offre la **Savanne des Pétrifications** ★★ a de quoi surprendre. Cette zone désertique, accessible à pied seulement, était autrefois couverte de bois pétrifié par la lave. Il n'y en a plus un seul morceau aujourd'hui, mais le site mérite tout de même un détour pour le caractère uni-que en Martinique de son paysage désolé.

Depuis la Grande Anse des Salines, vous pourrez rejoindre à pied plusieurs petites plages, dont certaines sauvages, disséminées ici et là sur près de 20 km et baignées par l'océan Atlantique. Vous longerez tout d'abord l'**étang des Salines**, le plus important de l'île, puis atteindrez entre autres la **plage de Grande Terre**, la belle plage de l'**Anse Trabaud** ★★, la **baie des Anglais**, le **cap Chevalier** ★★, le **cap Ferré** et la **Pointe Macré**. La plupart de ces sites sont également accessibles en voiture par de petites routes, souvent non revêtues (voir section «Parcs et plages», p 143).

■ À voir dans la région du Vauclin

Une fois la région de Sainte-Anne bien explorée, vous n'aurez guère d'autre choix que de rebrousser chemin vers Le

Marin. De là, vous emprunterez la N6, qui file vers le nord en direction du Vauclin, à travers des plantations d'acajous. À environ 4 km du bourg, une petite route, sur la droite, mène aux plages de la **petite et de la grande anse Macabou** en passant devant les ruines d'un ancien moulin et de la maison principale de l'**habitation Malevaut**.

Plus loin, tout juste avant d'accéder au village, un **belvédère** en bordure de route vous permettra un arrêt pour contempler à la fois le spectacle de l'océan Atlantique, le village du Vauclin et les champs d'élevage de la région.

Le Vauclin abrite 7 500 personnes, dont la pêche constitue la principale activité. Le commerce de détail, la culture de légumes et de fruits (aubergines, melons, patates, etc.), de même que l'élevage de bovins, d'ovins et de caprins, sont les autres secteurs économiques de la commune vauclinoise.

Au tout début du XVIIIe siècle, le comte de Vauclin vint s'établir dans cette région du sud de la Martinique, où il devint un important propriétaire terrien cultivant le tabac et la canne à sucre. L'agglomération qui se forma peu à peu près de ses terres devait bientôt emprunter le nom de Vauclin. Longtemps habitée par de nombreux Caraïbes, la région fut l'une des dernières colonisées par les Français.

Le bourg comme tel a peu à offrir sur le plan touristique, outre peut-être le spectacle du retour au bercail de ses nombreux pêcheurs en fin d'avant-midi, ou celui du remarquable vitrail qui domine l'entrée de sa grande **église** moderne. Il vaut toutefois la peine de se rendre au sommet de la **Montagne Vauclin** (504 m), le point le plus élevé

du sud de la Martinique. Pour ce faire, vous devez vous engager sur la route D5 vers Saint-Esprit, puis suivre les indications des panneaux conduisant à la «Coulée d'Or». Un sentier pédestre, qui est en fait un chemin de croix, mène au sommet, près d'une petite chapelle. L'endroit est le théâtre d'un pèlerinage annuel en septembre. Il est aussi à noter que des fouilles récentes ont permis de trouver aux environs de ce volcan, plus précisément dans le quartier Paquemar, des traces d'une occupation des lieux par les Caraïbes et même par les Arawaks.

■ À voir dans la région du François ★★

Entre Le Vauclin et Le François, la route longe une côte découpée par de nombreuses pointes avançant dans l'océan. Beaucoup de békés ont installé dans la région leur résidence de vacances, créant ainsi une sorte de fief de villégiature blanc, tout comme dans la région du Robert, plus au nord. À la hauteur de la rivière Simon, vous apercevrez l'**habitation Palmiste**, là où est né le général Brière de l'Isle, l'un des conquérants du Soudan et du Tonkin.

Également entre les deux bourgs, vous ne manquerez pas de visiter **Au Village** (☎ *54.95.58*), sorte de reconstitution d'un village d'antan. Ainsi, on y retrouve quelques exemples de cases construites à la manière des paysans du début du siècle avec du bambou notamment. Quelques personnages en costume d'époque évoluent sur le site, où l'on présente des informations sur diverses cultures : café, coton, etc.

La commune du François est la quatrième en importance de la Martinique par sa population (17 000 hab.). Son nom lui viendrait des quelques

Français qui s'établirent dans les parages vers 1620, avant même le début de la colonisation.

Dans le bourg animé, c'est tout d'abord la silhouette franchement futuriste de son église blanche qui surprend, une architecture audacieuse unique en son genre dans l'île pour un édifice religieux. L'**église Saint-Michel-du-François** fut construite sur les plans de l'architecte martiniquais Marc Alie en remplacement de l'ancienne église, totalement détruite par un incendie en 1973. Il s'agissait là en fait de la sixième reconstruction du temple depuis la fondation de la paroisse par le Père Labat. L'église donne sur la jolie **Place Charles-de-Gaulle**, sur laquelle vous remarquerez entre autres un magnifique monument rendant hommage aux morts de la Première Guerre mondiale.

Tout près, la **mairie**, aux accents coloniaux, vient contrebalancer les excès de futurisme reprochés par plusieurs à l'église voisine.

Le François possède en outre un joli **port de plaisance** où l'on peut s'embarquer sur un bateau menant aux **fonds blancs** ★★ des environs (la **Baignoire de Joséphine** par exemple). Un fond blanc est un haut banc de sable situé entre les récifs où la mer atteint tout au plus 1 m de profondeur. Vous pourrez ainsi vous adonner à une coutume typiquement béké, consistant à prendre un verre de punch tout en discutant, de l'eau jusqu'à la taille, les pieds posés sur les fonds blancs. Le blancheur du sable, la limpidité extraordinaire de l'eau, la saveur particulière du punch en pareilles circonstances et le caractère résolument original de cette pratique rendent l'expérience inoubliable.

Albert Mongin est l'un de ceux qui organisent ce genre de sortie en mer *(adultes 185 F, enfants de 7 à 15 ans ½ tarif, enfants de moins de 7 ans 50 F; départ à la marina à 9 h; ☎ 54.70.23).* L'excursion dure toute la journée et comprend musique et animation, dégustation d'accras, visite à la Baignoire de Joséphine, déjeuner à l'îlet Oscar, ti-punchs et planteurs. Mais il est également possible de s'entendre avec les pêcheurs du Robert, qui se font un plaisir de conduire les visiteurs jusqu'aux fonds blancs à bord de leur petite embarcation.

Le François est également connu pour son excellente équipe de yoleurs. Si, par chance, une course de **yoles rondes** (embarcations à voile typiques de la Martinique) a lieu lors de votre passage, ne manquez surtout pas d'y assister.

Le Domaine de l'Acajou

Un peu à l'extérieur du bourg, sur la route de Saint-Esprit, vous pourrez visiter le **Domaine de l'Acajou** *(35 F)*, aussi connu sous le nom d'**Habitation Clément**, de même que la **distillerie Clément** *(dégustation gratuite; tlj 9 h à 18 h; ☎ 54.62.07)*, créée en 1907 par le docteur Homère Clément, député-maire du François. On y fabrique le plus prestigieux des rhums martiniquais, avec celui de La Mauny. Les connaisseurs apprécient particulièrement le rhum vieux Clément, et les millésimes 1952 et 1970 sont entrés dans la légende. On a admirablement restauré sur place une habitation du XVIIIᵉ siècle. Un film sur la tradition du rhum en Martinique est par ailleurs présenté aux visiteurs, de même qu'un second, relatant la rencontre en ce lieu des présidents François Mitterrand et

George Bush pendant la guerre du Golfe en 1991.

Dans le parc de 16 ha qui abrite le domaine, vous pourrez voir, outre la maison de maître et son mobilier, une collection de meubles venant de diverses îles de la Caraïbe et de l'océan Indien (style Compagnie des Indes Occidentales et Orientales - XVIIIᵉ et XIXᵉ siècles), les dépendances (cuisine, écuries), la maison du *géreur* de la plantation (là où la visite commence et où ont lieu les dégustations de rhum) et la distillerie flanquée des chais de vieillissement. Le parc en lui-même est magnifique, avec ses 300 espèces végétales répertoriées par l'Office National des Forêts.

De retour au bourg, vous pourrez compléter le circuit par la N6 vers l'ouest.

Parcs et plages

■ **Les parcs et plages de la région de Rivière-Salée**

La réserve ornithologique de Génipa

Cette grande mangrove, qui borde la baie de Génipa et qui est accessible par le village de Rivière-Salée, constitue durant l'hivernage une halte pour de nombreuses espèces d'oiseaux migrateurs, parmi lesquels figurent les sarcelles et les ramiers. C'est également ici, dans les marais, qu'on organise une grande chasse au crabe de terre le jour de la fête communale (24 juin). Il faut évidemment se munir d'un bon insectifuge pour entreprendre une excursion dans les parages.

■ **Les parcs et plages de la région de Sainte-Luce**

L'Anse Mabouyas ★ (A)

Première d'une série de jolies plages de sable blanc accessibles par un petit chemin parallèle à la route principale, entre Trois-Rivières et le bourg de Sainte-Luce, l'Anse Mabouyas demeure encore un secret relativement bien gardé. Sa courte plage est baignée par une eau claire et calme.

L'Anse Corps de Garde ★★ (B)

Un peu plus loin, on ne peut rater le terrain de stationnement de la plage aménagée à l'Anse Corps de Garde. L'endroit est fort populaire, tout particulièrement durant la fin de semaine ou pendant les grandes vacances scolaires.

Services : douches et toilettes; stationnement; terrains de football et de volley-ball; restaurants de plage.

La plage de Gros Raisins ★★ (B)

La plage de Gros Raisins est, quant à elle, suffisamment longue pour que la foule qui la découvre un peu plus chaque jour n'apparaisse pas trop dense. Encore ici, vous profiterez d'une eau calme et d'un sable superbement blanc.

La forêt de Montravail ★

L'Office National des Forêts a aménagé ce site afin d'y accueillir les visiteurs. On trouve donc sur place des aires de pique-nique et près d'une douzaine de sentiers jalonnés de panneaux explicatifs portant sur les différentes espèces végétales présentes. De plus, le site donne accès à une propriété privée, sur laquelle ont été repérées des pierres gravées par les Indiens Arawaks. Il s'agit en fait des seuls glyphes amérindiens ayant été trouvés à ce jour en Martinique, et leur découverte par l'économiste Jean Crusol ne remonte qu'à 1970. On remarquera, entre autres, les 11 figurines ornant un rocher de 2 m sur 1,40 m, un masque sculpté à même l'arête d'une grosse pierre et une table façonnée dans une roche plate. Attention toutefois! Comme ce site se trouve sur un terrain privé, son accessibilité dépend du bon vouloir du propriétaire qui, semble-t-il, n'est pas toujours d'humeur à recevoir des visiteurs...

D'autre part, l'organisme Journée Verte *(☎ 62.54.23)* met sur pied, au départ du bourg de Sainte-Luce, des randonnées quotidiennes dans la forêt de Montravail, comportant des arrêts au pitt Cléry et au Morne Gommier.

■ Les parcs et plages de la région de Rivière-Pilote

La plage de l'Anse Figuier ★★ (A)

Cette belle plage de sable blanc a été aménagée tout récemment pour recevoir les familles martiniquaises. À l'entrée, un panneau rappelle que la «nudité sous toutes ses formes» est ici défendue... En plus de la plage elle-même, l'endroit comprend l'Écomusée de Martinique.

Services : douches et toilettes; stationnement; aires de jeux; restaurant de plage.

■ Les parcs et plages de la région de Sainte-Anne

La plage municipale de Sainte-Anne ★★★ (B)

La plage publique de Sainte-Anne, qui est en fait le prolongement de la réputée plage du Club Méditerranée de la pointe Marin, est tout simplement magnifique. Sable blanc, cocotiers, mer calme, limpide et peu profonde, proximité d'un gentil village, voilà les ingrédients qui en font l'une des plus belles de la Martinique. Théoriquement, il faut verser de légers droits d'entrée *(5 F par auto)*. Les habitués se rendent, pour leur part, près de l'entrée du Club Med, garent leur voiture sur le bord de la rue et accèdent gratuitement à la plage par une brèche dans la grille, à côté du restaurant Touloulou...

Services : douches et toilettes; terrain de stationnement payant; terrain de camping; aires de jeux; location de planches à voile, de catamarans et de pédalos; possibilités de ski nautique; club de plongée sur la plage; nombreux restaurants.

La Grande Anse des Salines ★★★ (A)

Sable blanc et fin, eau turquoise, tiède et peu profonde, rangée de cocotiers qui penchent vers la mer : une plage parfaite... Voilà la Grande Anse des Salines, la plus belle des plages de la Martinique, et la plus fréquentée d'ailleurs. Mais il n'y a pas que des cocotiers le long de cette plage; il y a aussi de nombreux mancenilliers au latex venimeux, généralement marqués d'un trait rouge par les sentinelles de l'Office National des Forêts.

Services : douches et toilettes; camping toléré la fin de semaine, les jours fériés et durant les grandes vacances estivales; tables de pique-nique; comptoirs où l'on peut acheter de la nourriture et un restaurant.

La plage de Grande-Terre ★★

Voisine, côté est, de la Grande Anse des Salines, la plage de Grande-Terre est souvent perçue comme sa continuité. Elle fait face à l'**îlet Cabrits** et à la **Table au Diable**, une grande roche plate formant une petite île. C'est ici que se trouve le point limite entre les eaux de la mer des Caraïbes et de l'océan Atlantique. Encore ici, il faut se méfier des mancenilliers.

Services : tables de pique-nique; camping toléré la fin de semaine, les jours fériés et durant les grandes vacances scolaires.

L'Anse Trabaud ★★ (A)
et la baie des Anglais

La magnifique plage de l'Anse Trabaud, bien qu'elle soit relativement facile d'accès, demeure beaucoup moins fréquentée que celle de la Grande Anse des Salines. Elle est pourtant pourvue du même sable blanc et de la même eau transparente. Il n'y a toutefois aucun service proposé sur place.

De l'autre côté de la **Pointe Braham** se trouve la baie des Anglais, où se cache une autre jolie petite plage. À partir d'ici, les plages se font plus sauvages, presque désertes, et sont battues par des vents plus forts et des vagues plus violentes.

On se rend à l'Anse Trabaud et à la baie des Anglais à pied depuis la

Grande Anse des Salines, ou encore en voiture par un chemin de terre privé *(droits de passage : 15 F)* assez bien indiqué sur la D9, près du village de Sainte-Anne.

Le cap Chevalier ★★ (A)

Plusieurs petites plages sauvages méritent d'être découvertes dans les environs du cap Chevalier. Parmi celles-ci, mentionnons l'**Anse Michel** et la **Pointe aux Pommes**. Le secteur fait tout particulièrement le bonheur des amateurs de planche à voile. De plus, on peut faire une excursion à l'**îlet Chevalier**, juste en face. Pour cela, il faut monter à bord du *Taxi Cap* (☎ 76.93.10), près du restaurant Chez Gracieuse (voir p 156). On peut accéder à la région en auto en empruntant la D33 vers la gauche, peu après le Marin, en direction de Sainte-Anne. Une route très étroite, indiquée sur la droite, mène aux plages du cap Chevalier.

Services : quelques restaurants.

Le cap Ferré et la Pointe Macré (A)

Si l'on choisit plutôt de poursuivre sur la D33, un chemin de terre remplace la route et mène à la région du cap Ferré et de la Pointe Macré, qui enserrent le **Cul-de-Sac Ferré**. Encore une autre belle plage de sable blanc attend les vacanciers. Un sentier conduit, plus au nord, à la plage immaculée de l'**Anse Grosse Roche ★★**.

Services : casse-croûte la fin de semaine.

■ **Les parcs et plages
de la région du Vauclin**

Les anses Macabou (A-B)

À environ 4 km au sud du bourg du
Vauclin, une petite route conduit au
quartier Macabou, de même qu'à la
petite anse Macabou et à la grande
anse Macabou. Étonnamment, la
première jouit d'une eau calme, alors
que la houle se fait plus insistante sur
la seconde.

Services : possibilité de camping au
Ranch de Macabou; restaurant.

La Pointe Faula (A)

Tout juste au sud du village du Vauclin
(à moins de 1 km), la petite plage de la
Pointe Faula demeure relativement peu
fréquentée, bien qu'elle soit d'une indéniable beauté. La blancheur de son
sable, issu de la même formation que
les célèbres fonds blancs du François et
du Robert, et la faible profondeur de
ses eaux devraient pourtant séduire
davantage les familles. Depuis le bourg,
la route du bord de mer est la seule
permettant d'accéder à la Pointe Faula.

Services : douches et toilettes; tables
de pique-nique.

 Activités de plein air

 La randonnée pédestre

La Trace des Caps

L'Office National des Forêts a balisé ce
long sentier permettant la découverte
du littoral sud-martiniquais depuis
l'Anse Caritan, près de Sainte-Anne,
jusqu'à la petite anse Macabou, au sud
du Vauclin sur la côte atlantique.
Compte tenu de sa grande étendue, ce
sentier a été découpé en cinq sections :
de l'Anse Caritan aux Salines (5 km,
2 heures), des Salines à l'Anse Trabaud
(5 km, 2 heures), de la baie des Anglais
au cap Chevalier (6,5 km, 3 heures), du
cap Chevalier au cap Macré (7 km,
3 heures) et du cap Macré à la petite
anse Macabou (5 km, 2 heures
30 min).

Ces randonnées sont considérées
comme faciles, les seuls dangers poten-
tiels étant les risques d'insolation et de
brûlures par les mancenilliers.

La Montagne du Vauclin

Accessible par la route D5, à la sortie
du bourg du Vauclin, ce sentier conduit
au plus haut sommet du sud de la Martinique (504 m). Il s'agit en fait d'un
chemin de croix qu'empruntent une fois
par année (en septembre) des dizaines
de pèlerins. De là-haut, la vue sur la
côte atlantique jusqu'à la presqu'île de
la Caravelle est saisissante. Sur la montagne, on découvrira également une
grotte profonde d'une cinquantaine de
mètres qu'aurait creusée à lui seul un
vieil homme solitaire qui disait chercher
à relier la montagne à la route du Saint-
Esprit.

Cette courte randonnée (90 min)
présente un niveau de difficulté moyen,
considérant que son parcours s'avère
par moments très abrupt. Par temps de
pluie, il peut d'ailleurs devenir très
glissant.

La plongée

Il y a plusieurs possibilités de plongée dans la région. On organise par exemple des excursions depuis l'hôtel de l'Anse Caritan *(☎ 76.74.12)*, à **Sainte-Anne**, ou encore directement depuis la plage municipale *(Club Histoire d'Eau, ☎ 76.92.98)*.

D'autres expéditions, organisées par le Club Nautique *(☎ 74.92.48)*, partent du **Marin**. Il y a aussi le club Plongée Évasion Caraïbes *(☎ 62.31.22)* à **Sainte-Luce**.

La pêche

Les gens intéressés à se joindre à une expédition de pêche au gros peuvent faire appel à Caraïbe Yachting *(☎ 76.91.42, ⇄ 76.93.94)* au port de plaisance du **Marin**. Il faut alors compter environ 400 F par personne.

La navigation de plaisance

La région couverte par le «circuit des plages du Sud» dispose de deux ports de plaisance d'importance, soit ceux du Marin, côté mer des Caraïbes, et du François, côté atlantique. Chacun d'eux offre plusieurs possibilités d'excursions en mer ou de location d'embarcations.

Ainsi, à la marina du **Marin**, on pourra faire appel aux services de la société ATM Yachts *(☎ 74.98.17 ou 74.87.88, ⇄ 74.88.12)*, qui possède une flotte de 110 yachts et catamarans à louer, avec ou sans équipage, en plus de gérer un magasin de pièces détachées et une voilerie. Caraïbe Yachting *(☎ 76.91.42, ⇄ 76.93.94)*, toujours au Marin, fait quant à elle la location de voiliers, tout comme le Club Le Marin *(☎ 74.70.92, ⇄ 74.70.93)*, qui en outre loue quelques bateaux à moteur. On peut aussi louer un catamaran chez Catana Antilles *(☎ 74.88.87)* ou un voilier chez Soleil et Voile *(☎ 74.75.39)*.

À la marina du **François**, le club Le François *(☎ 54.68.01, ⇄ 54.08.63)* dispose d'une flotte d'une quinzaine de bateaux à moteur utilisés pour l'organisation de sorties en mer à l'heure, à la journée ou pour plus longtemps. On peut également louer un bateau à moteur chez Ursulet *(☎ 65.18.18)* ou chez Star Voyage *(☎ 54.68.01, ⇄ 54.68.03)*.

De plus, au départ de **Sainte-Anne**, des expéditions d'une journée *(450 F par personne)* à bord du catamaran *Tallioud II (☎ 76.76.65 ou 76.73.12, ⇄ 76.97.43)* sont organisées. Les participants sont invités à s'adonner à des activités telles que plongée-tuba, plongée sous-marine et pêche au gros.

La planche à voile

La planche à voile est une activité fort prisée dans la région, et il est relativement facile de louer l'équipement nécessaire. Par exemple, à la marina du **Marin**, on s'adressera à Ambiance Yachting *(☎ 74.32.79 ou 74.70.90)* ou à Alizé Fun *(☎ 76.70.73)*; à **Sainte-Luce**, on ira chez Antilles Loisirs *(☎ 62.44.19)* et, à **Sainte-Anne**, chez Hobby Cat *(☎ 76.90.77 ou 74.89.00)*.

Le camping et le caravaning

Quelques sites de camping sont dignes de mention dans la région. En ce qui a trait aux terrains aménagés où l'on trouve des douches avec eau chaude, il y a le camping de la pointe Marin *(☎ 76.72.79)*, à **Sainte-Anne**, près de la belle plage municipale, le Village Vacances Familles *(☎ 62.52.84)* et le Tropicamp *(☎ 62.49.66)* de **Sainte-Luce** (Gros Raisins), de même que le Ranch Macabou, un peu au sud du **Vauclin**.

Le camping est aussi permis pendant les vacances estivales, les fins de semaine et les jours fériés aux abords de la plage de la **Grande Anse des Salines** et au **cap Chevalier** (voir descriptions de tous ces sites dans la section «Parcs et Plages» du présent chapitre).

Pour ce qui est de l'équipement, on peut louer tentes et matériel sur place au camping de **Sainte-Anne**, tout comme au Tropicamp de Gros Raisins, à **Sainte-Luce**. Pour la location d'un camping-car, on fera appel à West-Indies Tours *(☎ 54.50.71)*, au **François**.

 L'équitation

Il y a un club d'équitation à **Sainte-Anne**, le Ranch Val d'Or *(☎ 76.70.58 ou 66.03.46)*.

 Hébergement

■ **Hébergement de la région de Sainte-Luce**

À l'intérieur du bourg

Région de plus en plus prisée des visiteurs, les environs de Sainte-Luce leur offrent plusieurs possibilités de logement en gîte rural. Ainsi, dans le bourg même, vous pourrez opter pour le gîte de **Rosalie René (n°037,** ⏷⏷**)** *(1 075 F par semaine; gîte indépendant; 97228 Sainte-Luce)* ou celui de **Mme Claire Lauréotte (n°072,** ⏷⏷**)** *(1 460 F par semaine; gîte en deuxième étage; rue Victor-Hugo - 97228 Sainte-Luce)*.

Gros Raisins

Tout juste avant d'atteindre Sainte-Luce par la petite route qui longe la mer et traverse les quartiers de Trois-Rivières et de Désert, on trouvera toute une série de résidences où des studios ou appartements tout équipés sont disponibles pour location. Cette formule peut s'avérer économique pour un emplacement aussi stratégique, non loin à la fois des nombreux attraits de la pointe Sud-Ouest et des plages de rêve du sud de la Martinique. L'endroit en question se nomme Gros Raisins et, parmi les résidences les plus accueillantes, il faut mentionner **Les Deux Cocotiers** *(2 400 F par semaine; ≡, bp, ℂ, ℝ; B59 Gros Raisins - 97228 Sainte-Luce, ☎ 62.41.50, ⇄ 62.50.85)*, une belle maison toute blanche dont les aimables propriétaires ont transformé les pièces du rez-de-chaussée en quatre sympathiques studios. En plus, il y a une jolie petite plage, juste derrière la maison. On peut par ailleurs profiter d'un téléviseur pour 150 F par semaine. Attention, il n'est toutefois possible de louer ces studios qu'à la semaine.

Il y en a plusieurs autres du même genre dans les environs, dont le voisin immédiat, **La Résidence Douce Vague** (☎ 62.47.47), qui propose des tarifs similaires. Le plus important du groupe est toutefois le **Brise Marine** (*3 244 F par semaine pour les studios, 4 559 F par semaine pour les appartements;* ⊗, *bp,* C, R; *Gros Raisins - 97228 Sainte-Luce,* ☎ *62.46.94,* ⇄ *62.57.17*), avec ses cinq studios pour deux personnes et ses sept appartements pouvant héberger très confortablement jusqu'à cinq personnes. Il est entouré d'un superbe jardin, avec des fauteuils et des chaises longues où les invités peuvent se détendre, et donne directement sur la plage.

Le secteur possède aussi sa part de gîtes ruraux dûment homologués, comme la **Résidence Saint-Antoine** (n°082 à 086, ¶¶) (*1 400 F par semaine; 5 gîtes dans un même immeuble; Gros Raisins - 97228 Sainte-Luce*) ou le gîte de **M. Stéphane Saint-Paul** (n°105, ¶¶¶) (*2 700 F par semaine; à l'étage d'une villa; Lotissement Gros Raisins B 14 - 97228 Sainte-Luce*).

Le **Village Vacances Familles de Sainte-Luce** (*1 815 F par semaine; bp,* C; *Gros Raisins - 97228 Sainte-Luce,* ☎ *62.52.84*) se situe lui aussi dans le quartier Gros Raisins et donne sur une agréable plage. Des bungalows pouvant accueillir deux, quatre ou six personnes sont disponibles pour les visiteurs

étrangers en location hebdomadaire, en dehors de la période des vacances d'été (juillet-août). Sur le même site, vous pouvez vous adonner au camping, tout l'équipement nécessaire étant loué sur place.

L'organisme **Tropicamp** (*2 000 F par semaine; A9 Gros Raisins - 97228 Sainte-Luce,* ☎ *62.49.66,* ⇄ *62.44.50*) s'est donné une mission un peu semblable et propose aux familles des forfaits intégrés comprenant billet d'avion, automobile de location et équipement complet de camping.

Un peu plus loin, on apercevra sur la gauche la grande demeure rose à balcons et à pignons, dans laquelle on a aménagé **La Petite Auberge** (*405 F pdj, 595 F ½p;* ≡, ≈, R; *97228 Sainte-Luce,* ☎ *62.59.70,* ⇄ *62.42.99*). Bien qu'elle soit imposante à première vue, cette maison typique, qui fait face à la mer, ne dispose que d'une douzaine de chambres, ce qui en fait une adresse où l'accueil reste personnalisé.

Autre choix dans les parages, tout juste avant d'entrer au bourg, la **Résidence Deville** (*330 F à 400 F;* ≡, *bp,* C; *Quartier Deville - 97228 Sainte-Luce,* ☎ *62.50.64,* ⇄ *62.58.78*) dispose d'une vingtaine de meublés de tourisme entièrement équipés.

Aux abords de la plage de Gros Raisins, vous trouverez la **Résidence Grand Large** (*334 F; tv,* ≡, *bp,* C; *97228 Sainte-Luce,* ☎ *62.54.42,* ⇄ *62.54.32*) au milieu d'un joli jardin. Studios pour deux personnes et appartements pour quatre, tout équipés. Location de vélos de montagne (V.T.T.), de scooters et de planches à voile.

Le complexe hôtelier le plus chic des environs a pour nom **Les Amandiers** (*855 F à 935 F; tv,* ≡, *bp,* ≈; *97228*

Sainte-Luce, ☎ *62.32.32,* ⇄ *62.33.40).* Ses 117 chambres sont réparties dans un grand ensemble de quatre édifices rose saumon, bleus et verts de deux étages. Une magnifique piscine entourée d'un beau jardin tropical, un terrain de tennis et un accès direct à une plage de sable blanc complètent ce décor de rêve.

Le quartier Montravail

Située dans les hauteurs de Sainte-Luce, la forêt de Montravail constitue un cadre tout à fait différent, où les amants de la nature pourront choisir de s'installer. L'hébergement en gîte rural sera alors tout indiqué. Mentionnons entre autres les gîtes de **M. Ferdinand Nédand** (n°035, ⫲) *(1 460 F par semaine; au-dessous du logement du propriétaire; Quartier Montravail - 97228 Sainte-Luce),* et de **M. Gabin Salomon** (n° 036, ⫲) *(1 550 F par semaine; au-dessous du logement du propriétaire; Quartier Montravail - 97228 Sainte-Luce).*

■ Hébergement de la région de Rivière-Pilote

Depuis la route nationale 5 (N5), une petite affiche indique la sortie pour l'hôtel d'une vingtaine de chambres du **Roy Christophe** *(400 F à 580 F; ≡, ≈, C, ℜ; Anse Figuier - 97211 Rivière-Pilote,* ☎ *62.76.17,* ⇄ *62.76.17).* Situé sur les hauteurs, il surplombe la plage de l'Anse Figuier, entretenue par la municipalité de Rivière-Pilote.

Dans les mêmes parages, un chemin très à pic conduit à une belle maisonnette accrochée à flanc de colline : **Le Paradis de l'Anse** *(*☎ *62.90.60,* ⇄ *62.38.90).* En plus d'une vue splendide, vous y trouverez

bungalows, studios et appartements équipés à louer.

Autre adresse à signaler à Rivière-Pilote, la **Résidence Touristique Madikéra** *(Quartier Renée - 97211 Rivière-Pilote,* ☎ *62.63.44,* ⇄ *62.74.13)* propose six appartements modernes et extrêmement propres. Une petite piscine, au cœur d'un gentil jardin, complète agréablement les installations mis à la disposition des invités.

■ Hébergement de la région du Marin

Il n'y a que bien peu de possibilités d'hébergement au Marin, ce qui étonne, considérant la présence d'un important port de plaisance. «Tout le monde dort-il sur son bateau ici?» se demande-t-on. Mentionnons toutefois **L'Auberge du Marin** *(200 F; ≡, bp; 21 rue Osman-Duquesnay - 97290 Le Marin,* ☎ *74.83.88,* ⇄ *74.76.47),* pratique parce qu'elle est située en plein centre du village. Elle dispose de cinq chambres sans confort.

Signalons aussi, près de la marina, la présence de la **Résidence Hôtelière La Girafe** *(450 F; tv, ≡, bp, C, 13 rue Émile-Zola - 97290 Le Marin,* ☎ *74.82.83,* ⇄ *74.90.51),* peut-être l'adresse la plus intéressante de la région pour le cachet de cette vieille maison de ville.

Par ailleurs, vous pourrez toujours opter pour la formule du gîte rural. Quelques bonnes adresses doivent en effet être signalées : les gîtes de **M. Ernest Jeannot** (n°075-076, ⫲) *(1 295 F par semaine; au rez-de-chaussée de l'habitation du propriétaire; 30 rue Osman Duquesnay - 97290 Le Marin),* ceux de **M. Alex Louis-Joseph** (n°193 à 197) *(1 230 F à 1 805 F par* semaine; *gîtes indépendants; Quartier Pérou - 97290 Le Marin)* et ceux de **M. Gabriel Louis-Joseph** (n°091 à 093) *(1 125 F à 1 705 F par semaine; au-dessus du logement du propriétaire; Quartier Pérou - 97290 Le Marin).*

■ **Hébergement de la région de Sainte-Anne**

C'est, bien sûr, au terrain de **camping municipal de la Pointe Marin** *(40 F par jour avec votre équipement; BP 8 - 97227 Sainte-Anne, ☎ 76.72.79, ⇄ 76.97.82)*, qui borde la magnifique plage publique de Sainte-Anne, qu'on peut s'en tirer au meilleur prix dans les environs. L'atmosphère y est on ne peut plus familiale (il y a d'ailleurs une garderie). Sur le site même, on compte de nombreux restos, des aires de jeux, tous les services sanitaires nécessaires et l'accès direct à la plage. On peut de plus louer une tente, une caravane et le matériel de camping sur place *(700 F par semaine).*

Mentionnons aussi quelques gîtes ruraux où vous n'aurez pas à investir une fortune dans l'hébergement : les gîtes de Mme **Mireille Kanor** (n°007 à 009, ¥¥) *(1 385 F à 1 500 F par semaine; gîtes indépendants; Quartier Baréto - 97227 Sainte-Anne),* celui de **M. Jean Prales** (n°20, ¥¥¥) *(1 960 F par semaine; gîte indépendant; Derrière-Morne - 97227 Sainte-Anne),* celui de Mme **Rémy Psyché** (n°032, ¥¥) *(1 830 F par semaine; gîte mitoyen du logement du propriétaire; Quartier Poirier - 97227 Sainte-Anne)* et ceux de **M. Armand Belmo** (n°066-067, ¥¥) *(1 355 F à 1 625 F par semaine; gîtes dans une maison indépendante; Derrière-Morne - 97227 Sainte-Anne),* pour n'en nommer que quelques-uns.

La région de Sainte-Anne, fort populaire auprès des vacanciers en raison principalement de sa magnifique plage baignée par une eau turquoise et calme, compte plusieurs hôtels de grand luxe, et il n'y a guère d'autres possibilités d'hébergement outre le terrain de camping ou le gîte rural, du moins dans les environs immédiats. On peut toutefois mentionner **Les Flamboyants de Belfond** *(630 F; ≡, bp, C, R; Domaine de Belfond -97227 Sainte-Anne, ☎ 76.94.94, ⇄ 74.72.42)*, qui a au moins l'avantage d'offrir la formule de l'appartement tout équipé où l'on peut préparer soi-même ses repas, et ce, à quelques minutes de marche de la plage. Au total, huit appartements sont disponibles, dont un pouvant accueillir jusqu'à six personnes. Les sept autres peuvent recevoir deux ou quatre personnes, puisqu'une chambre est aménagée en mezzanine, si second couple il y a.

Sur la route permettant de quitter Sainte-Anne par le sud, en direction des Salines, vous pourrez louer de petites résidences bleues entourées de fleurs. L'endroit s'appelle **Les Sapotilles** *(☎ 76.79.38, ⇄ 63.15.22).*

De retour au Domaine de Belfond, la société **Séjours Antilles** *(1 800 F à 2 800 F par semaine; bp, C; Domaine de Belfond - 97227 Sainte-Anne, ☎ 76.74.31, ⇄ 76.93.22)* loue bungalows, studios et villas pouvant héberger très confortablement jusqu'à huit personnes.

Situés dans le même secteur, les hôtels **Anchorage** *(900 F à 1 100 F; ≡, ≈, R, C; Domaine de Belfond - 97227 Sainte-Anne, ☎ 76.92.32, ⇄ 76.91.40)* constituent un ensemble tout à fait particulier. Il s'agit d'un vaste complexe de cinq hôtels proposant un total de

186 studios ou duplex qui composent un véritable quartier résidentiel tranquille et fort agréable. Les habitants de ce «quartier» profitent également d'un minigolf et d'un terrain de tennis.

Au cœur même du village, le sympathique hôtel **La Dunette** *(600 F à 780 F;* ≡, *bp,* ℜ; *97227 Sainte-Anne,* ☎ *76.73.90,* ⇄ *76.76.05)* dispose de 18 chambres, dont certaines avec vue côté mer. Les chambres sont simples, mais baignées de lumière naturelle. À l'arrière, les invités peuvent se prélasser dans un superbe jardin fleuri. Il est à noter que l'hôtel La Dunette abrite l'une des bonnes tables de la région (voir p 154).

Une fois passé le village de Sainte-Anne, on peut gagner le complexe hôtelier **Anse Caritan** *(978 F à 1 032 F pdj;* ≡, *bp,* ≈, *C,* ℜ; *97227 Sainte-Anne,* ☎ *76.74.12,* ⇄ *76.72.59).* En plus des services habituels d'un village de vacances de luxe, la clientèle a droit à une discothèque sur les lieux. Il y a aussi une garderie.

À la sortie du village, on ne peut rater le **Hameau de Beauregard** *(440 F à 790 F; tv,* ≡, *bp,* ≈, ℜ, *C; 97227 Sainte-Anne,* ☎ *76.75.75,* ⇄ *76.97.13),* un grand village de vacances aux bâtiments bleus, roses et blancs qui semble avoir poussé soudainement au milieu de nulle part. L'ensemble s'avère toutefois assez agréable, une fois l'effet de surprise estompé. On y trouve 90 appartements de luxe entourant une grande piscine. Géré par Pierre et Vacances.

Tout à côté, le vénérable **Manoir de Beauregard** *(900 F à 1 100 F; tv,* ≡, *bp,* ≈; *97227 Sainte-Anne,* ☎ *76.73.40,* ⇄ *76.93.24)* semble vouloir être éternel. Malgré un incendie majeur survenu au début des années

quatre-vingt-dix, on le voit aujourd'hui renaître de ses cendres et retrouver sa splendeur d'antan. Déjà, à l'été 1995, la rénovation du bâtiment principal datant du XVIIIe siècle était terminée, et il ne restait plus qu'à réaménager les jardins extérieurs. À l'intérieur, boiseries et meubles d'acajou sont réapparus, redonnant à ce superbe hôtel tout son charme et son caractère.

Puis, bien sûr, il ne faudrait pas oublier le **Club Méditerranée Les Boucaniers** *(Formule Club tout compris;* ≡, *bp,* ℜ; *pointe Marin - 97227 Sainte-Anne,* ☎ *76.72.72,* ⇄ *76.72.02),* un des plus réputés du célèbre réseau international. Outre la formule des vacances réservées à la semaine, toutes activités comprises, il y a possibilité de fin de semaine au village au coût de 1 300 F par personne, du vendredi à 19 h au dimanche à minuit, ou de 900 F par personne, du samedi à 10 h au dimanche à minuit. Évidemment, ces offres ne sont valables que dans la mesure où des places sont laissées libres par la clientèle traditionnelle de vacanciers. Parmi les nombreuses activités que l'on peut pratiquer au Club Med, mentionnons la plongée, le ski nautique, la voile, la planche à voile et le tennis. Attention toutefois, les enfants de moins de 12 ans ne sont pas admis, ce village ne faisant pas partie de ceux jouissant d'une installation complète conçue à leur intention (les villages-familles du Club Med).

Les Salines et les plages de la côte Sud-Atlantique

Rappelons qu'il est possible de faire du camping aux abords de certaines de ces plages, notamment de la célèbre plage des Salines, et ce gratuitement, la fin de semaine, les jours fériés et au cours des grandes vacances estivales.

Par ailleurs, sur la route conduisant au cap Chevalier et ses magnifiques plages sauvages, vous pouvez louer un des bungalows de **Mireille** *(350 F; bp, C ☎ 76.72.31, ⇄ 76.99.18)*. Il y a, sur place, une petite épicerie où vous trouverez de quoi préparer vos repas.

De plus, sur la route du cap Macré, vous trouverez la **Résidence Cap Évasion** *(bp, C cap Bois Neuf - 97290 Le Marin, ☎ 74.92.33 ou 74.85.85, ⇄ 74.90.96)*, qui propose de coquets appartements d'une chambre et d'une salle de séjour, donc pouvant convenir à quatre personnes.

■ **Hébergement de la région du Vauclin**

Le **Ranch Macabou**, situé près de la petite anse Macabou, un peu au sud du Vauclin, se présente comme un terrain de camping ouvert pendant la période des vacances scolaires exclusivement. L'endroit offre toutefois un intérêt limité.

Deux gîtes ruraux attirent particulièrement l'attention dans les environs. Il s'agit de ceux appartenant à **M. Alain Leger** *(n°033, ¶¶ et n°034, ¶¶¶)* *(1 785 F et 2 185 F par semaine; gîtes indépendants; Pointe Faula - 97280 Le Vauclin)*.

Au centre du bourg du Vauclin se trouve l'hôtel **Chez Julot** *(286 F; ≡; rue Gabriel Péri - 97280 Le Vauclin, ☎ 74.40.93)*, tout simple, où est également situé un bon petit restaurant (voir p 156).

Finalement, on peut louer une petite chambre au **Flamboyant Bay** *(ℜ; ☎ 74.53.50, ⇄ 74.22.72)*, un petit hôtel-restaurant situé à la Pointe Athanase, que l'on rejoint en quittant Le Vauclin en direction sud, vers la Pointe Faula, par la route longeant le bord de mer.

■ **Hébergement de la région du François**

Plusieurs gîtes ruraux accueillent les visiteurs dans la région du François, parmi lesquelles il faut signaler ceux de **M. et M**ᵐᵉ **Henri Boclé** *(n°025, ¶¶)* *(1 565 F par semaine; gîte indépendant; Quartier Dostaly - 97240 Le François)* et de **M. Antony Alin (n°046, ¶¶)** *(1 580 F par semaine; au-dessous du logement du propriétaire; Quartier Bellegarde - Réunion Sud - 97240 Le François)*.

L'hôtel **Les Brisants** *(380 F pdj, 520 F ½p; ≡, ℜ; 97240 Le François, ☎ 54.32.57, ⇄ 54.69.13)*, est quant à lui situé en retrait de la route, à moins de 5 km au sud du village du François, en venant du Vauclin. Ce n'est pas que l'endroit soit gigantesque, bien au contraire (cinq chambres), mais il demeure remarquable par l'atmosphère très amicale que les propriétaires ont su créer dans une maison de construction relativement récente.

Sur la route reliant le bourg au port de plaisance, vous croiserez le charmant hôtel **La Riviera** *(500 F à 600 F; tv, ≡, ℜ; Route du Club Nautique - 97240 Le François, ☎ 54.68.54, ⇄ 54.30.43)*. Construit en bordure de l'océan, il dispose de 14 chambres de très bon confort, en plus d'offrir à ses clients la possibilité de pratiquer plusieurs sports nautiques : une très bonne adresse...

Quelques hôtels remarquables attireront votre attention, lorsque vous parcourrez la route nationale 6 (N6) entre Le Vauclin et Le François. C'est le cas, par exemple, de **La Frégate Bleue** *(300 F à 900 F; tv, ≡, bp, ≈, C*

97240 Le François, ☎ 54.54.66, ⇄ 54.78.48), une magnifique maison créole membre de la chaîne internationale des Relais du Silence. Sept studios pourvus de superbes meubles d'acajou sont disponibles en location. Le site est calme, et l'on y jouit d'une belle vue sur l'océan et les îlets.

L'hôtel le plus extraordinaire de la région reste toutefois **Les Îlets de l'Impératrice** *(1 200 F à 1 400 F pension complète; bp, ℜ; 97240 Le François, ☎ 65.82.30, ⇄ 53.50.58).* Il s'agit de deux authentiques maisons créoles, installées dans la quiétude des îlets Oscar et Thierry, au large du François. L'une compte cinq chambres, et l'autre, six. Le prix inclut le transport par bateau depuis Le François. Au programme : soleil, mer turquoise, fonds blancs, sports nautiques. Pour qui peut se l'offrir, cet hôtel unique en son genre réserve un séjour inoubliable.

 Restaurants

■ **Les restaurants de la région de Rivière-Salée**

Il y a un **supermarché Champion** *(lun-sam 8 h à 20 h, dim 8 h à 13 h; ☎ 68.50.50)* à l'entrée de Rivière-Salée, de même qu'un **marché public** au centre du bourg.

Pour un repas sur le pouce se trouve aussi au cœur du village le snack **Chez Malou.**

■ **Les restaurants de la région de Sainte-Luce**

Au cœur du bourg, **La Terrasse Chez Aglaé** *(100 F; ☎ 62.50.09)* constitue

une bonne adresse où l'on sert sans aucune prétention une bonne cuisine familiale traditionnelle. C'est à l'étage qu'a été aménagée la terrasse, ce qui permet d'obtenir en prime une belle vue sur la mer.

À la hauteur du quartier Trois-Rivières, des panneaux invitent à escalader la route de Monésie jusqu'au très bon hôtel-restaurant **La Corniche** *(250 F; fermé dim soir et lun; ☎ 62.47.48).* L'ascension peut sembler interminable, mais elle vaut définitivement le coup. Ce restaurant gastronomique, où l'on excelle autant dans la cuisine créole que française, est une extraordinaire découverte. Essayez le filet de daurade sauce «belle doudou» ou encore les cailles farcies aux fruits de la passion. La terrasse permet de plus une vue unique sur les mornes des environs et, au loin, sur la mer et le Rocher du Diamant. Le vendredi, le piano-bar anime la soirée.

À l'Anse Mabouyas, **Le Bounty** *(175 F; fermé dim soir et lun; ☎ 62.57.65)* constitue un choix valable. Une salade de cœurs de palmier, un civet de poulpe «belle créole», une pâtisserie maison, et vous aurez passé de très agréables moments.

Le restaurant de la **Petite Auberge** *(270 F; fermé lun midi; ☎ 62.59.70),* à Gros Raisins, propose quant à lui une bonne cuisine campagnarde dans une ambiance des plus chaleureuses. Le plateau de fruits de mer *(285 F)* peut combler à lui seul les appétits les plus aiguisés.

■ **Les restaurants de la région de Rivière-Pilote**

Le restaurant créole **Le Mérou** *(200 F; fermé mer; ☎ 62.62.45),* situé à l'entrée du bourg en venant de Sainte-Luce, sur l'avenue Frantz-Fanon, sert une cuisine sans prétention dans un décor luxuriant. Même les plus difficiles ne sauront résister, entre autres, aux écrevisses au lait de coco flambées au rhum vieux.

■ **Les restaurants de la région du Marin**

À l'entrée de la ville, vous ne pouvez pas rater le **Supermarché Annette**, à côté duquel vous remarquerez également une petite **poissonnerie**.

De plus, sur le même site, se trouve un casse-croûte, **L'Épi Soleil**, où l'on vous préparera un petit gueuleton pour pas trop cher.

Un peu avant d'arriver au Marin, en venant de Sainte-Luce, il faut suivre les indications pour le Morne Gommier, si l'on veut se rendre au **Point de Vue** (*150 F; fermé dim soir et lun;* ☎ *74.74.40*), restaurant niché dans les hauteurs qui porte bien son nom. En effet, la vue sur la baie du Marin est extraordinaire d'un côté, alors que, de l'autre, on aperçoit les lointaines baies de Sainte-Luce et du Diamant. Le menu comprend des mets français et créoles. Lors de votre passage, saluez pour nous Fred, le fils du proprio, un chic type.

Au **Lagon Bleu** (*150 F; fermé mar;* ☎ *74.80.10*), les convives sont invités à s'attabler à une grande terrasse aérée, dont le seul décor est la mer et les bateaux de la marina. Évidemment, dans un environnement semblable, ce sont les poissons et les fruits de mer qui sont en vedette : assiette du pêcheur, langouste, steak de thon, etc.

■ **Les restaurants de la région de Sainte-Anne**

À l'intérieur du bourg de Sainte-Anne

Sur la rue principale, vous trouverez côte à côte deux endroits où faire votre épicerie : **Dunette's Hop** et **Salines Service**. Un peu plus loin, à gauche, il y a aussi un **marché public**.

Le comptoir **L'Épi Soleil**, en plein centre du bourg, est l'endroit idéal pour bien manger à petit prix. Diverses variétés de sandwichs et de viennoises vous y seront proposées, et vous aurez le loisir de savourer le tout à une agréable terrasse donnant sur la mer. Dans le même genre, situé un peu en retrait sur la rue de l'Église, le comptoir **Délifrance** sert croissants et sandwichs.

À deux pas de la mairie, **Athanor** (*100 F;* ☎ *76.72.93*) constitue un autre choix peu dispendieux. Coquilles Saint-Jacques, rognons au porto avec frites, crêpes et pizza composent le menu.

Le restaurant de l'hôtel **La Dunette** (*200 F; fermé mer;* ☎ *76.73.90*) ne donne pas sa place. Vous serez à même de le constater en vous y offrant une assiette de poissons tahitiens, un colombo d'agneau et, pour terminer le tout en beauté, un flanc au coco. Compte tenu de la finesse de la cuisine et bien que le menu soit un peu court, La Dunette présente un excellent rapport qualité/prix. Le piano-bar s'anime le soir venu.

Tout à côté de l'église, **Les Tamariniers** (*200 F; fermé mar soir et mer;* ☎ *76.75.62*) est une autre bonne adresse où vous ne laisserez pas votre chemise, bien que l'on soit tenté de l'oublier au profit des restaurants de plage ou de ceux ayant pignon sur la rue principale. Pourtant, vous y passerez un agréable moment en dégustant un navarin de langouste aux légumes ou un poisson au four braisé au tamarin.

Au bord de l'eau, dans une petite maison intime qui n'a rien d'un palace, se trouve ce que d'aucuns considèrent comme l'une des meilleures tables de la Martinique : **Poï et Virginie** *(270 F; ☎ 76.72.22)*. À lui seul, le plateau géant de fruits de mer (langoustes, araignées de mer, écrevisses, palourdes, soudons, huîtres, etc.) est une sorte d'attraction. La carte vous réserve aussi quelques délectables surprises, comme par exemple les queues de crevettes flambées au rhum vieux. Animation musicale le vendredi soir.

Sur la plage de la pointe Marin

Les abords de la plage publique de Sainte-Anne fourmillent de petits restaurants tous plus sympathiques les uns que les autres. Parmi ceux-ci, mentionnons le **Touloulou** *(120 F; ☎ 76.73.27)*, qui propose des menus à 78 F et 120 F, et son petit frère, le **Ti-Loulou** *(50 F)*, juste à côté, endroit tout indiqué pour le poulet frit ou la pizza.

Toujours dans la catégorie «restos de plage sympathiques», **Saveur Canelle** *(120 F)* mérite une bonne mention. On y déguste pizzas, merguez ou crêpes à la terrasse joliment aménagée et entourée de branches de bambou.

À deux pas de là, on va **Chez Marius** *(70 F)* pour du poulet rôti ou un savoureux sandwich.

Encore sur la plage, mais cette fois dans une catégorie légèrement plus relevée, le restaurant **Les Filets Bleus** *(250 F; fermé dim soir; ☎ 76.73.42)* surprend avec son décor bleu et blanc, au milieu duquel sont plantées d'étonnantes statues blanches. Vous pourrez vous y offrir une langouste, que vous aurez au préalable vous-même choisie dans le vivier. On sert aussi aux Filets Bleus une succulente soupe de tortue.

Au bout de la plage, **L'Endroit** *(250 F; ☎ 76.76.74)*, anciennement Le Sunny, propose toujours, malgré son changement de nom, ses délicieux plats de crabe farci, sa poêlée de crevettes et sa cassolette de langouste. Animation musicale en soirée.

Dans les mêmes parages, près de l'entrée du Club Med, **La Tanière** *(300 F)* est une agréable découverte. Débutez votre repas avec l'assiette des jours gras : langouste mayonnaise, avocats, tartes aux oursins, crudités et melon. Puis, si vous avez toujours un creux à l'estomac, poursuivez avec le magret de canard à la mangue, ou encore le blaff d'oursins. À n'en pas douter, vous garderez de ce repas un excellent souvenir...

Le Domaine de Belfond

Vous noterez la présence de plusieurs restaurants dans le Domaine de Belfond, là où poussent comme des champignons les résidences hôtelières (Anchorage, Séjours Antilles, Flamboyants de Belfond, etc.). Dans la jolie maison blanche au toit orangé du **Frédéric** *(200 F; ☎ 76.95.84)* par exemple, le menu qu'on vous présentera affiche des plats aussi alléchants que le poisson au lait de coco ou le porc indien au curry. Un menu à 99 F est également proposé.

Cependant, pour un casse-croûte plus rapide, c'est du côté du **Restaurant Glacier Beau Soleil** (☎ 76.93.34) que vous vous tournerez.

Les Salines et les plages de la côte Sud-Atlantique

En arrivant à la Grande Anse des Salines, sur la gauche, vous croiserez une série de restos temporaires, dont les cuisines sont souvent aménagées dans des caravanes. Si, par chance, vous tombez sur **Snack Pizzeria des Salines** *(11 h 45 à 16 h 30)*, n'hésitez pas un seul instant à vous y attabler, car vous y mangerez très bien (grillades, pizzas, salades). Diablement bien organisée, l'équipe en place est en outre d'une redoutable efficacité, ce qui ne fera qu'ajouter à votre plaisir.

À la Grande Anse des Salines, tout au bout de la pointe portant le même nom, vous trouverez le seul restaurant, dans le sens classique du mot, des environs : **Aux Délices de la Mer** *(fermé lun;* ☎ *76.73.71)*. Deux formules y sont possibles, soit le repas complet à la grande terrasse, soit le petit lunch rapide au casse-croûte.

Pour ce qui est des plages sauvages de la côte Sud-Atlantique, elles sont desservies par quelques snacks (sur la route du cap Chevalier) et par quelques restaurants bien cachés. C'est le cas par exemple de **Chez Gracieuse** *(fermé lun;* ☎ *76.93.10)*, caché au fond d'une petite baie du cap Chevalier. On y sert une bonne cuisine créole traditionnelle dans une cabane en bois un peu déglinguée, mais néanmoins pourvue d'un charme certain. C'est d'ici que part le *Taxi Cap* *(*☎ *76.93.10)*, conduisant à l'îlet Chevalier, juste en face.

Finalement, à l'Anse Michel, vous pourrez vous offrir une bonne langouste grillée au charbon de bois au restaurant **Le Peuplier** *(190 F,* ☎ *76.92.87)*. De nombreuses fleurs entourent la terrasse, située tout près de la mer.

■ **Les restaurants de la région du Vauclin**

Près de la mairie, au centre du village, vous noterez la présence d'une petite **épicerie**. Aussi à signaler dans le bourg, près de l'église moderne cette fois, la **Boucherie Vallée**. Il y a de plus un **marché de fruits et légumes** sur le front de mer, boulevard de l'Atlantique.

Dans le bourg du Vauclin, c'est à l'hôtel **Chez Julot** *(180 F;* ☎ *74.40.93)*, situé sur la rue Gabriel-Péri, que vous trouverez la meilleure table. Ici, rien de compliqué : quelques tables à nappes à carreaux alignées dans une salle climatisée, de nombreuses plantes et une bonne cuisine familiale. Au menu, on remarquera les crabes farcis et le ragoût de tortue.

À la Pointe Faula, près de la plage, vous trouverez le sympathique resto **Sous les Cocotiers** *(50 F à 180 F; 11 h 30 à 22 h, fermé lun;* ☎ *74.35.62)*. Vous aurez alors le choix entre la formule snack *(50 F par personne)* et le restaurant plus traditionnel, où l'on sert, entre autres, de délicieuses huîtres.

Toujours à la Pointe Faula, mentionnons le sympathique **Cabana Plage** *(50 F à 180 F; fermé mer;* ☎ *74.32.08)*, qui propose à peu de chose près la même formule. Au menu, pizzas au feu de bois, brochettes de thon et grillades diverses. Le samedi, un orchestre anime le dîner.

■ **Les restaurants de la région
du François**

Entre Le Vauclin et Le François

Entre Le Vauclin et Le François, sur la N6, deux adresses méritent une mention. Il y a tout d'abord **Rue de Seine** (*200 F;* ☎ *54.61.69*), cet étonnant restaurant où l'on fait tout pour vous faire penser à Paris (nombreuses affiches, flambage en salle, etc.). Le pavé de filet de rumsteck, suivi d'un bon morceau de tarte aux pommes, devrait vous combler.

La seconde adresse à retenir sur cette route, c'est l'hôtel-restaurant **Les Brisants** (*150 F;* ☎ *54.32.57*), en retrait de la route, dans un joli parc près de l'océan. Essayez-y la fricassée de coq, riz et haricots rouges, ou encore la langouste mayonnaise.

Dans le bourg

À l'intérieur du bourg, voici quelques endroits pour vous approvisionner en victuailles : le **supermarché Champion**, à la sortie de la ville en direction du Lamentin; le **marché public**, juste en face du syndicat d'initiative; et la **Boulangerie-Pâtisserie Rosanne** (☎ *54.49.03* ou *54.61.66*), près de la Place Charles-de-Gaulle. Derrière cette dernière, sur la gauche, mentionnons aussi le petit resto de cuisine locale **La Kreyole** (☎ *54.56.30*).

Vers le port de plaisance

Sur la route reliant le bourg au port de plaisance, le restaurant **La Riviera** (*230 F; fermé dim soir;* ☎ *54.68.54*) mérite un détour. À l'intérieur de cette belle grande maison blanche, également un hôtel, vous pourrez déguster l'extraordinaire omelette au melon, qui est devenue la grande spécialité du chef, mais aussi une omelette parfumée au rhum vieux, un blaff de soudons ou d'oursins, ou encore des écrevisses au coco nappées de lambis. Des menus touristiques à 100 F ou 150 F permettent de s'en tirer à relativement bon compte.

Plus loin, tout au bout de cette route, le resto **Les Pieds dans l'Eau** (*75 F;* ☎ *54.31.00*) porte bien son nom. Entre autres choses, on y sert un menu créole à 70 F.

 Sorties

La région compte quelques boîtes de nuit où vous pourrez vous livrer à des danses endiablées ou assister aux spectacles de petites formations musicales. Mentionnons, entre autres, le **H-Club** (*mar-dim à partir de 22 h*), à Ducos; **Le Baldaquin** (*mer-sam 21 h 30 à 4 h*), rue Diaka, au Marin; et le **Zipp's Club** (*mar-dim à partir de 22 h*), au François.

À Sainte-Anne, vous trouverez une discothèque sur le site de l'hôtel de l'**Anse Caritan**, où l'on organise des soirées folkloriques et des soirées dansantes avec orchestre, et où se produit régulièrement la troupe des Grands Ballets de Martinique.

Toujours à Sainte-Anne, le restaurant de plage **L'Endroit** (voir p 155) est le théâtre d'une animation musicale tous les soirs. Au bourg, le vendredi soir, des musiciens de jazz animent le repas chez **Poï et Virginie** (voir p 155), alors qu'on se presse au piano-bar de **La Dunette** chaque soir (voir p 154).

Un piano-bar s'anime également le vendredi soir à l'hôtel-restaurant **La Corniche** (voir p 153), à Sainte-Luce.

À la Pointe Faula, près du Marin, il y a un spectacle de musiciens tous les samedis soirs au resto **Cabana Plage** (voir p 156).

 Magasinage

■ Magasiner dans la région de Rivière-Salée

Rivière-Salée possède un petit **centre d'art** où l'on peut dénicher des tableaux réalisés avec du sable, des poteries, ainsi que des bouteilles et autres contenants recouverts de sable.

■ Magasiner dans la région de Sainte-Luce

Dans la région de Sainte-Luce, à Monésie plus précisément, deux artistes ont développé une technique utilisant du sable d'une vingtaine de couleurs différentes et environ une trentaine de tons de terre naturelle, tout cela ramassé aux quatre coins de la Martinique, afin de réaliser des tableaux sur bois tout à fait exceptionnels. Aucune peinture ou colorant n'entre dans la conception de ces œuvres. L'atelier en question se nomme **Art et Nature** (*lun-ven 10 h à 13 h et 14 h à 18 h;* ☎ *62.59.19*) et vaut à n'en point douter le détour. On peut y voir travailler ces deux créateurs, y admirer leurs réalisations et s'y trouver un souvenir unique.

■ Magasiner dans la région de Rivière-Pilote

L'Écomusée de Martinique, à la plage de l'Anse Figuier, propose une vitrine intéressante de l'artisanat local dans la petite boutique qu'on y a aménagée. L'endroit mérite un arrêt pour son cadre fort agréable (petite plage à deux pas, ancienne distillerie convertie en musée).

■ Magasiner dans la région du Marin

À l'entrée du village du Marin, sur la droite, vous ne pourrez rater le **Supermarché Annette**. Tout juste à côté se cache la **Librairie du Marin** (*lun-sam 9 h à 13 h et 15 h à 19 h, dim 8 h 30 à 12 h 30*).

■ Magasiner dans la région de Sainte-Anne

À Sainte-Anne, de nombreuses boutiques de souvenirs en tout genre égayent les rues. On y trouvera un peu de tout depuis l'artisanat véritable jusqu'à la pacotille. Parmi les plus intéressantes, mentionnons **Le Lantal**, une coquette boutique de souvenirs située près du quai, et, sur la place près de l'église, **La Malle des Îles**, plus grande celle-là et où l'on trouvera bijoux et objets d'artisanat. Dans le même genre, il y a aussi **Folie Caraïbes**. Non loin de cette dernière, notez finalement la présence d'une petite librairie, **La Galerie** (☎ *76.92.36*).

Il y a aussi un **marché artisanal** à l'extérieur rappelant, en plus petit, celui de la Place de la Savane, à Fort-de-France.

■ Magasiner au François

La **Librairie Le Synonyme**, située sur la rue Florent-Holo, qui conduit au club nautique, propose une bonne sélection de magazines, ainsi que quelques ouvrages de diverses natures.

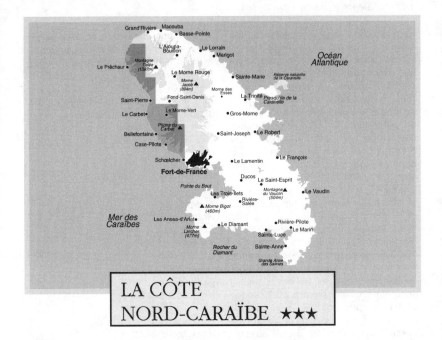

LA CÔTE NORD-CARAÏBE ★★★

A vec la visite de la côte Nord-Caraïbe, c'est une autre Martinique que vous découvrirez, bien différente de celle du Sud, avec ses plages idylliques de sable blanc. Ici, les plages ont une apparence plus sauvage, et leur sable est gris, voire noir, témoignant de la présence toute proche du tristement célèbre volcan de la montagne Pelée, point culminant de l'île avec ses 1 397 m d'altitude. C'est lui le monstre grandiose du Nord qui, en 1902, emporta 30 000 êtres humains dans sa colère, lors de l'éruption qui détruisit entièrement Saint-Pierre, le «petit Paris des Antilles».

Aujourd'hui, Saint-Pierre, désignée «ville d'Art et d'Histoire», cherche à renaître de ses cendres. La visite, ô combien bouleversante, des ruines de ses monuments constitue à n'en point douter le fait saillant de la balade que nous vous proposons dans les pages qui suivent.

Mais la région a beaucoup plus à offrir aux amateurs de culture, de plages, de nature et de sport. Ainsi, la côte Nord-

Page de gauche : Saint-Pierre, la ville martyre, au pied de la montagne Pelée, son bourreau (en haut);
Sur les marches de l'ancien théâtre, une émouvante allégorie, œuvre de Jouvray : Saint-Pierre renaissant de ses cendres (en bas).

Caraïbe, c'est aussi Schœlcher et son casino, Le Carbet et sa longue plage, l'Anse Turin, où Paul Gauguin vécut brièvement une étape qui allait influencer son œuvre, les plages sauvages tout au nord et les nombreuses pistes de randonnée pédestre en forêt comme en montagne. La côte Nord-Caraïbe, c'est effectivement l'une des portes d'entrée s'ouvrant sur la région des pitons du Carbet : le piton Lacroix, ou morne Pavillon (1 196 m), le piton de l'Alma (1 105 m), le piton Dumauzé (1 109 m), le piton Boucher (1 070 m) et le morne Piquet (1 160 m). La côte Nord-Caraïbe, c'est le berceau de la Martinique, là où Colomb a débarqué en 1502 et, plus tard, où la colonisation française a commencé en septembre 1635, alors que les Indiens Caraïbes accueillaient à bras ouverts d'Esnambuc et ses compagnons. Ses villages sont donc les plus anciens de la Martinique (Case-Pilote, Le Carbet, Saint-Pierre) et, par conséquent, possèdent les plus vieilles pierres et les églises les plus vénérables de l'île aux fleurs.

 Pour s'y retrouver sans mal

■ **En voiture**

La route nationale 2 (N2) longe la côte Nord-Caraïbe depuis Fort-de-France jusqu'à Saint-Pierre. Par la suite, la route départementale 10 (D10) prend la relève jusqu'au Prêcheur, et même au-delà, puisqu'elle permet également d'accéder à quelques plages sauvages encore plus au nord.

Depuis le centre de Fort-de-France, la N2 s'inscrit dans le prolongement de la rue Ernest-Déproge, une fois passé le petit pont de l'Abattoir.

Si votre point de départ se situe plutôt dans le sud de la Martinique (Trois-Îlets, Diamant, Sainte-Anne), vous aurez d'abord à vous diriger vers Fort-de-France par la N5, puis la N1. Une fois à la hauteur du chef-lieu, des indications pour Saint-Pierre vous permettront aisément de contourner la ville afin de rejoindre la N2, direction nord.

La location d'une voiture

Budget
Hôtel La Batelière
Schœlcher
☎ 61.49.49

Dillon 2000
Le Carbet
☎ 78.05.16

Europcar
Hôtel Marouba Club
Le Carbet
☎ 78.03.50

Pop's Car
Saint-Pierre
☎ 78.14.46 ou 52.43.44

? **Renseignements pratiques**

■ **La région de Schœlcher**

Syndicat d'initiative
☎ 61.83.92

Gendarmerie
☎ 61.15.10

Mairie
☎ 61.25.04

Pharmacie Colette Lameynardie
3, voie Principale

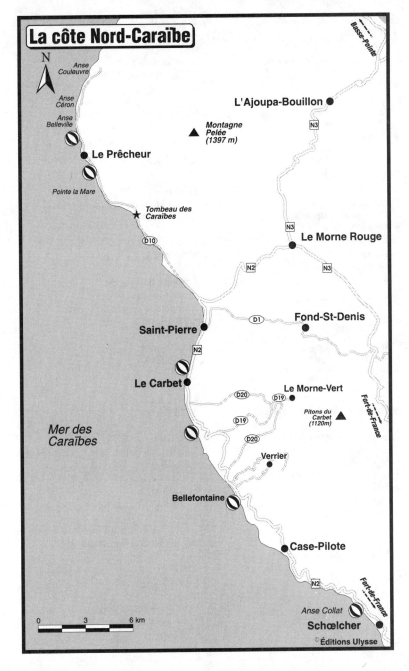

La côte Nord-Caraïbe

N

Anse Couleuvre

Anse Céron

Anse Belleville

Le Prêcheur

Pointe la Mare

Tombeau des Caraïbes

L'Ajoupa-Bouillon

Montagne Pelée (1397 m)

N3

Le Morne Rouge

N3

N2

N3

D10

D1

Fond-St-Denis

Saint-Pierre

N2

Le Carbet

D20

Le Morne-Vert

D19

D19

Pitons du Carbet (1120m)

D20

Verrier

Mer des Caraïbes

Bellefontaine

Case-Pilote

N2

Anse Collat

Schœlcher

Basse-Pointe

Fort-de-France

Fort-de-France

0   3   6 km

© Éditions Ulysse

La Batelière
☎ 61.34.44

Pharmacie De Montaigne
Anse Madame
☎ 61.15.28

Pharmacie Terreville
Route Terreville
☎ 52.14.72

■ La région de Case-Pilote

Syndicat d'initiative
Sur la place centrale
☎ 78.74.04

Gendarmerie
☎ 78.81.55

Mairie
☎ 78.81.44
⇄ 78.74.72

Pharmacie
Au centre du bourg
☎ 78.85.46

■ La région de Bellefontaine

Syndicat d'initiative
30, rue Gouverneur-Ponton
☎ 71.47.91

Mairie
☎ 55.00.96
⇄ 55.00.58

■ La région de Morne-Vert

Syndicat d'initiative
☎ 55.52.94

Mairie
☎ 55.51.47
⇄ 55.57.27

■ La région du Carbet

Syndicat d'initiative
Grande Anse
☎ 78.05.19 ou 78.08.20

Gendarmerie
☎ 78.05.09

Mairie
☎ 78.00.40
⇄ 78.06.54

Banque
Coopérative du Crédit du Nord
Grande Anse

■ La région de Saint-Pierre

Syndicat d'initiative
Sur la rue Victor-Hugo
En face des ruines du théâtre
☎ 78.15.41

Gendarmerie
☎ 78.14.13

Mairie
☎ 78.10.32
⇄ 78.06.93

Banques
Crédit Agricole (rue Victor-Hugo,
☎ 73.65.06)
Crédit Martiniquais (rue Victor-Hugo,
☎ 77.14.02)

Poste
Rue Victor-Hugo à l'intersection de la
rue du Général-de-Gaulle

Hôpital
☎ 78.18.24 ou 78.14.93

Pharmacie Jean Baudin
Place Boisson
☎ 78.17.41

Pharmacie Zam
Bourg de Saint-Pierre
☎ 52.95.83

■ **La région du Prêcheur**

Syndicat d'initiative
35, Lot Aubéry
☎ 52.91.43

Mairie
☎ 52.98.62
⇄ 52.92.02

 Attraits touristiques

■ **À voir dans la région
de Schœlcher**

Schœlcher constitue en fait une sorte
de banlieue de Fort-de-France, un
prolongement du chef-lieu, si bien que
vous ne vous rendrez probablement pas
compte du moment précis où vous
franchirez la limite entre ces deux villes.
C'est d'autant plus étonnant que
Schœlcher figure parmi les plus importantes villes de la Martinique en terme
de population (près de 20 000
habitants).

Bien entendu, son nom lui vient de
Victor Schœlcher (1804-1893),
l'illustre député de la Martinique et de
la Guadeloupe qui lutta farouchement
en faveur de l'abolition de l'esclavage,
finalement obtenue le 27 avril 1848. Ce
n'est toutefois qu'en 1888 que la
commune prit son nom actuel.
Autrefois, l'endroit se nommait plutôt
Case Navire et dépendait de la commune de Case Pilote.

À l'entrée du bourg, vous remarquerez
un superbe **monument à Schœlcher**,

œuvre de Marie-Thérèse Lung-Fou, qui,
en hommage au grand abolitionniste, le
montre brisant les chaînes d'un esclave
et reprend ses paroles célèbres : «*Nulle
terre française ne peut plus porter d'esclave*».

Par ailleurs, Schœlcher abrite le **Centre
de formation aux métiers du tourisme**
de la Martinique, de même que le cam-
pus de l'**Université des Antilles et de la
Guyane**. De plus, quelques belles **plages**, s'étendant jusqu'au hameau **Fond
Lahaye**, ont favorisé le développement
d'un parc hôtelier varié, dont le luxueux
hôtel La Batelière, avec son **casino ★**,
est le chef de file.

■ **À voir dans la région
de Case-Pilote**

Poursuivant vers le nord, vous atteindrez bientôt la commune de **Case-
Pilote**, dont le bourg est un des plus
vieux de la Martinique. En effet, une
église fut élevée ici entre 1640 et
1645. On raconte qu'un chef caraïbe
surnommé Pilote, particulièrement accueillant envers les colonisateurs
français, possédait un refuge dans les
environs, et c'est de là que viendrait le
nom de Case-Pilote. Puis, en 1635, il
aurait accepté de céder aux Français
toutes ses possessions dans la région
en échange d'autres terres situées dans
le sud de la Martinique. La commune
compte aujourd'hui quelque 3 600
âmes vivant surtout de la culture
potagère, de la pêche et de la transformation du poisson.

Il ne faut surtout pas manquer de jeter
un coup d'œil sur l'**église Notre-Dame
de L'Assomption ★**, qui, construite au
XVIIIe siècle (1776), est la plus vieille
de l'île avec celle de Macouba. De style
baroque, cette église classée monument historique en 1979 comporte une

remarquable façade, dont le fronton est orné de la coquille des pèlerins de Compostelle, l'emblème des pères dominicains. À l'intérieur, un tableau datant du XVIIᵉ siècle évoque La Sainte Famille, avec un ange qui tient une couronne d'épines au-dessus de la tête de la Vierge Marie. On y remarque aussi une étonnante mosaïque représentant le baptême du Christ, constituée de morceaux de vaisselle brûlée lors de l'éruption de la montagne Pelée.

À l'arrière de l'église, vous remarquerez le cimetière et, tout près, la **place centrale** ★, entourée d'édifices et de maisons de bois, où s'élève une jolie **fontaine**. En face de l'église, le **parc Orville** et son **monument aux morts** occupent l'emplacement exact de l'ancien cimetière des esclaves.

■ **À voir dans la région de Bellefontaine**

Le prochain village porte le nom de Bellefontaine et ne fut érigé en commune qu'en 1950. Il s'agit d'un modeste mais charmant bourg de pêcheurs d'environ 1 500 habitants. La culture des légumes constitue l'autre activité principale de Bellefontaine.

Avant d'y entrer, à la hauteur de la rivière Fonds-Laillet, vous noterez la présence imposante de la **centrale EDF** (Électricité de France), en service depuis 1984.

Vous serez tout d'abord surpris de voir apparaître au-dessus du village, à flanc de colline, la **maison-bateau «Le Torgiléo»**, un ancien hôtel dont l'extravagante structure date de 1948. Puis, ce sont les gommiers multicolores des pêcheurs reposant sur un sable très noir qui vous séduiront.

L'**église**, bien cachée en retrait de la route principale, surprend avec son grand clocher indépendant. Son intérieur est orné de plusieurs sculptures métalliques, œuvres de Joseph René Corail.

Il est à noter que c'est à Bellefontaine que le peintre Jules Marillac (1888-1950) vécut les dernières années de sa vie, à partir de 1933, comme en témoigne la présence de sa tombe au cimetière communal.

Au cœur du village, sur la droite, une petite route grimpe à pic jusqu'au **panorama Verrier** ★★, à ne pas manquer. Cette rude escalade de 5 km permet d'accéder à un belvédère, d'où l'on embrasse du regard la mer des Caraïbes, les pitons du Carbet et la montagne Pelée.

En reprenant la N2 vers le nord, vous atteindrez bientôt l'**habitation Fond Capot**, à la hauteur de la D20, là où repose le marquis Jean-Charles de Baas, premier gouverneur général des Antilles, décédé au début de 1677. Cette habitation avait été offerte au marquis de Baas par Louis XIV.

■ **À voir dans la région de Morne-Vert**

En empruntant la route D20 vers la droite, vous vous dirigerez vers Morne-Vert, petit bourg sympathique perché à quelque 450 m d'altitude. En optant pour ce détour plutôt que de filer en droite ligne vers Le Carbet, vous découvrirez une «petite Suisse». C'est en effet ainsi qu'on surnomme cette région en raison de son décor verdoyant et montagneux ainsi que de son climat frais et sec. Partout, vous dénicherez des points de vue plus spectaculaires les uns que les autres sur les pitons du Carbet et la montagne Pelée.

■ À voir dans la région du Carbet ★★

Après votre visite en «Suisse antillaise», revenez par la D20, mais cette fois en direction du Carbet, que vous atteindrez à la hauteur de la plage de la Grande Anse, près du **Centre de Thalassothérapie du Carbet** (☎ 78.08.78).

Le mot «carbet» est d'origine caraïbe et désignait la plus grande case du village, là où se tenaient les assemblées. Parce que de nombreux Caraïbes habitaient dans les environs, l'endroit fut baptisé Le Carbet. La légende veut que Christophe Colomb ait «découvert» la Martinique, lorsqu'il débarqua au Carbet le 15 juin 1502. Belain d'Esnambuc y posa à son tour le pied en 1635, et Le Carbet devint une paroisse dès 1645, ce qui en fait l'une des plus anciennes de l'île. D'ailleurs, le premier gouverneur de la Martinique, Jacques du Parquet, s'établit ici peu après son arrivée. Enfin, en 1822, Le Carbet fut le théâtre d'un important soulèvement d'esclaves désireux d'acquérir leur liberté.

Ce passé glorieux a contribué à faire du Carbet d'aujourd'hui un bourg animé qui attire bon nombre de visiteurs tout aussi intéressés par l'histoire et le patrimoine martiniquais que par les belles plages qui, du lieu-dit Le Coin jusqu'à l'Anse Latouche, s'étendent sur environ 3 km.

Au sud du bourg

Une fois que vous aurez atteint la route qui longe la mer, vous pourrez prendre à gauche afin d'aller jeter un coup d'œil au quelque peu vétuste **Jardin zoologi-** **que Amazona** (*adultes 20 F, enfants 10 F; tlj 9 h à 18 h;* ☎ *78.00.64*); on y trouve 60 espèces d'animaux locaux et de membres de la faune guyanaise. De là, une route menant vers l'intérieur des terres conduit au **stade**, à la **piscine olympique** et à la **distillerie Neisson** (*visite et dégustation gratuite; lun-ven 8 h à 12 h et 14 h à 16 h 30, sam 8 h à 12 h;* ☎ *78.03.70*).

Rebroussez alors chemin pour retourner vers le bourg. Juste avant le pont qui enjambe la rivière du Carbet, d'où la vue sur les pitons du Carbet est saisissante, une route sur la droite se dirige vers la **rhumerie Bally** (*visite et dégustation gratuite; lun-ven 8 h à 12 h et 13 h 30 à 16 h 30, sam 8 h à 14 h 30;* ☎ *78.08.94*), située dans le **domaine de Lajus**. En fait, cette distillerie ne fonctionne plus depuis 1978, et les rhums Bally sont maintenant produits ailleurs. Certains rhums vieux millésimés ont fait la renommée de la maison Bally (1982, 1975, 1970, 1966, 1957, 1929).

À l'intérieur du bourg

De retour sur la N2, vous traverserez finalement le pont. La première route à droite mène au **lieu d'habitation du Gouverneur du Parquet**. Puis, vous atteindrez enfin le bourg où, dans un périmètre très restreint, vous apercevrez l'**église et son presbytère**, les **ruines de l'habitation Dariste** et même le **lieu de débarquement présumé de Christophe Colomb**. De plus, sur la jolie place de la mairie, avec sa belle fontaine ancienne, la **Galerie d'histoire et de la mer** (*adultes 10 F; tlj 9 h à 12 h et 15 h à 18 h;* ☎ *78.03.72*), aménagée dans l'ancien marché, vous permettra d'en apprendre encore un peu plus sur l'histoire de la région et de l'île, de même que sur la tradition martiniquaise en matière de pêche.

À la droite de l'entrée de l'église, contre le mur du cimetière, se dresse un étonnant monument funéraire datant de 1891, le **Tombeau de la Dame espagnole** ★. Ici reposeraient une certaine Madame Caffiolo et ses trois enfants, morts lors de l'ouragan qui dévasta la région en août 1891 et qui fit 800 victimes. On croit que les quatre corps rejetés à l'époque sur la plage de l'Anse Latouche provenaient du naufrage du *Nedwhite*, un bateau à vapeur américain détruit lors de la catastrophe. C'est tout ce que l'on sait sur les origines de cet extravagant tombeau qui détonne dans le petit cimetière créole du Carbet et qui fut inscrit sur l'inventaire des monuments historiques en 1978.

L'itinéraire touristique

Après une promenade dans les rues du petit bourg, deux choix s'offrent à vous. Vous pouvez reprendre la N2 et longer les belles plages de sable gris du **Four**, de la **Petite Anse** et, surtout, de l'**Anse Turin** ★★★. La route traverse ensuite la montagne par **Le Trou caraïbe**, de l'autre côté duquel s'étend l'**Anse Latouche**. Avant la construction de ce tunnel, on devait faire un grand détour par les hauteurs du Carbet pour atteindre Saint-Pierre. Le trajet entre les deux villes, pourtant à moins de 6 km l'une de l'autre, s'avérait alors très long et pénible. C'est à la ténacité de l'abbé Goux, curé du Carbet de 1835 à 1861, que l'on doit l'aménagement de ce passage à travers la falaise volcanique en 1854. L'abbé Goux était un personnage pour le moins truculent, que les innombrables initiatives rendirent célèbre. On lui doit, par

exemple, la rédaction d'un ouvrage de catéchisme en créole, la construction d'un pont et d'écoles pour garçons et pour filles, la rénovation de l'église après le tremblement de terre de 1839, en plus du fameux tunnel rapprochant son bourg de la capitale économique qu'était alors Saint-Pierre.

L'autre option consiste à emprunter l'itinéraire touristique, bien indiqué au départ du centre du bourg du Carbet, qui grimpe dans l'arrière-pays avant de vous ramener à l'Anse Latouche. Premier arrêt sur cet itinéraire, la **Galerie Amérindienne**, récemment ouverte au public, rend compte de l'art et de l'histoire des Indiens Caraïbes. Ce musée a été aménagé sur les lieux voisins de l'ancienne habitation Dariste.

Par la suite, vous escaladerez la route jusqu'au **Canal de Beauregard** ★, un ancien canal d'irrigation construit à flanc de morne en 1760, que l'on appelle aussi le «canal des esclaves» (possibilité de randonnée pédestre; voir section «Activités de plein air», p 181).

Vous vous engagerez ensuite dans la descente, interrompue par un arrêt au **Musée Gauguin** *(adultes 15 F, enfants 5 F; tlj 9 h à 17 h 30; ☎ 78.22.66)*. Il s'agit d'un petit musée sans prétention relatant le passage en Martinique du peintre Paul Gauguin en 1887. Le musée ne possède malheureusement aucun original du maître, mais plutôt une vingtaine de reproductions d'œuvres de la «période antillaise» de l'artiste. De plus, une portion importante du musée expose des œuvres d'artistes locaux et une belle collection de costumes créoles.

Prochain arrêt sur ce circuit, la récente **Vallée des Papillons** ★ *(adultes 38 F,*

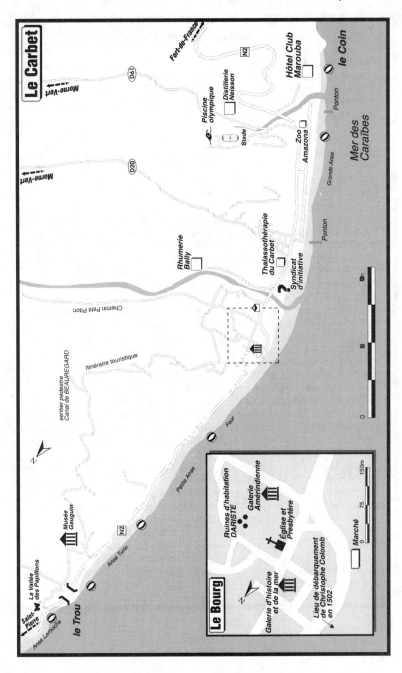

PAUL GAUGUIN ET LA MARTINIQUE

Paul Gauguin est né à Paris en 1848. Tout au long de sa vie, il voyage beaucoup, passant une partie de son enfance à Lima (sa mère était à moitié péruvienne), puis roulant sa bosse tantôt à Paris, tantôt au Panamá, en Martinique, en Bretagne, à Tahiti... C'est d'ailleurs aussi loin qu'aux îles Marquises qu'il s'éteint le 8 mai 1903.

Avec Camille Pissaro comme mentor, Gauguin voit d'abord son nom associé au mouvement impressionniste. Mais il en vient à réagir contre le réalisme technique de ses contemporains et, avec d'autres, comme Van Gogh et Cézanne, on le considère aujourd'hui comme l'un des pères du post-impressionnisme et l'un des initiateurs de la peinture moderne.

Le 10 avril 1887, Paul Gauguin et son ami peintre Charles Laval quittent Paris à destination du Panamá à bord d'un bateau de pêche. Gauguin abandonne alors sa famille à la recherche d'une vie plus primitive. Ils vivent quelque temps sur l'île Tabogan, du côté Pacifique de l'isthme. Les choses tournent mal, et ils doivent bientôt travailler à la construction du canal de Panamá pour assurer péniblement leur subsistance. Victimes de dysenterie et de fièvre, ils s'enfuient littéralement et aboutissent à Saint-Pierre. Ils s'installent alors dans une modeste case de l'Anse Turin de juin à novembre 1887, date à laquelle ils doivent finalement rentrer à Paris pour y obtenir de meilleurs soins médicaux.

Certains historiens de l'art prétendent que ce séjour en Martinique, bien que bref, s'avère déterminant dans la carrière du peinpre. C'est ici qu'il réalise ses premières fresques tropicales (une douzaine sont connues) avant même son importante période de Tahiti. À partir de son séjour dans l'île aux fleurs, ses œuvres commencent à combiner de façon audacieuse et inusitée couleurs franches et perspectives peu profondes. Ces tableaux deviennent plus contrastés, et les formes naturelles représentées, plus schématiques.

Les œuvres de la «période martiniquaise» de Gauguin sont aujourd'hui éparpillées dans des musées ou des collections privées aux quatre coins du globe : *La mare* (Neue Pinakothek, Munich), *Végétation tropicale* (National Gallery of Scotland, Édimbourg), *Bord de mer* (Ny Carlsberg Glyptotek, Copenhague), *Conversation tropicale* et *Huttes sous les arbres* (New York), *Martiniquaises dans la campagne* (Paris), *Autour des huttes* (Tokyo), *Au bord de l'étang*, *Aux mangos* et *Paysage panoramique* (Rijkmuseum Van Gogh, Amsterdam), *Fruits exotiques et fleurs rouges*, *Dans le village* et *Palmiers* (Genève).

enfants *28 F; tlj 9 h 30 à 16 h 15;* ☎ *78.19.19)* mérite une visite. C'est sur les ruines d'un domaine du XVIIᵉ siècle, l'**habitation Anse Latouche ★★**, qu'on a aménagé cette serre à papillons entourée d'un jardin botanique. On trouve également sur les lieux un insectarium et un restaurant de qualité, Le Poids du Roy (voir p 187). Fondée aux alentours de 1643, l'habitation Anse Latouche est probablement la plus ancienne plantation à avoir vu le jour en Martinique. Elle fut détruite en 1902 lors de la tristement célèbre éruption de la montagne Pelée. Des vestiges de l'âge d'or de cette habitation, notons tout particulièrement la distillerie, le barrage datant de 1716, l'aqueduc et la fontaine qui ornait jadis le jardin français entourant la demeure principale. Il s'agit vraiment ici de l'habitation type, au sens antillais du terme : l'ensemble que formaient une plantation, la maison du maître, les diverses dépendances, les jardins et les cases des esclaves ou des ouvriers. Élément clé du patrimoine industriel antillais, l'habitation Anse Latouche a servi de modèle pour la fabrication de la maquette représentant l'habitation-sucrerie type, qui est exposée à la Maison de la Canne de Trois-Îlets (voir p 108). Qui plus est, c'est sur le territoire couvert par ce domaine que se trouvait la case dans laquelle vécurent brièvement Paul Gauguin et Charles Laval en 1887.

■ **À voir dans la région de Saint-Pierre ★★★**

La route s'ouvre maintenant sur la rade de Saint-Pierre, la «ville martyre» dont la presque totalité de la population (30 000 habitants) périt lors de l'éruption du volcan de la montagne Pelée le 8 mai 1902. Avant cette terrible catastrophe, Saint-Pierre était le «petit Paris des Antilles» avec ses théâtres, ses beaux édifices, ses grandes demeures. Les membres de sa bourgeoisie y menaient une vie fastueuse.

Son nom lui fut donné par Pierre Belain d'Esnambuc, qui voulait ainsi honorer son saint patron. Dès son arrivée en Martinique en 1635, d'Esnambuc fut autorisé par des Caraïbes particulièrement accueillants à construire un fort, le fort Saint-Pierre. Les colons français s'installent peu à peu tout autour et érigent une première chapelle, puis à mesure que la population grandit, une seconde et enfin une troisième. C'est ainsi que naquirent les trois plus importants quartiers de Saint-Pierre : du Fort, du Centre et du Mouillage.

La ville prit de plus en plus d'importance à mesure que se développèrent le commerce et l'industrie, développement fortement favorisé par la présence d'un port à l'activité débordante. Parallèlement, en 1831, une sanglante révolte des esclaves, réprimée avec beaucoup de violence, éclata à Saint-Pierre. Une autre émeute, le 22 mai 1848 celle-là, contribua à accélérer la mise en application de la directive d'abolition de l'esclavage obtenue par Victor Schœlcher un mois plus tôt, mais qu'on mettait du temps à accepter en Martinique.

Saint-Pierre poursuivit son impressionnant développement jusqu'à l'aube du siècle suivant. Ainsi, lorsque survint le drame annoncé quelques jours avant (le 25 avril 1902) par une pluie de cendres, Saint-Pierre était la plus importante ville de la Martinique malgré la décision des dirigeants de déplacer dès 1692 l'administration à Fort-Royal (aujourd'hui Fort-de-France). Ses habitants y jouissaient déjà de l'électricité, du téléphone et de l'eau courante, alors que ses rues étaient sillonnées par un tramway et bordées de belles maisons en pierre. On y comptait trois journaux et plusieurs consulats, de même qu'un jardin botanique mondialement connu et de nombreuses fontaines. Tout cela devait disparaître en quelques minutes...

Pourtant, des avertissements, telle la pluie de cendres du 25 avril, les grondements et les tremblements de terre ressentis les jours précédant l'éruption, avaient annoncé la tragédie. Mais on était alors en pleine campagne électorale municipale, et d'aucuns prétendent que c'est pour cette raison que les autorités se refusèrent à évacuer la ville. D'autres estiment plutôt que ce type d'éruption (composé de gaz incandescent et de poussières en fusion) était inconnu à l'époque et que l'évacuation aurait été déclenchée dès l'apparition de coulées de lave. Au lieu de cela, c'est une nuée ardente qui anéantit la ville sans que personne n'ait eu le temps de réagir, à 8 h en ce 8 mai 1902. Les vulcanologues parlent d'ailleurs aujourd'hui d'éruption de type «péléen» pour décrire ce genre de phénomène. D'autres éruptions, entre 1929 et 1932, sans conséquences malheureuses toutefois, forcèrent plus tard l'évacuation du village que l'on tentait de reconstruire ici.

Aujourd'hui, Saint-Pierre ne compte guère plus de 5 000 habitants vivant de la pêche, du tourisme, de l'agriculture et de l'élevage. En 1990, elle fut proclamée la 101e «ville d'Art et d'Histoire» du patrimoine français, ce qui lui donnera peut-être enfin un second souffle. Sur le plan touristique, l'intérêt de Saint-Pierre, véritable «capitale historique» de la Martinique, est indéniable. La visite de son **Musée Vulcanolo-**gique, la découverte des nombreuses ruines de monuments remarquables et celle des épaves que sont devenus les bateaux qui mouillaient dans le port au moment de l'éruption dramatique ne constituent que quelques exemples de mise en valeur des richesses patrimoniales que cherchent à promouvoir les Piérotins.

Une façon facile et inusitée de découvrir les nombreux attraits de Saint-Pierre consiste à monter à bord du petit train baptisé *Cyparis Express (adultes 40 F, enfants 15 F; départs de la Place des Ruines du Figuier, lun-ven 9 h à 13 h et 14 h 30 à 16 h 30; ☎ 55.50.92 ou 77.18.51).* Celui-ci sillonne les rues de la ville en une quarantaine de minutes alors qu'un guide commente la visite.

Par ailleurs, l'attraction la plus spectaculaire de Saint-Pierre, et probablement de toute la Martinique, est sans contredit le sous-marin *Mobilis* ★★★ *(adultes 450 F, enfants de moins de 12 ans demi-tarif; Compagnie de la Baie de Saint-Pierre, ☎ 78.18.18),* qui conduit ses passagers à la découverte des épaves logées, depuis l'apocalypse de 1902, au fond de la rade. De construction allemande, ce submersible a mis du temps à entreprendre sa routine. Lors de sa livraison en Martinique à la fin de 1993, on se rendit compte qu'il ne respectait pas plusieurs normes françaises. Sa mise à l'eau fut donc retardée jusqu'au début de 1995. Mais ça y est maintenant, le *Mobilis*, qui fait 22,6 m de long par 3,4 m de large et dont le poids atteint les 120 tonnes, conduit plusieurs fois par jour, au départ du ponton de Saint-Pierre, ses 50 passagers jusqu'à 150 m de profondeur à la rencontre d'une page tragique de l'histoire de la Martinique.

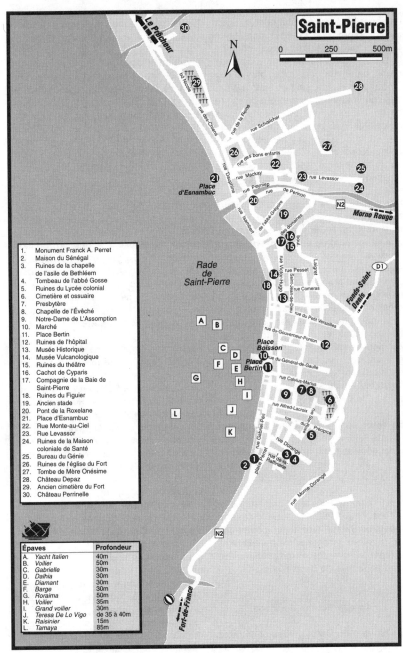

Saint-Pierre

0   250   500m

N

Le Prêcheur

Rade
de
Saint-Pierre

Morne Rouge

Fonds-Saint-Denis

Fort-de-France

1. Monument Franck A. Perret
2. Maison du Sénégal
3. Ruines de la chapelle
   de l'asile de Bethléem
4. Tombeau de l'abbé Gosse
5. Ruines du Lycée colonial
6. Cimetière et ossuaire
7. Presbytère
8. Chapelle de l'Évêché
9. Notre-Dame de L'Assomption
10. Marché
11. Place Bertin
12. Ruines de l'hôpital
13. Musée Historique
14. Musée Vulcanologique
15. Ruines du théâtre
16. Cachot de Cyparis
17. Compagnie de la Baie de
    Saint-Pierre
18. Ruines du Figuier
19. Ancien stade
20. Pont de la Roxelane
21. Place d'Esnambuc
22. Rue Monte-au-Ciel
23. Rue Levassor
24. Ruines de la Maison
    coloniale de Santé
25. Bureau du Génie
26. Ruines de l'église du Fort
27. Tombe de Mère Onésime
28. Château Depaz
29. Ancien cimetière du Fort
30. Château Perrinelle

Épaves		Profondeur
A.	*Yacht Italien*	40m
B.	*Voilier*	50m
C.	*Gabrielle*	30m
D.	*Dalhia*	30m
E.	*Diamant*	30m
F.	*Barge*	30m
G.	*Roraima*	50m
H.	*Voilier*	35m
I.	*Grand voilier*	30m
J.	*Teresa De Lo Vigo*	de 35 à 40m
K.	*Raisinier*	15m
L.	*Tamaya*	85m

Lorsque vous vous embarquerez, vous aurez l'impression de vous apprêter à faire un tour de manège sophistiqué à la Disney. Sauf qu'ici, il ne s'agit pas d'une reconstitution, mais bien d'une émouvante réalité. Lors de l'immersion, des caméras vous permettent de suivre ce qui se passe sur les écrans situés au-dessus des hublots. Ces derniers, qui font 0,70 m de diamètre, vous procureront une excellente vision sur les fonds marins, aidés en cela par de puissants projecteurs halogènes.

Grâce à tous ces raffinements techniques, vous pourrez voir en tout confort et en toute sécurité les épaves que sont entre autres devenus le *Tamaya*, un trois-mâts qui repose aujourd'hui à 85 m de profondeur, et le *Roraima*, un grand paquebot qui semble intact, même à 50 m sous l'eau depuis près d'un siècle. Mieux encore, le système de caméras sur bras télescopiques vous permettra de voir sur écran vidéo jusqu'à l'intérieur des épaves, dont les cargaisons sont dans certains cas toujours là, au milieu des poissons multicolores qui peuplent aujourd'hui les lieux.

En résumé, il s'agit d'une expérience unique en son genre, le seul inconvénient étant le prix, assez élevé, qu'il faut débourser pour cette excursion d'environ une heure.

Quant à nous, nous vous présentons ici la description des principaux monuments de Saint-Pierre. Il est à noter que les numéros inscrits entre parenthèses suivant le nom des attraits réfèrent au plan de la ville de Saint-Pierre.

Le quartier du Mouillage

En arrivant du Carbet, vous pénétrerez dans Saint-Pierre par le quartier du Mouillage et aboutirez sur la rue principale de la ville, la rue Victor-Hugo.

Ce quartier doit, bien sûr, son nom au fait que les bateaux stationnés dans la rade de Saint-Pierre se regroupaient à sa hauteur. D'ailleurs, en 1902, tous les navires qui mouillaient au large de Saint-Pierre furent emportés par le fond à la suite du raz-de-marée que déclencha l'éruption du volcan. Un seul, qui avait jeté l'ancre plus loin que les autres, fut épargné : le bateau anglais *Roddam*. Aujourd'hui, une douzaine de ces bateaux sont relativement faciles à explorer pour les initiés de la plongée sous-marine, puisqu'ils reposent à une profondeur variant entre 15 m et 50 m, à moins de 150 m du rivage. Le commandant Cousteau a fortement contribué à la renommée de ce site en venant filmer les épaves qu'avait au préalable inventoriées Michel Météry.

Le premier attrait digne de mention en entrant dans la ville est le monument élevé à la mémoire du vulcanologue américain **Franck A. Perret** (1), situé sur la place du même nom. Perret fut l'un des premiers à s'intéresser à la tragédie du début du siècle et créa le Musée Vulcanologique de la ville (voir p 175). Ce monument est l'œuvre du sculpteur martiniquais Henri Marie-Rose.

En face du monument, rue Gabriel-Péri, s'élève la **Maison du Sénégal** (2), l'un des plus vieux bâtiments de la ville. Il s'agit là de l'entrepôt utilisé à l'époque par l'une des entreprises autorisées au commerce des esclaves. Des bateaux négriers ont donc débarqué leur cargaison en toute légalité ici jusqu'en 1817, date à laquelle la traite fut officiellement interdite. On raconte toutefois que ce trafic s'est poursuivi illégalement jusqu'en 1848, année de l'abolition de l'esclavage.

En empruntant sur la droite la rue de la Raffinerie, vous vous dirigerez vers les **ruines de la chapelle de l'asile de Bethléem (3)**. De cet asile pour vieillards, subsistent aujourd'hui les arches de la chapelle, que vous apercevrez entre les rues Dorange et de la Raffinerie. Dans les ruines du chœur de la chapelle s'élève le **tombeau de l'abbé Gosse (4)**, curé du Mouillage de 1863 à 1875 et vicaire général de la Martinique entre 1875 et 1887. C'est lui qui fonda l'asile de Bethléem en 1875. Il s'en occupa vaillamment jusqu'à ce que la tuberculose l'emporte en 1887. Quinze ans plus tard, tous les pensionnaires de l'asile et les religieuses qui les soignaient périrent lors de l'éruption de la montagne Pelée.

Un peu plus au nord, vous remarquerez les **ruines du Lycée colonial (5)**. Construit vers 1738, ce bâtiment accueillit d'abord un orphelinat avant de devenir en 1816 la Maison royale d'éducation des jeunes filles. Le gouvernement en prit finalement possession en 1883 pour y fonder le Lycée de Saint-Pierre.

La rue Sainte-Rose mène ensuite au **cimetière et à l'ossuaire (6)**. C'est dans ce dernier que furent déposés les restes des victimes de l'éruption de 1902. Un monument commémoratif élevé en 1922 leur rend hommage. Tout près de là se trouve le **presbytère (7)**, entouré d'un magnifique parc. Il fut reconstruit sur les lieux mêmes de l'ancienne **chapelle de l'Évêché (8)**, dont les ruines sont toujours visibles.

De retour sur la rue Victor-Hugo, vous ne pouvez rater la magistrale **cathédrale Notre-Dame de L'Assomption ★ (9)**, qui fut reconstruite en 1924 grâce à Victor Depaz. Parti étudier en Europe au moment de l'hécatombe du 8 mai 1902, Victor Depaz ne devait plus

jamais revoir aucun des membres de sa famille, entièrement décimée par la catastrophe. À son retour en Martinique, il reprit les rênes de l'Habitation familiale, qu'il fit rebâtir, et fut l'un de ceux qui se relevèrent les manches pour entreprendre la reconstruction de Saint-Pierre.

Sur le bord de mer, légèrement plus au nord, vous apercevrez la structure métallique qui abrite le **marché (10)**. Celui-ci donne sur la **Place Bertin (11)**, là où se trouve la **fontaine Agnès**, survivante de l'éruption de 1902. Notez également la présence, sur cette place, de l'ancienne **Chambre de Commerce**, reconstituée fidèlement en 1992 selon les plans du bâtiment original datant de 1855.

Le quartier du Centre

En poursuivant vers le nord sur la rue Victor-Hugo, tournez à droite sur la rue du Gouverneur Ponton afin de voir les **ruines de l'hôpital (12)**.

Plus loin, sur le côté droit de la rue Victor-Hugo, vous rejoindrez l'un des deux musées de Saint-Pierre, le **Musée Historique (13)** (*adultes 10 F, enfants 3 F; lun-sam 9 h 30 à 17 h, dim fermé; ☎ 79.74.32*). Celui-ci, comme son nom l'indique, raconte l'histoire de la ville en s'attardant tout particulièrement à ce qu'était Saint-Pierre avant 1902. Le bâtiment dans lequel fut aménagé ce musée servit de mairie entre 1923 et 1984, date à laquelle on la déménagea dans ses locaux actuels, rue Caylus.

Plus loin, sur la gauche cette fois, vous trouverez le **Musée Vulcanologique ★★ (14)** (*adultes 10 F, enfants de moins de 8 ans gratuit; tlj 9 h à 12 h 30 et 15 h à 17 h; ☎ 78.15.16*), fondé en 1932 par l'Américain Franck

A. Perret. À l'intérieur d'une salle unique, de magnifiques photographies montrent Saint-Pierre avant et après l'éruption du volcan, permettant ainsi aux visiteurs de visualiser l'ampleur du drame. De nombreux objets du quotidien, partiellement détruits ou tordus, sont présentés dans des vitrines. L'élément le plus fascinant exposé dans ce musée demeure toutefois le bourdon de la cathédrale, déformé par la chaleur bien que doté de l'épaisseur impressionnante de ses parois. À l'arrière du musée, une sorte de belvédère permet d'admirer la rade. Au départ du musée, des visites de la ville d'une durée d'une heure et demie, commentées par des guides agréés par le ministère de la Culture, sont organisées chaque jour *(lun-ven 9 h, 11 h, 14 h et 16 h; sam-dim 9 h).*

De l'autre côté, presque en face du musée, les **ruines du théâtre** ★★★ **(15)** valent le coup d'œil. Construit au siècle dernier sur le modèle du théâtre de Bordeaux, il pouvait recevoir 800 personnes. On y reconnaît encore aujourd'hui l'escalier monumental, le foyer et la scène. Tout au haut de l'escalier, vous remarquerez une statue célèbre : *Saint-Pierre renaissant de ses cendres.* Cette œuvre, signée par Madeleine Jouvray, fut dévoilée en 1928.

Tout juste à côté du théâtre se trouve le fameux **cachot de Cyparis** ★ **(16)**. Ce dernier, dont le prénom aurait été Louis ou Auguste (les historiens ne s'entendent pas là-dessus), est considéré comme le seul survivant de l'apocalypse de 1902. Enfermé la veille pour avoir troublé la paix alors qu'il était en état d'ébriété avancé, Cyparis devait, selon la légende, sortir vivant de la tragédie trois jours plus tard grâce aux murs de 50 cm d'épaisseur de sa cellule. Il fut alors gracié avant de se voir recruter par le cirque Barnum, où il

exhiba ses brûlures et ses cicatrices devant des milliers de visiteurs en mal de sensations.

À côté du théâtre, toujours sur la rue Victor-Hugo, vous remarquerez à coup sûr le beau bâtiment fraîchement repeint où loge la **Compagnie de la Baie de Saint-Pierre (17)**.

En contrebas du Musée Vulcanologique, sur la rue Isambert, qui longe le bord de mer, s'élèvent les **ruines du Figuier (18)**, un ensemble de petites maisons à un étage qui servaient de magasins et d'entrepôt à l'époque où le port de Saint-Pierre était très fréquenté. C'est de là que s'ébranle le *Cyparis Express.*

De retour sur la rue Victor-Hugo, en vous dirigeant à nouveau vers le nord, vous apercevrez l'**ancien stade (19)** avant de franchir le **pont de la Roxelane** ★ **(20)**, qui relie le quartier du Centre au quartier du Fort. Ce pont de pierres, que l'on appelle aussi le pont Roche, fut érigé en 1766. Il fut l'un des seuls monuments de Saint-Pierre à résister à l'éruption de 1902. Conçu par le Frère Cléophas, il n'est constitué que d'une seule arche de 10 m franchissant la rivière Roxelane, également nommée rivière des Blanchisseuses.

Le quartier du Fort

Immédiatement après le pont de pierres, vous verrez sur la gauche le monument commémorant l'arrivée de Belain d'Esnambuc, élevé sur la **place d'Esnambuc (21)**. Prenez ensuite à droite sur la rue Peyniep, qui longe la rivière Roxelane. Vous arriverez bientôt à la hauteur de la **rue Monte-au-Ciel (22)**, que des fouilles archéologiques récentes (1991) ont permis de dégager. Remarquez son caniveau central servant à l'écoulement des eaux. Cette ruelle en pente, qui porte bien son nom poétique, croise la **rue Levassor (23)**, qui fut, quant à elle, ramenée à son niveau d'avant l'éruption du début du siècle par l'enlèvement systématique de cendres qui pouvaient atteindre jusqu'à 3 m d'épaisseur à certains endroits. Plusieurs des maisons qui bordent cette rue n'ayant été construites qu'après l'éruption, et avant que l'on retire les cendres, elles apparaissent aujourd'hui nettement au-dessus de la rue, si bien que des escaliers ont dû leur être ajoutés.

Au bout de la rue Levassor, vous découvrirez les **ruines de la Maison coloniale de Santé (24)**, qui hébergeait jadis entre 120 et 150 malades mentaux soignés par les religieuses de Saint-Paul. Elle fut construite en 1839. À l'intérieur, des chaises de force servant à maîtriser les patients agités sont encore présentes.

De l'autre côté de la rue Levassor, juste en face de la Maison coloniale de Santé, se trouve le **Bureau du Génie (25)**. Des fouilles archéologiques entreprises en 1987, et se poursuivant encore aujourd'hui, ont permis jusqu'à maintenant de rendre accessibles la maison principale, les bassins et les annexes de ce qui fut jadis les quartiers du génie militaire de la colonie.

Après avoir rebroussé chemin jusqu'à la rue des Chiens, vous pourrez admirer les spectaculaires **ruines de l'église du Fort ★★ (26)**. Il s'agit de la plus vieille église de la Martinique et, semble-t-il, de l'une des premières églises françaises du Nouveau Monde. L'église originale en bois datait de 1640. Elle fut reconstruite en pierre dès 1660, puis restaurée en 1895. Au moment même de l'hécatombe du 8 mai 1902,

de nombreux fidèles s'y étaient recueillis pour la messe de l'Ascension. Aujourd'hui, les ruines de l'église se révèlent sous la forme d'un amas grandiose de pierres et de statues.

Juste après les ruines de l'église, empruntez la rue Schœlcher, qui devient plus loin l'allée Pécoul. Sur la droite se dresse la **Tombe de Mère Onésime (27)**, magnifique monument de marbre blanc offert en 1898 par des familles reconnaissantes à la congrégation des sœurs de Saint-Joseph de Cluny pour qu'y soit déposée la dépouille de celle qui dirigea, pendant un demi-siècle, l'éducation des jeunes filles de la Martinique. En 1875, mère Onésime était d'ailleurs devenue la première femme des Antilles, et la quinzième en tout, à être décorée de la Croix de chevalier de la Légion d'honneur.

L'allée Pécoul conduit ensuite directement au **Château Depaz (28)** *(visite et dégustation gratuites; lun-ven 9 h à 16 h; ☎ 78.13.14)*, que l'on nomme aussi l'Habitation Pécoul La Montagne. Après le drame de 1902 qui décima les siens, Victor Depaz rentra d'Europe, où il était allé étudier, et entreprit la reconstruction de l'Habitation familiale. Le «château» s'élevant ici aujourd'hui date de 1922. Jacques du Parquet, neveu de d'Esnambuc, avait fondé dès 1635 ce qui est reconnu comme l'une des plus anciennes plantations de la Martinique avant de la céder à la famille Pécoul à la fin du XVIIIe siècle. Puis elle fut rachetée à la fin du siècle suivant par Raoul Depaz, le père de Victor.

Plus loin, une superbe **cascade** marque l'emplacement du jardin botanique qui, jusqu'en 1902, faisait la fierté des habitants de Saint-Pierre. Fondé en 1803, il regroupait de très nombreuses variétés de plantes et d'arbres importés de plusieurs pays tropicaux, et son prestige dépassait les frontières de l'île.

De retour sur la rue des Chiens, en vous dirigeant vers le nord, vous apercevrez bientôt, peu après l'**ancien cimetière du Fort (29)**, le **Château Perrinelle (30)**. Des fouilles ont permis de mettre partiellement à jour à la fin de 1992 ce qui fut un temps la maison des pères jésuites et, dit-on, la première construction en pierre de Saint-Pierre. Au XIXᵉ siècle, c'est Adolphe Perrinelle qui était propriétaire du domaine. On raconte qu'il hébergea en ces lieux Victor Schœlcher, un ancien compagnon de classe, en 1840, lorsque ce dernier entreprit l'enquête devant menée à l'abolition de l'esclavage, que ne souhaitait sûrement guère son puissant hôte... La maison principale, anéantie en 1902, servit pourtant de modèle à Victor Depaz pour la reconstruction de l'habitation Pécoul. Son père, Raoul, avait longtemps œuvré comme administrateur de l'habitation Perrinelle avant de se porter acquéreur de celle qu'il légua à son fils.

Au nord de Saint-Pierre

À quelque 4 km au nord de Saint-Pierre part un sentier qui remonte la **rivière Blanche**, qui n'est plus aujourd'hui qu'une gigantesque coulée volcanique, jusqu'aux **Sources Chaudes**, témoignage on ne peut plus convaincant de l'histoire troublée de la région (possibilité d'excursion de randonnée pédestre; voir p 181).

Un kilomètre plus loin, vous franchirez le **Tombeau des Caraïbes**, qui porte aussi le nom de **Coffre à Morts**. La légende veut que se soient réfugiés ici les derniers Indiens Caraïbes, alors pourchassés par les colons français,

avant qu'ils se suicident en se précipitant en bas de la falaise.

Peu après, aux abords de la D10, une stèle rappelle l'existence du village de **Sainte-Philomène**, où les richards de Saint-Pierre avaient pris l'habitude de se faire bâtir des maisons de vacances. L'endroit fut rayé de la carte le 8 mai 1902...

■ À voir dans la région du Prêcheur

Vous pénétrerez bientôt dans le village du Prêcheur, qui doit son nom à une formation rocheuse disparue depuis l'éruption de la montagne Pelée et dont la silhouette rappelait celle d'un prédicateur en chaire.

Il s'agit d'un des plus vieux villages de l'île. Dès 1635, des colons vinrent s'y installer et, en 1644, Le Prêcheur devint une paroisse. Son premier curé fut le père Jean-Baptiste Dutertre, le premier historien des Antilles qui légua des textes d'une grande richesse de détails regroupés dans son *Histoire Générale des Antilles* (1654). Françoise d'Aubigné, qui devait devenir Madame de Maintenon, la deuxième femme de Louis XIV, y résida durant son enfance au XVIIᵉ siècle.

Aujourd'hui, Le Prêcheur compte un peu plus de 2 000 âmes. Il constitue le dernier village sur la côte Nord-Caraïbe et n'est relié à celui de Grand'Rivière, encore plus au nord, que par un sentier pédestre (voir «Activités de plein air» p 182).

À l'intérieur du bourg

Le monument qui retient le plus l'attention ici est le **clocher de l'église**, qui daterait de la fin du XVIIᵉ siècle et qui a survécu à l'éruption meurtrière de 1902. Par ailleurs, Louis XIV offrit un bourdon destiné à ce clocher afin de remercier la Martinique de lui avoir donné sa seconde épouse, Françoise d'Aubigné. Ce **bourdon** «royal» est aujourd'hui exposé devant l'église.

Le **monument aux morts**, près de la mairie, constitue un autre élément inusité au Prêcheur. On y voit en effet un soldat mort sur le champ de bataille, représentation très rare sur ce type de mémorial.

Au nord du Prêcheur

Passé le bourg, la route s'enfonce dans une végétation de plus en plus dense. Elle permet d'accéder à quelques plages sauvages de sable noir au charme certain : l'**Anse Belleville**, l'**Anse Céron** ★★ et l'**Anse Couleuvre** ★★.

À l'Anse Céron, un chemin de terre conduit à l'**Habitation Céron** ★ (*mar-sam 10 h 30 à 17 h, fermé dim et lun;* ☎ *52.94.53 ou 52.96.03*), à voir absolument pour en connaître davantage sur la vie aux temps esclavagistes. Sur cette ancienne habitation où l'on cultivait, en plus de la canne à sucre, le café, le cacao, le manioc et la banane, ont été conservées les misérables cases en bois où s'entassaient les esclaves. L'allée centrale, bordée de deux grands bassins, mène à la maison des maîtres, relativement petite.

 **Parcs et plages**

■ **Les parcs et plages de la région de Schœlcher**

La région de Schœlcher jouit de la présence de plusieurs plages qui favorisent lentement le développement de son infrastructure touristique. Malheureusement, la qualité des eaux de ces plages varie beaucoup.

La plage de l'hôtel La Batelière (B)

C'est la meilleure des environs, mais en principe elle ne s'adresse qu'aux clients de ce prestigieux hôtel...

Services : club de plongée; ski nautique.

L'Anse Madame (B)

Vous y trouverez le club nautique de Schœlcher et le club de plongée CRESSMA.

L'Anse Collat (B)

Voilà une jolie plage située dans un quartier qui semble vouloir se développer en vue d'accueillir de plus en plus de visiteurs.

■ **Les parcs et plages de la région du Carbet**

Une longue plage presque ininterrompue s'allonge dans les environs du Carbet. Elle prend tout d'abord, au sud du bourg, le nom de **Le Coin**, puis devient, en allant vers le nord, la

Grande Anse, Le Four, la **Petite Anse**, l'**Anse Turin** et l'**Anse Latouche**.

L'Anse Turin ★★★ (A)

La portion de plage qui remporte toutefois la palme au Carbet est l'Anse Turin, qui, dit-on, séduisit le peintre Gauguin. Il s'agit d'une longue bande de sable gris très fréquentée par les familles martiniquaises.

■ **Les parcs et plages de la région du Prêcheur**

L'Anse Céron ★★ et l'Anse Couleuvre ★★ (A)

Au nord du village du Prêcheur, la route permet d'accéder à quelques remarquables plages de sable noir, qu'une rangée de cocotiers garde sauvages et encore un peu secrètes. À l'Anse Céron, quelques services sont encore proposés aux visiteurs, ce qui n'est plus le cas, plus loin, à l'Anse Couleuvre, véritable plage sauvage baignée par une eau cristalline.

Services : tables de pique-nique et casse-croûte à l'Anse Céron.

 Activités de plein air

 La randonnée pédestre

Le sentier Verrier - Absalon

À la sortie du bourg de Bellefontaine, peu après l'église, il faut prendre à droite, puis à gauche 500 m plus loin, afin de gravir la route menant à l'observatoire du Verrier. Une fois passé l'observatoire, 500 m plus loin, il faudra emprunter la première à gauche au croisement puis, 2 km plus tard, tourner à nouveau à gauche jusqu'au lieu-dit du Chapeau Nègre. C'est là que débute le sentier Verrier-Absalon, long de 6 km et négociable en 4 heures (aller seulement). Vous y ferez l'ascension du Morne Chapeau Nègre (912 m), avant de poursuivre jusqu'à la station thermale Absalon. Au programme : vues sur le Morne Pavillon (1 196 m) au nord et sur la baie des Flamands au sud, en plus de paysages variés allant des pâturages à la forêt primaire.

Cette randonnée peut être considérée comme difficile puisqu'elle comprend plusieurs passages étroits en ligne de crête, en plus de nécessiter un effort physique important lors de l'ascension.

Morne Rose - savane Saint-Cyr

Il est possible d'emprunter ce sentier depuis la piste Verrier - Absalon, à la hauteur de la savane Saint-Cyr. En sens inverse, vous accéderez à cette trace par une route bétonnée s'ouvrant en épingle à cheveux sur la droite à la sortie de Case-Pilote.

Cette agréable balade de 2 km (1 heure), de difficulté moyenne, vous entraîne dans la forêt, d'abord sèche, puis mésophile, et enfin humide.

La démarche Plateau Concorde

La piste de la démarche Plateau Concorde peut également être empruntée depuis le sentier Verrier - Absalon ou, en sens inverse, permettre d'y accéder. Dans ce dernier cas, le départ se fera au bout d'une petite route qui part sur la droite à la sortie du hameau de Fond Lahaye. La rencontre des deux sentiers a lieu à mi-chemin entre la savane Saint-Cyr et la station thermale d'Absalon.

Il s'agit d'une piste facile faisant 4 km (2 heures 30 min), qui vous permettra d'observer de nombreuses espèces d'arbres, comme le gommier, le laurier noir et le laurier des montagnes.

Montjoly - Caplet par le piton Lacroix

Vous atteindrez le quartier Montjoly par un chemin rural qui croise la route D20 près de Morne-Vert en venant de Bellefontaine. C'est de cette façon que l'on peut s'attaquer aux pitons du Carbet en venant de l'ouest. Le sentier franchit le piton Lacroix, ou morne Pavillon (1 196 m), de même que le morne Piquet (1 160 m), avant de redescendre vers le morne Modeste (545 m). Tout au long de ce circuit, de très nombreux points de vue spectaculaires sur la côte Caraïbe récompensent les randonneurs pour l'effort constant qu'ils doivent déployer.

Ce sentier doit être classé parmi les plus difficiles. Les pentes sont très fortes, et le terrain est souvent mou et quelquefois encombré de roches glissantes. Il fait 5 km et nécessite 5 heures de marche.

Le canal de Beauregard

Au départ du centre du bourg du Carbet (entre la station-service et le cimetière), l'«itinéraire touristique», fort bien indiqué, conduit au canal de Beauregard. Ce sentier débute entre deux petites constructions de parpaings au lieu-dit du Bout du Canal. Il s'agit d'une promenade unique en son genre en bordure d'un ancien canal d'irrigation.

Cette randonnée de 3,5 km (1 heure 30 min) peut être considérée comme facile, bien que la bordure sur laquelle est aménagé le sentier ne fasse pas plus de 30 cm de large par endroits avec des à-pics de 50 à 130 m. Aussi les personnes sujettes au vertige devraient-elles s'abstenir en raison des risques de chute.

Les Sources Chaudes

Le point de départ de cet étonnant sentier se situe à environ 3 ou 4 km au nord de Saint-Pierre, à l'entrée d'une carrière privée. Après une assez longue marche à travers cette carrière, le sentier s'élève en pente régulière vers les flancs de la montagne Pelée. À un moment donné, vous descendrez dans le lit de la rivière Blanche, comblée par les nuées ardentes de 1902 et de 1929. Puis vous rejoindrez les fameuses Sources Chaudes, preuves concrètes de l'activité volcanique actuelle de l'île. Ici, la température de l'eau peut atteindre 50 °C.

Ce circuit de 4 km (3 heures) est facile. Cependant, il faut vous munir, par temps ensoleillé, d'un chapeau, de crème solaire et d'eau, car une grande partie de la marche se fait à découvert. Notez que le sentier des Sources Chaudes n'est pas accessible les mardis, mercredis et vendredis pour cause d'exercices de tir dans les environs.

La montagne Pelée par Grande Savane

Ce sentier est le seul conduisant au sommet de la montagne Pelée au départ de la côte Caraïbe. On y accède en empruntant la première route à droite, en face de l'arrêt d'autobus, en entrant dans le bourg du Prêcheur : la route communale de la Charmeuse. Cette balade vous réserve d'extraordinaires points de vue sur Saint-Pierre et toute la côte Caraïbe. Une pente régulière vous conduira à quelque 1 100 m d'altitude.

Il s'agit d'un sentier de difficulté moyenne d'une longueur de 3,5 km (2 heures). Il faut prévoir de l'eau, car l'ombre se fait très rare, et la chaleur peut devenir intense.

Du Prêcheur à Grand'Rivière

Voici un grand classique de la randonnée en Martinique. Le point de départ se trouve tout au bout de la route D10, dans le stationnement de l'Anse Couleuvre. Ce long sentier de 20 km constitue le seul moyen, autre que le bateau, de parcourir le chemin séparant Le Prêcheur du point le plus septentrional de l'île. Il traverse le domaine forestier protégé du Conservatoire de l'Espace Littoral et des Rivages Lacustres. Vous y découvrirez divers types de forêts (sèche à humide), plusieurs plages sauvages (Anse Lévrier, Anse à Voile, Anses des Galets) et de belles cascades au pied de la montagne Pelée. Il est à noter que jusqu'au début du siècle les chars à bœufs circulaient encore sur ce chemin. Aussi noterez-vous tout au long du circuit des éléments rappelant cette époque : ponts de pierres, tunnels, etc.

Cette randonnée est considérée comme facile, bien que son parcours soit très long (20 km; 6 heures).

 La plongée

La côte Nord-Caraïbe offre de très nombreux sites de plongée, tous plus remarquables les uns que les autres. C'est par exemple le cas du **Cap Enragé**, un peu au nord de Case-Pilote, où grouille une faune colorée dans un joli jardin corallien. Tout près de là, au **Fond Boucher**, vous pourrez observer des coraux reposant sur un fond de sable à environ 6 m de profondeur.

À 2 500 m au large de **Bellefontaine** se trouve un intéressant plateau corallien. C'est aussi le cas au large du **Prêcheur**. Par ailleurs, les environs du **Rocher de la Perle**, en face de l'Anse Couleuvre, regorgent de poissons coralliens et de plus gros poissons (barracudas, carangues, perroquets, etc.).

Mais c'est la **rade de Saint-Pierre** qui reste la grande vedette de la région. On peut y admirer les épaves d'une douzaine de bateaux ayant coulé lors de l'éruption de la montagne Pelée en 1902 (voir plan de Saint-Pierre). Parmi celles-ci, le *Roraima* (50 m) et le *Raisinier* (15 m) sont les plus intéressantes.

Il y a plusieurs clubs de plongée dans la région. Mentionnons tout d'abord les clubs CRESSMA *(☎ 61.34.36)*, à l'Anse Madame, et Tropic Alizés, à l'hôtel La Batelière *(☎ 61.49.49)*, tous deux à **Schœlcher**.

À **Case-Pilote**, notez l'existence du Club Subaquatique de Case Pilote *(☎ 61.60.01)*.

Au **Carbet**, les plongeurs sont particulièrement bien servis. Ainsi y touve-t-on le club Bulles Passion *(☎ 78.07.72)*, près du restaurant Le Trou Crabe (voir p 187), ainsi que celui de l'hôtel Marouba, Locasport (☎ *78.01.48)*, où il est également possible de louer des scooters de mer et de faire du ski nautique.

Saint-Pierre bénéficie, quant à elle, d'une bonne infrastructure pour les plongeurs. Il y a donc, ici aussi, un club Bulles Passion *(aux ruines du Figuier, rue Bouillé, ☎ 78.26.22)*, qui organise des sorties tous les jours à 9 h 30 et 14 h 30. Mentionnons aussi le club Tropica Sub *(☎ 78.38.03)*, situé à côté du restaurant La Guinguette (voir p 188), qui propose des excursions quotidiennes, et le Carib Scuba Club *(☎ 55.59.84)*.

La pêche

L'organisme Le Monde des Pêcheurs *(☎ 78.03.72)* vous invite à passer une journée complète avec des pêcheurs du **Carbet** afin de vous familiariser avec la pratique de leur art. Il s'agit là d'une expérience unique en son genre!

Navigation de plaisance

À l'hôtel La Batelière de **Schœlcher**, vous pouvez participer à une excursion à bord d'un bateau à fond de verre. Contactez pour ce faire L'Aquarium *(☎ 61.49.49)*.

À **Saint-Pierre**, on trouve maintenant de petites embarcations dans lesquelles peuvent prendre place jusqu'à quatre personnes, et qui sont munies d'un fond de verre. Leur forme rappelle celle d'un pédalo, mais elles sont mues par un moteur. Elles portent le nom d'«aquavision», et l'on peut en louer, près du restaurant La Guinguette (voir p 188), chez Bequi Boat *(180 F pour*

1 heure, ☎ 78.16.42). À noter qu'aucun permis n'est nécessaire pour piloter ces engins.

Vélo tout terrain (VTT)

On peut louer des vélos de montagne, ou V.T.T., chez Locasport *(☎ 78.01.48)*, au Club Marouba du **Carbet**. On peut en faire de même, à **Schœlcher**, chez Volga Plage *(☎ 73.87.57)* et, à **Saint-Pierre**, par l'entremise de la Compagnie de la Baie de Saint-Pierre *(☎78.18.18)*.

Hébergement

■ **Hébergement de la région de Schœlcher**

On compte plusieurs gîtes ruraux dans ce secteur pourtant situé tout près de Fort-de-France. C'est le cas par exemple du gîte de **M. Charles Arcade** (n°011, ⫿⫿⫿) *(1 600 F par semaine; au-dessous du logement du propriétaire; Fond-Rousseau - Terreville - 97233 Schœlcher)* et de celui de **M. Lin Gazon (n°043,** ⫿⫿) *(1 135 F par semaine; au-dessous du logement du propriétaire; 12 rue Roland-Janvier - Enclos - 97233 Schœlcher)*.

Une adresse pratique, parce qu'à moins de 10 min de Fort-de-France, et relativement peu chère, du moins en comparaison avec le luxueux La Batelière, est celle du **Cluny Paradis** *(500 F; tv, ≡, bp, ℜ; Route du Cluny - 97233 Schœlcher, ☎ 63.12.43, ⇄ 71.49.31)*. Il propose une vingtaine de chambres spacieuses, confortables et modernes.

Situé dans un secteur résidentiel, l'**Hôtel l'Anse Colas** *(760 F; ≡, tv, bp, ≈, ℜ; Route du Petit Tamarin - 97233 Schœlcher, ☎ 61.28.18, ⇄ 61.04.78)*, de construction récente, constitue une adresse à retenir. L'architecture de ses pavillons unit les formes traditionnelles créoles aux exigences modernes en matière de confort. Dans les chambres, le choix du mobilier obéit à la même logique. À l'extérieur, un beau jardin exotique entoure une piscine-lagon.

Premier hôtel de luxe jamais construit en Martinique, **La Batelière** *(1 100 F à 4 000 F; tv, ≡, bp, ≈, ⊘, ℜ; 97233 Schœlcher, ☎ 61.49.49, ⇄ 61.70.57)* jouit d'une sorte d'aura mythique... On trouve dans ce légendaire établissement l'un des deux seuls casinos de l'île aux fleurs, une discothèque très courue, un centre de conditionnement physique, deux restaurants, trois bars, une galerie de boutiques, etc. Donnant sur la mer, il dispose d'une très belle plage où toutes les activités nautiques imaginables peuvent être pratiquées.

■ **Hébergement de la région
de Case-Pilote**

Au cœur du bourg de Case-Pilote se cache, dans un écrin de plantes tropicales, l'agréable **Auberge du Varé** *(500 F; ≡, ≈, ℜ; 97222 Case-Pilote, ☎ 78.80.56, ⇄ 78.73.44)*. Cette magnifique demeure coloniale renferme une douzaine de chambres donnant sur un superbe jardin de 500 m^2, où s'élèvent de nombreux arbres centenaires. Toutefois, prenez note qu'aucune carte de crédit n'est acceptée.

■ **Hébergement de la région
de Morne-Vert**

Ceux et celles qui désireront séjourner en «Suisse antillaise» auront le choix de s'arrêter au **Bel Air Village** *(320 F à 470 F; tv, bp, ≈, C; sur la D20, quartier Bout Barrière - 97226 Morne-Vert, ☎ 55.52.94, ⇄ 55.52.97)* ou à **La Miellerie** *(1 200 F par semaine; bp, C, ☎ 55.57.58, ⇄ 55.57.43)*. Dans les deux cas, on loue des appartements ou studios tout équipés (à la semaine dans le cas de La Miellerie).

Par ailleurs, un gîte rural attire l'attention dans la région. Il s'agit de celui de **M. André Alpha** (n°012, ⫙⫙⫙) *(2 125 F par semaine; gîte indépendant; Quartier Godinot - 97226 Morne-Vert)*.

■ **Hébergement de la région
du Carbet**

Les gîtes ruraux de **M. et Mme Benoît Maizeroi** (n°054 à 056) *(1 480 F à 1 980 F par semaine; à proximité du logement du propriétaire; Quartier Bout-Bois - 97221 Carbet)*, situés à la hauteur de l'Anse Turin, sont particulièrement appréciés pour leur cadre tranquille.

Si vous êtes à la recherche d'un petit hôtel sympathique aux prix abordables dans la populaire région du Carbet, c'est au **Christophe Colomb** *(250 F; bp, C; rue Principale de Grande Anse - 97221 Carbet, ☎ 78.05.38)* que vous devez descendre. L'endroit est tout petit (10 chambres en tout) et bien modeste, mais la plage est tout près, et les prix sont difficiles à battre...

À quelques kilomètres du bourg se trouvent, accrochées à flanc de colline, les villas abritant les 24 chambres des **Carbets de Madinina** *(560 F à 620 F; tv, ≡, bp, ≈, C; quartier Le Fromager - 97221 Carbet, ☎ 78.08.08, ⇄ 78.06.92)*. Situé ainsi à l'écart, cet établissement vous assure d'un cadre verdoyant des plus reposants.

Un peu avant d'arriver au Carbet, en venant du sud, vous ne pourrez rater le village de bungalows du **Marouba Club** *(920 F à 1 280 F; ≡, bp, ≈, ℜ; 97221 Carbet, ☎ 78.00.21, ⇄ 78.05.65)*. En tout, 125 chambres peuvent accueillir les visiteurs dans une atmosphère familiale. D'ailleurs, ce centre hôtelier dispose d'un «mini-club» où les enfants de 3 à 12 ans sont les bienvenus.

■ **Hébergement de la région de Saint-Pierre**

Bien qu'elle offre un évident intérêt culturel et touristique, Saint-Pierre manque dramatiquement de lieux d'hébergement dignes de mention. Il est à souhaiter que, dans un avenir rapproché, tous les projets entourant la nomination de Saint-Pierre au titre de «ville d'Art et d'Histoire» encourageront la venue d'hôteliers dans les parages.

Mais heureusement, il y a quelques gîtes ruraux, comme ceux de Mme **Pierrette Couloute** (n°052, ❘❘❘❘) *(1 190 F par semaine; au-dessous du logement du propriétaire; Jardin des Plantes - 97250 Saint-Pierre)* et de M. et Mme **Bruno Jubert** (n°135 à 137) *(1 260 F par semaine; gîtes mitoyens du logement du propriétaire; Quartier Trois-Ponts - 97250 Saint-Pierre)*.

Vous pourrez aussi vous rabattre sur **La Nouvelle Vague** *(250 F; ℜ; 97250 Saint-Pierre, ☎ 78.14.84)*, un minuscule hôtel de cinq chambres sans confort situé sur la Place Bertin, au bord de la

mer. Ne cherchez pas le luxe ici, mais l'endroit mérite tout de même une mention pour ses tarifs peu élevés et son emplacement pratique. Qui plus est, on mange très bien à son restaurant (voir p 188).

Il y a de plus la **Résidence Surcouf** *(320 F; bp, ≈, C; quartier du Fort - 97250 Saint-Pierre, ☎ 78.32.73, ⇄ 78.13.82)*, un meublé de tourisme situé à 1,5 km du bourg de Saint-Pierre, sur l'allée Pécoul, dans le quartier du Fort. Un parc de 3 ha entoure les bungalows dans lesquels ont été aménagés des appartements entièrement équipés.

■ **Hébergement de la région du Prêcheur**

Voilà un autre coin tranquille où les hôtels se font rares. Encore ici, c'est du côté des gîtes ruraux que vous devrez vous tourner : le gîte de Mme **Alice Pierre-Michel** (n°073, ❘❘❘❘) *(2 555 F par semaine; gîte indépendant; Quartier des Abymes - Le Prêcheur - 97250 Saint-Pierre)*, situé directement sur la plage, ou celui de Mme **Eliette N'Guela** (n°063, ❘❘) *(1 490 F par semaine; gîte indépendant; 11 Cité Poihé - Le Prêcheur - 97250 Saint-Pierre)*.

 Restaurants

■ **Les restaurants de la région de Schœlcher**

À l'Anse Madame se cache, dans un extraordinaire jardin tropical, le restaurant **Le Sunset** *(180 F; fermé dim; ☎ 61.22.36 ou 61.11.82)*. Pour y accéder, il faut emprunter la sortie «Schœlcher Nord» de la N2, puis, après être passé sous l'autoroute, tourner à droite sur la seconde rue que l'on croise. L'entrecôte à la crème de passion mérite à elle seule le détour. Dans le même établissement logent un petit hôtel, un bar et une discothèque.

La **Dolce Vita** *(200 F; fermé dim;* ☎ *61.80.33)*, un étonnant petit restaurant de nouvelle cuisine créole, se trouve à moins de 200 m de l'hôtel La Batelière. Vous y apprécierez au plus au point les audaces du menu : cocktail de crevettes et crustacés glacé en Saint-Jacques, longe de porc à l'exotique, magret de canard sauce passion. De plus, il ne faudrait surtout pas vous emporter et crier à la fausse représentation, car, comme son nom le laisse entendre, ce resto sert aussi des plats italiens. Le vendredi soir, des musiciens égayent les lieux de leurs mélodies.

Le tout récent Hôtel l'Anse Colas, sur la Route du Petit Tamarin, abrite un gentil restaurant dont la terrasse donne agréablement sur une piscine en forme de lagon : le **Pomme-Cannelle** *(250 F; tlj;* ☎ *61.28.18)*. Le menu se compose de spécialités françaises et antillaises, parmi lesquelles on remarque particulièrement la cuisse de poulet farcie aux lambis, le canard au gingembre et le vivaneau à la vanille.

Pourquoi ne pas vous offrir le luxe d'un bon repas au **Bleu Marine** *(300 F; tlj;* ☎ *61.49.49)*, le restaurant du prestigieux hôtel La Batelière? Encore ici, la terrasse se trouve près de la piscine et offre, à l'horizon, une splendide vue sur la mer. Certains soirs, la troupe des Ballets martiniquais s'y produit au grand plaisir des convives, encore occupés à déguster cigares de saumon ou arlequins d'igname.

Situé en bord de mer dans le bourg même (sortie «Schœlcher Centre» de la N2), **Le Foulard** *(300 F; fermé dim;* ☎ *61.15.72)* constitue une halte ayant une réputation enviable. Attention! On raconte que les plats du jour sont toujours supérieurs à ceux apparaissant sur la carte, pourtant bien alléchante : escargots aux morilles, crêpe de langouste, soufflé au grand-marnier...

■ **Les restaurants de la région de Case-Pilote**

Pour une petite bouffe rapide dans un décor unique, arrêtez-vous au **Snack Bar de la Plage** (☎ *78.81.36)*. Les filets et bateaux de pêcheurs, de même que les odeurs amenées par le vent de la mer, donnent à ce casse-croûte sans prétention un cachet on ne peut plus savoureux.

Un établissement au cachet indéniable donne directement sur la place centrale de Case-Pilote : le **Céleste's Village** *(tlj;* ☎ *78.72.78)*. Ce café-restaurant propret prépare une cuisine créole et française toute simple et à bon prix.

Pour quelque chose d'un peu plus élaboré, il faut aller à l'excellente **Auberge du Varé** *(200 F; tlj;* ☎ *78.80.56)*. Occupant une sublime maison coloniale entourée d'un non moins sublime jardin tropical, le Varé vaut qu'on s'y arrête, ne serait-ce que pour apprécier la poésie du cadre dans lequel il repose, tel un diamant dans son écrin. Qui plus est, on y sert une succulente cuisine familiale mettant en vedette boudin, écrevisses, filet au poivre, fricassée de chatrou, etc. Mais surtout, gardez-vous un peu de place pour une portion de tarte tatin...

Vous risquez d'avoir un peu de difficulté à repérer **Le Maniba** *(200 F;*

fermé dim et lun; ☎ *78.73.89*). Il se cache dans le centre commercial Maniba, au cœur du développement domiciliaire moderne du même nom, dont plusieurs jugent sévèrement l'audace, à deux pas du bourg historique de Case-Pilote. Quoi qu'il en soit, le cuisinier de ce restaurant créole et français se tire très bien d'affaire avec, entre autres, sa brochette d'écrevisses au curry et, en entrée, son feuilleté de lambis au gratin.

■ **Les restaurants de la région de Morne-Vert**

Planté à 650 m d'altitude, au cœur de la «petite Suisse antillaise», **Le Cécilia** (*150 F; fermé le soir sauf sur réservation de groupe;* ☎ *55.52.83*) vous accueille à bras ouverts tous les midis. Au beau milieu du décor spectaculaire que composent les pitons du Carbet, vous vous pourlécherez les babines rien qu'en consultant le menu : couronne de christophine, cailles flambées au rhum vieux, requin à l'orange, tarte au coco. La gentillesse des hôtes vient compléter ce tableau déjà fort attrayant, ce qui, bien sûr, ne gâche rien.

■ **Les restaurants de la région du Carbet**

Parmi les nombreux restaurants «les pieds dans l'eau» du Carbet, il en est un où le rapport qualité/prix s'avère particulièrement bon. Il a pour nom **La Paillotte** (*85 F;* ☎ *78.03.79*) et propose un menu créole tout à fait respectable à prix abordable.

À Grande Anse, non loin du Centre de Thalassothérapie, une grande terrasse colorée donne directement sur la plage : **L'Imprévu** (*125 F; fermé dim et lun soirs;* ☎ *78.01.02*). Vous retrouverez au menu les plats habituels que sont le touffé de requin, la fricassée et le poulet farci aux lambis, mais surtout de délicieux desserts, comme l'ananas Imprévu et la glace Tête Douet. Le vendredi soir a vu naître à L'Imprévu la tradition de la «soirée grillades» avec orchestre, chaque fois une fête mémorable.

Sur la plage du Coin, le restaurant **O Ra La Lanme** (*125 F; tlj;* ☎ *78.08.48*) représente une bonne aubaine. À une terrasse garnie de nombreuses plantes tropicales et d'un mobilier de bois foncé, vous mangerez un délicieux coq au vin ou encore l'assiette barbecue (poulet, côte d'agneau et côte de porc). Notez de plus qu'on y organise une «soirée grillades» tous les samedis soirs.

Aménagé dans l'un des bâtiments de l'ancienne Habitation Anse Latouche, que l'on s'efforce actuellement de faire revivre (voir p 171), **Le Poids du Roy** (*180 F; ouvert tous les midis et le soir sur réservations de 10 personnes et plus;* ☎ *78.18.07*) jouit d'un cadre tout à fait exceptionnel. Le nom de ce resto rappelle que l'on désignait ainsi les bureaux de contrôle des poids et mesures que l'on retrouvait sur tout le territoire dépendant de la monarchie française à partir de 1690. C'est ici, à l'habitation Anse Latouche, qu'était installé celui desservant la Martinique. Dans ce décor vous ramenant au XVIIᵉ siècle, vous dégusterez un jambon créole à la confiture d'oignons, un filet de vivaneau à la crème d'avocat ou une omelette aux fruits exotiques. À n'en pas douter, vous garderez de cet endroit un bien doux souvenir.

Le Trou Crabe (*200 F; fermé dim soir;* ☎ *78.04.34*) est un agréable petit resto au charme romantique situé au bord de la plage, également dans le quartier du

Coin, à deux pas du Jardin zoologique Amazona. On y sert une bonne cuisine aux accents lyonnais et créoles. Essayez la quenelle de brochet sauce Nantua, la fleur des îles (filet de bœuf cuit au four, garni d'ananas et de bananes gratinées) et, pour finir le tout en beauté, le flan à l'ananas. Le Trou Crabe possède en outre une cave à vins des mieux fournies, chose malheureusement bien rare en Martinique.

Un peu à l'écart, dans les environs de la piscine olympique du Carbet, se cache le bien sympathique endroit qu'est **Le Petit Carbet** *(200 F; ☎ 78.07.80)*. Ici, c'est l'imagination que l'on retrouve au menu : cassolette de chatrou aux algues marines, Saint-Pierre frit et mariné aux oignons et aux câpres, cuisse de canard confit au «schrub» et à l'orange. Avis aux intéressés : Le Petit Carbet peut également se transformer en traiteur.

Le Grain d'Or *(215 F; ☎ 78.06.91)*, en bord de mer, constitue un autre choix judicieux. On y sert de délicieux fruits de mer dans une vaste salle ou, à l'extérieur, autour d'une jolie piscine.

■ **Les restaurants de la région de Saint-Pierre**

Dans la ville martyre de Saint-Pierre, mentionnons tout d'abord deux adresses idéales pour le déjeuner. Ainsi, si le goût de poulet rôti vous tenaille, votre choix devrait porter sur **Le Plateau du Théâtre**, aménagé dans une coquette maison blanche faisant face aux ruines de l'ancien théâtre. Tout près de là, à l'intérieur de l'édifice logeant la Compagnie de la Baie de Saint-Pierre, vous trouverez **Le Cargo Bleu**, qui propose un menu complet à 85 F le midi.

Sur la Place Bertin, on peut également bien manger pour pas trop cher au restaurant de l'hôtel **La Nouvelle Vague** *(80 F; ☎ 78.14.34)*. Au menu, fruits de mer et spécialités antillaises et françaises, le tout servi sans façon, à la bonne franquette.

Pour un repas à petit prix, le **Relais du Musée** *(80 F; fermé mer et dim; ☎ 78.31.13)*, en face du Musée Historique, est tout indiqué. La charmante salle à manger climatisée, à l'arrière, ne dispose que de quelques tables de bois entourées de chaises noires. Les murs et les nappes, vert pastel, ajoutent la touche de couleur qu'il faut pour que ce modeste endroit devienne un lieu de rendez-vous fort sympathique. Il y a aussi quelques tables près du four, à l'avant. Au menu, une variété de pizzas cuites au four à bois. Également, possibilité d'acheter un sandwich pour emporter.

Quartier du Mouillage, directement sur le sable, **La Guinguette** *(90 F; fermé lun soir; ☎ 78.15.02)* est une autre modeste mais bien accueillante adresse. Décorée de filets de pêcheurs, de fruits et de plantes exotiques, La Guinguette possède un charme hors du commun. Le menu est tout ce qu'il y a de plus classique (écrevisses grillées, touffé de requin, blanc-manger au coco), mais l'ambiance, elle, est unique.

Dans le quartier du Fort, **La Factorerie** *(100 F; 11 h 30 à 14 h 30, fermé sam; ☎ 78.12.53)* s'est bâti une belle réputation. Il vous faut essayer son colombo de poulet (qu'on élève sur place), ou encore le poulet aux écrevisses.

Quel est le comble de l'exotisme? C'est peut-être bien de déguster une délicieuse cuisine chinoise au cœur des

Antilles... Voilà l'occasion présentée par le **Royal Belle-Ville** *(150 F; fermé mer midi et dim soir;* ☎ *78.10.69)*, situé sur la rue Victor-Hugo, en plein centre de Saint-Pierre. Les fruits de mer sur plat de fonte aident à faire le lien entre ce décor asiatique et la mer des Caraïbes.

Dans les hauteurs surplombant le quartier du Centre, sur la route menant vers Fond-Saint-Denis, **Le Fromager** *(180 F; tlj 12 h à 15 h;* ☎ *78.19.07)* mérite le détour, ne serait-ce que pour la vue remarquable qu'on y a sur la ville et la rade de Saint-Pierre. La carte n'est de toute façon pas vilaine non plus : féroce d'avocat, chatrou à la tahitienne et mangues flambées forment une bonne combinaison. Le vendredi soir, le restaurant ouvre exceptionnellement ses portes à partir de 19 h 30 pour une «soirée grillades».

Pour un bon poisson frais, rendez-vous au **Cyparis Station** *(230 F; tlj;* ☎ *78.36.73)*, à la sortie de Saint-Pierre en vous dirigeant vers Le Prêcheur. Le propriétaire, lui-même pêcheur, vous convie à goûter ses œufs de poisson cuits à la papaye, son blaff d'oursins et ses filets de poissons panés. Vous pouvez même lui demander de vous emmener en mer, ce qu'il devrait accepter avec le sourire.

■ **Les restaurants de la région du Prêcheur**

Solution économique au Prêcheur, le casse-croûte **Le Madras** *(*☎ *52.95.75)* a pignon sur plage à l'embouchure de la rivière du Prêcheur. Il s'agit d'une modeste hutte de bambou, autour de laquelle semble perpétuellement courir une ribambelle de gamins.

Sur la route principale, dans le quartier des Abymes du Prêcheur, vous trouverez le sympathique resto **Chez Ginette** *(180 F; tlj 12 h à 15 h 30;* ☎ *52.90.28)*. Entouré de peintures naïves aux couleurs vives, ornant tous les murs intérieurs et racontant l'histoire du Prêcheur et de la Martinique, vous pourrez vous offrir un poisson grillé au feu de bois. Le boudin de langouste, spécialité du chef, a, quant à lui, gagné ses lettres de noblesse. Ambiance décontractée.

À l'entrée du bourg, venant de Saint-Pierre, **La Belle Capresse** *(400 F; fermé lun;* ☎ *52.96.23)* présente un décor dénudé mais des assiettes bien garnies. Le pâté de requin, le filet de poisson poché au lait de coco et les croquettes de «légumes pays» ne sont que quelques-unes des créations maison. La terrasse donne directement sur la mer.

À la sortie du village en allant vers le nord, vous apercevrez sur votre gauche **Le Mélodie** *(200 F; tlj;* ☎ *52.90.31)*. Il s'agit d'un fort séduisant endroit où la dégustation d'accras de morue s'élève au rang d'art. Également à signaler sur la carte, langouste, dorade à l'ananas et colombo de requin. Vous y mangerez à une grande terrasse bien ombragée faisant face à la mer, ou directement sur la plage.

 Sorties

C'est l'hôtel La Batelière, à Schœlcher, qui fait figure de point central de la vie nocturne sur la côte Nord-Caraïbe. Bien sûr, il y a le **casino de La Batelière** *(entrée 50 F; tenue vestimentaire soignée;* ☎ *61.49.49)*, qui attire nombre de visiteurs. Mais il faut aussi compter sur le **Queen's** *(22 h à l'aube, fermé le*

lundi), la discothèque de l'hôtel, décorée à la manière d'un grand navire, pour que la fête se poursuive jusqu'aux petites heures du matin.

L'autre boîte susceptible de retenir l'attention des oiseaux de nuit est **Le Sunset** *(19 h à 1 h, fermé le dimanche)*, à l'Anse Madame. Sous un même toit se trouvent un restaurant, un piano-bar et un hôtel.

Au Carbet, on se donne rendez-vous à la discothèque du village de vacances **Marouba Club**. Animation et spectacles de musiciens.

Finalement, prenez note qu'il y a une salle de cinéma à Saint-Pierre. Il s'agit de l'**Élysée** *(☎ 77.18.46)*, sur la rue Lucy.

Magasinage

■ Magasiner dans la région de Saint-Pierre

On peut faire de bonnes affaires aux **étals d'artisans**, près du Musée Vulcanologique. Ce marché improvisé vous permettra de dénicher t-shirts, madras et bijoux à prix négociables.

À la Place Bertin, en face du marché, **Look Caraïbe** *(tlj 9 h à 18 h, ☎ 78.21.67)* est l'endroit tout indiqué pour trouver des souvenirs en tout genre : poteries, bijoux, tableaux, cartes postales, etc.

LA ROUTE DE LA TRACE ★★★

oici un circuit rien de moins qu'incontournable! Quiconque prétend connaître la Martinique se doit d'avoir emprunté la célèbre Route de la Trace à travers la végétation spectaculaire et démesurée de la forêt tropicale humide, où règne un silence que seuls le chant des oiseaux et le bruit des cascades ou ruisseaux se permettent timidement de rompre.

Le circuit que nous vous proposons parcourt cette «trace», ouverte dès le XVIIIᵉ siècle pour contourner les Pitons du Carbet et aujourd'hui devenue une sorte d'attraction touristique. Toutefois, le Parc Régional de la Martinique veille à ce que ce développement se fasse en complète harmonie avec la nature. C'est d'ailleurs dans cet esprit qu'a été développé l'important réseau de sentiers de randonnée pédestre permettant la découverte de cette épaisse jungle.

Plus loin, notre balade vous conduira dans de pittoresques villages fleuris, comme Fond-Saint-Denis et l'Ajoupa-Bouillon. C'est là, dans une féerie de couleurs chatoyantes et une orgie d'effluves capiteuses, que le nom d'île aux fleurs, donné à la Martinique par ses premiers habitants, prend tout son sens.

Notre circuit contourne aussi un monstre : la montagne Pelée. C'est en effet par Morne Rouge que l'accès au volcan meurtrier est le plus direct. D'autres préféreront l'escalader par sa face nord, au départ de Grand'Rivière, là où la route s'arrête, là où l'on croit avoir atteint le bout du monde.

La montagne Pelée, vieille d'au moins 400 000 ans, culmine à 1 397 m. Depuis l'arrivée des Français en Martinique, quatre éruptions ont été remarquées. Une première, faible en intensité, survint en 1792. Puis, en 1851, le volcan se manifesta une seconde fois. Il y eut ensuite les nuées ardentes de 1902-1904, qui entraînèrent la destruction de Saint-Pierre, puis de Morne Rouge, et firent 30 000 morts. Finalement, un dernier sursaut fut enregistré entre 1929 et 1932, mais cette fois le volcan se fit moins cruel. Ces deux dernières éruptions (1902-04 et 1929-32) furent qualifiées de «péléennes», puisqu'on avait jamais observé auparavant ce type de manifestation caractérisé par l'émission de nuées ardentes et la formation de dômes visqueux dans le cratère sommital. Des sentiers de randonnée permettent d'ailleurs aujourd'hui d'explorer les cônes de 1902 et de 1929.

Notre route se terminera sur la côte Nord-Atlantique, région historique jouissant d'une longue tradition agricole. Autrefois, les habitations sucrières rivalisaient les unes avec les autres en ces lieux. Aujourd'hui, la banane et l'ananas ont pris leur place. Vous poursuivrez votre excursion en longeant cette côte aux paysages superbes, mais peu hospitaliers. En effet, ici les plages n'ont rien à voir avec celles du Sud. Des vagues puissantes les balaient constamment, si bien que ce ne sera pas pour le plaisir de la baignade que vous vous rendrez jusque-là, jusqu'à l'extrême nord de l'île au-delà de Basse-Pointe, lieu de naissance d'Aimé Césaire, jusqu'au minuscule village de pêcheurs de Grand'Rivière.

Pour s'y retrouver sans mal

■ En voiture

Au départ de Fort-de-France, il faut emprunter la route de Balata, qui prolonge le boulevard Allègre vers le nord (suivez les indicatons pour «Morne Rouge, Route de Balata») pour ensuite devenir la route nationale 3 (N3), mieux connue sous le nom de Route de la Trace. Après avoir traversé la forêt tropicale, vous atteindrez la côte, où la route nationale 1 (N1) vous permettra de rejoindre Le Lorrain ou de poursuivre vers Basse-Pointe. Au-delà de ce dernier bourg, la route départementale 10 (D10) conduit jusqu'à Grand'Rivière.

En venant du sud de l'île (régions des Trois-Îlets, du Diamant ou de Sainte-Anne), la route nationale 5 (N5), puis la N1, permettent d'atteindre la périphérie de Fort-de-France. Une fois à la hauteur du chef-lieu, suivez les indications pour le quartier de Balata.

La location d'une voiture

Dillon 2000
Hôtel de la Plantation de Leyritz
Basse-Pointe
☎ 78.53.32, poste 128

■ En bateau

Accéder à la région par Grand'Rivière au moyen d'un bateau constitue un choix intéressant. Pour ce faire, il est

---

Page de droite : Un arrière-plan grandiose : la silhouette des pitons du Carbet (en haut); Grand'Rivière... une certaine impression de bout du monde (en bas).

possible de négocier un tarif avec un des pêcheurs du village du Prêcheur, sur la côte Nord-Caraïbe.

Par ailleurs, une piste de randonnée pédestre célèbre relie Grand'Rivière au Prêcheur (voir p 182).

 Renseignements pratiques

■ **La région de Fond-Saint-Denis**

Syndicat d'initiative
Mairie
☎ 55.80.34

Mairie
☎ 55.88.88 ou 55.89.89
⇄ 55.82.91

■ **La région de Morne Rouge**

Syndicat d'initiative
Immeuble Magalon
Haut du bourg
☎ 52.45.45

Gendarmerie
☎ 52.34.33

Mairie
☎ 52.30.23

Pharmacie Osman Duquesnay
rue Principale
☎ 52.33.08

Stations-service
Texaco, sur la droite avant d'entrer dans la ville
Esso, après le stadium, à la sortie de la ville en direction de l'Ajoupa-Bouillon

Laverie
Pressing La Capress, près de l'hôtel de ville

■ **La région de l'Ajoupa-Bouillon**

Syndicat d'initiative
Immeuble Boulon
Quartier Racine
☎ 53.32.87

Mairie
☎ 53.32.22
⇄ 53.35.20

Station-service
Au centre du bourg, près du casse-croûte Universium

■ **La région du Lorrain**

Syndicat d'initiative
4, rue Félix-Éboué
☎ 53.42.63

Gendarmerie
☎ 53.45.08

Mairie
☎ 53.44.22
⇄ 53.40.42

Hôpital Principal
☎ 53.48.07

Page de gauche : Les ruines du château Dubuc sur la presqu'île de la Caravelle, gigantesque vigie avançant dans l'océan.

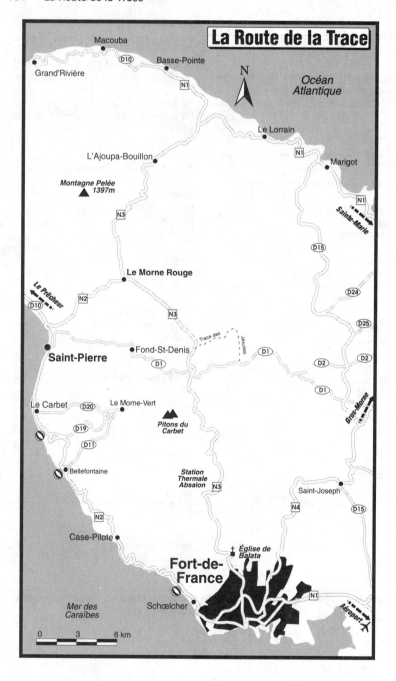

Pharmacie
Danielle Birota
22, rue Schœlcher
☎ 53.44.23

Station-service
Shell, à l'entrée de la ville en venant du
nord

Banques
BNP (rue Schœlcher)
Crédit Agricole (rue Victor-Hugo)
Crédit Martiniquais (rue Schœlcher)

■ **La région de Basse-Pointe**

Syndicat d'initiative
Haut du Morne-Bourg
☎ 78.94.67

Gendarmerie
☎ 78.52.85

Mairie
☎ 78.50.44
⇄ 78.97.16

Hôpital
☎ 78.50.76

Pharmacie
Onier Flore Hackaert
☎ 78.50.23

■ **La région de Grand'Rivière**

Syndicat d'initiative
Mairie du bourg
☎ 55.72.74

Mairie
☎ 55.77.77

 Attraits touristiques

■ **À voir dans la région
du quartier de Balata** ★

La route semble déjà s'enfoncer dans la forêt, alors qu'on est toujours dans un des quartiers aisés de Fort-de-France, soit celui de Balata.

Au loin, dominant la végétation tropicale, vous apercevrez bientôt l'étonnante silhouette de l'**église de Balata** ★, inaugurée en 1926, une reproduction fidèle, quoique de dimensions réduites, du Sacré-Cœur de Montmartre. Vous pourrez vous y arrêter quelques instants en suivant les indications fournies par un petit panneau, à gauche de la route, sur lequel vous lirez tout simplement le mot «église». Du stationnement, vous pourrez profiter d'une très belle vue sur Fort-de-France et ses environs.

Par la suite, il ne faut surtout pas manquer de vous arrêter au **Jardin de Balata** ★★★ *(adultes 35 F, enfants 15 F; tlj 9 h à 17 h;* ☎ *68.48.73)*, un parc botanique remarquablement aménagé, auquel vous pourriez consacrer une bonne heure (voir section «Parcs et plages», p 202).

Plus loin, vous traverserez le **pont de l'Alma**, au-dessus de la rivière Blanche (tables de pique-nique), puis arriverez bientôt au lieu-dit de Deux-Choux, à la hauteur de la D1, qui permet de rejoindre Fond-Saint-Denis en la prenant sur la gauche.

Église de Balata

■ **À voir dans la région
de Fond-Saint-Denis** ★

Le détour d'environ 12 km (aller-retour) qu'il faut faire pour aller à Fond-Saint-Denis en vaut la chandelle. Vous pourrez dans un premier temps vous arrêter quelques instants pour admirer la **Cascade Saut de Gendarme**, aux abords de laquelle on a récemment aménagé une aire de repos. Puis, à l'approche du bourg, vous serez à coup sûr séduit par les fleurs multicolores qui bordent la route. Dans le village, l'omniprésence des fleurs s'accentue encore davantage, et le spectacle de l'**église** entourée de fleurs et de la petite **mairie** dominant le chemin ne manque pas de charme.

Il semble en fait que la compétition soit des plus féroces entre les bourgs de Fond-Saint-Denis et de l'Ajoupa-Bouillon pour l'obtention du titre de la ville la plus fleurie de la Martinique. Vous ne pourrez que remercier le ciel de l'existence de cette rivalité en goûtant les irrésistibles tableaux féeriques qui en résultent.

C'est aussi à Fond-Saint-Denis que se trouve l'**Observatoire du Morne des Cadets**, construit en 1932 afin de faciliter l'observation de la montagne Pelée. Un sismographe ultramoderne permet en effet d'y analyser les moindres soubresauts du «monstre». En fait, on peut dire que le vilain volcan est aujourd'hui sous bonne garde, alors qu'un réseau d'une vingtaine de stations géophysiques veillent au grain et retransmettent continuellement des données à l'Observatoire, où elles sont traitées informatiquement.

De là, la vue sur le célèbre volcan, de même que sur les Pitons du Carbet et le domaine de l'Habitation Pécoul, est saisissante.

Devant l'église, un autre attrait ne manque pas d'intriguer les visiteurs. Il s'agit du **monument aux morts**, qui, comme dans pratiquement toutes les communes de France, fut élevé après la Première Guerre mondiale pour témoigner de la participation aux combats de citoyens de l'endroit. Sur un socle de bonnes dimensions a été posé un soldat de bronze... d'à peine 30 cm de haut. Il ne s'agirait en fait que de la maquette du monument projeté. Il semble que les résidants du village, qui devaient défrayer directement les coûts du monument, aient jugé hors de leurs moyens ce que leur proposait le constructeur. Ils en conclurent donc que la maquette allait faire l'affaire...

Fond-Saint-Denis est la plus petite commune de la Martinique quant à sa population (à peine 1 000 habitants), et son histoire ne remonte qu'à 1835. La pêche en rivière et l'élevage constituent les deux activités principales occupant les Denisiens.

Revenez sur vos pas pour regagner la Route de la Trace (N3), et reprenez votre chemin en direction de Morne Rouge.

■ À voir dans la région de Morne Rouge ★

Plusieurs choisissent Morne Rouge en guise de pied-à-terre, d'où ils organisent leur expédition à la montagne Pelée (voir section «Activités de plein air», p 204). Les quelque 5 000 résidants de Morne Rouge sont d'ailleurs appelés les Péléens.

Jusqu'au début du siècle, on trouvait sur le site qu'occupe aujourd'hui Morne Rouge plusieurs belles résidences que se faisaient construire ici les riches bourgeois de Saint-Pierre.

Érigée en commune en 1888, Morne Rouge cessa d'exister (administrative-

ment parlant) entre 1902 et 1908 à la suite de l'une des éruptions de la montagne Pelée survenue le 30 août 1902, qui fit alors 1 500 morts. Elle disparut de nouveau de la carte administrative martiniquaise d'octobre 1929 à mai 1930, après l'évacuation de sa population devant de nouvelles menaces du volcan meurtrier.

Se trouvant à environ 450 m d'altitude, cette commune porte bien son nom, «morne» étant synonyme de colline aux Antilles. La seconde partie de son nom évoque, quant à elle, la couleur de sa terre volcanique fertile.

Morne Rouge est un lieu de pèlerinage important en Martinique. Le 30 août de chaque année, de nombreux fidèles viennent se recueillir dans son **église** abritant une magnifique **statue de Notre Dame de la Délivrande**, une œuvre réalisée en Normandie, puis au **Calvaire de la Délivrande**, inscrit à l'inventaire national des monuments historiques en 1991. Les fidèles viennent donc ici rendre hommage à la Vierge, tout en évoquant dramatiquement le souvenir de la catastrophe du 30 août 1902.

Anthurium

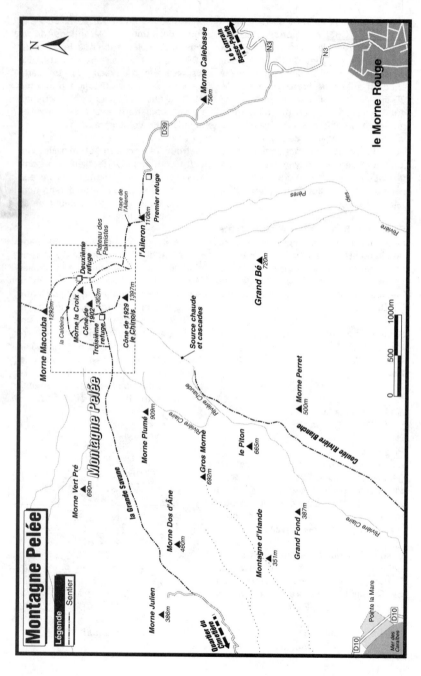

Fait à signaler, la mairie de Morne Rouge renferme un buste qui représenterait la première **Marianne noire** de France.

Profitez par ailleurs de votre passage à Morne Rouge pour faire un saut au **Jardin MacIntosh** (voir section «Parcs et plages», p 202) et à la **Maison du Volcan** *(adultes 20 F, enfants 10 F; ven et dim après-midi;* ☎ *52.45.45)*, un petit musée situé dans l'immeuble Magalon, là où se trouve le syndicat d'initiative.

Il est finalement à noter que c'est sur le territoire de la commune de Morne Rouge que l'on procède à l'embouteillage de l'**eau minérale Chanflor**, disponible partout en Martinique.

■ **À voir dans la région
   de l'Ajoupa-Bouillon ★**

L'autre prétendant à la couronne réservée à la reine des communes fleuries de la Martinique, l'Ajoupa-Bouillon, est le prochain arrêt de notre circuit. On raconte que son nom viendrait de l'un des premiers colons à s'être installé dans les parages, un dénommé Bouillon, qui se construisit ici un abri de fortune (chez les Arawaks, une ajoupa était une hutte faite de branchages).

Il s'agit de la plus importante commune de l'île en termes de superficie (11 114 ha), mais de l'une des dernières en ce qui a trait à sa population (1 700 hab.). Les gens y vivent de l'agriculture, mais surtout de l'élevage d'écrevisses de rivière (les z'habitants), une spécialité locale.

Ne manquez pas de jeter un coup d'œil sur la petite **église** baroque de l'Ajoupa-Bouillon. Construite en 1846, elle n'était alors qu'une simple chapelle. On

l'agrandit et l'améliora par la suite, si bien qu'elle trouva le moyen de survivre au cyclone de 1891 et à l'éruption de la montagne Pelée d'août 1902. Dans les années soixante, on a remplacé son ancien clocher par celui que l'on peut voir aujourd'hui.

Deux remarquables sites naturels retiennent également l'attention. Il y a tout d'abord, à l'entrée du village sur la gauche, les **Gorges de la Falaise ★**, d'où, après avoir escaladé quelques rochers, vous aboutirez devant une agréable cascade. Puis, il vaut le coup de vous lancer à la conquête du **sentier botanique et floral Les Ombrages ★**, aménagé au fond et sur les flancs d'une ravine où coulent des ruisseaux. Pour plus de détails, voir la section «Parcs et plages», p 202.

■ **À voir dans la région du Lorrain**

Après le village fleuri de l'Ajoupa-Bouillon, vous arriverez à la jonction de la N3 et de la N1. Vous aurez alors le choix de prendre sur la gauche et de poursuivre votre chemin vers l'extrême nord de l'île, ou bien d'aller à droite en direction du Lorrain, à moins de 5 km.

Établi au fond d'une grande baie battue par des vagues violentes, Le Lorrain se nommait autrefois Grande Anse. Dès 1680, une paroisse était érigée ici et, en 1837, Le Lorrain devint officiellement une commune. Nous sommes ici en plein «royaume de la banane», et c'est d'ailleurs cette forme de culture qui fait vivre bon nombre des 8 000 Lorinois.

C'est au Lorrain qu'est né Raphaël Confiant, auteur de nombreux romans, dont plusieurs écrits en créole, ainsi que d'essais importants (*Éloge de la Créolité*, avec Patrick Chamoiseau et

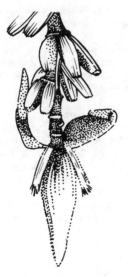

Fleur de bananier

La mairie, de son côté, conserve jalousement dans sa cour la **Marianne** offerte par la mère patrie en 1889 à l'occasion du centenaire de la Révolution française.

Rebroussez maintenant chemin vers le nord. Vous apercevrez au passage les ruines d'**anciennes habitations** (Vivé, sur la gauche; Capot, sur la droite, où l'on devine les formes du cachot qui était réservé aux esclaves récalcitrants; puis Chalvet, sur la gauche).

■ À voir dans la région de Basse-Pointe

Un peu avant d'atteindre Basse-Pointe, deux autres habitations méritent un coup d'œil. La première est l'**habitation Pécoul**, dont la construction remonte au XVIIIe siècle. La superbe maison principale est classée monument historique. Cependant, le domaine est encore aujourd'hui privé et, par conséquent, ne peut être visité.

Vous aurez toutefois plus de chance un peu plus loin, alors qu'une route sur la gauche conduit à la **Plantation de Leyritz** ★★, où l'ancienne habitation coloniale de Michel Leyritz (1681-1764), entourée d'un parc de 8 ha, est devenue, depuis le début des années soixante-dix, un magnifique centre touristique comprenant un hôtel, un restaurant et un musée. En 1976, une importante rencontre au sommet fut organisée en ces lieux entre le président américain Gerald Ford, le premier ministre de Grande-Bretagne James Callaghan, le chancelier ouest-allemand Helmut Schmidt et le président français Valéry Giscard d'Estaing.

La visite du domaine permet de découvrir avec ravissement de remarquables

Jean Bernabé). En 1994, son roman *L'allée des soupirs* fut dans la course jusqu'à la fin pour le prestigieux prix Goncourt.

Derrière l'église, un étonnant **monument aux morts**, où un poilu de la Première Guerre mondiale prend la pose avec désinvolture, ne manquera pas d'attirer votre attention. Réalisée par un sculpteur demeuré anonyme, cette statue offre un côté naïf fort séduisant. Elle subit toutefois en 1993 une rénovation qui la transforma sensiblement. Ainsi, le soldat posant si fièrement aux côtés de son ange gardien (symbolisant la France), jadis à la peau noire, présente aujourd'hui un visage bien rose...

L'**église**, quant à elle, abrite un bas-relief en bois représentant saint Hyacinthe, à qui est dédiée la paroisse, ainsi qu'une étonnante fontaine ayant déjà servi de fonts baptismaux.

exemples de l'architecture propre aux habitations du début du XVIIIe siècle : la rhumerie, la roue à aubes du moulin à canne et la maison des maîtres, dans laquelle vous remarquerez de splendides meubles d'acajou. Il ne faut pas manquer de plus les magnifiques jardins; le goût pour l'art floral de l'écrivain Joseph Zobel, auteur de *La Rue Cases-Nègres*, fut mis à contribution dans leur aménagement.

La plantation de Leyritz abrite également le **Musée des Poupées Végétales** ★★ *(adultes 15 F, enfants 5 F; tlj 9 h à 19 h;* ☎ *78.53.92)*, un établissement unique en son genre, où l'artiste Will Fenton présente ses extraordinaires œuvres. À l'aide de feuilles et de fleurs séchées, Fenton arrive à créer des figurines qu'il habille de costumes traditionnels ou modernes.

Par la suite, vous pénétrerez dans le village de Basse-Pointe, là où, le 21 juin 1913, naquit le légendaire Aimé Césaire, écrivain, poète et député-maire de Fort-de-France depuis 1945. La culture de l'ananas et de la banane occupe la majeure partie des 4 400 habitants de la commune, dont une proportion importante est d'origine hindoue. Il s'agit de descendants des Indiens qui vinrent remplacer les Noirs dans les champs après l'abolition de l'esclavage en 1848.

À la sortie du village, sur la gauche, vous croiserez la **rhumerie JM** *(visite et dégustation gratuites; lun-ven 7 h à 12 h et 13 h 30 à 15 h 30;* ☎ *78.92.55)*, où l'on produit un rhum vieux ayant une excellente réputation. Au-delà, c'est la D10 qui permet d'aller plus loin, en direction de Macouba.

■ **À voir dans la région de Macouba**

Vous atteindrez bientôt le modeste bourg de Macouba (1 400 habitants). Macouba désignait, dans la langue des Caraïbes, une variété de poissons jadis très abondante dans la région. Que trouver de mieux comme nom pour ce petit village de pêcheurs!

En 1694, le célèbre Père Labat, une autre figure légendaire de la Martinique, devint curé de cette paroisse.

La route devient par la suite très étroite et semble s'enfoncer dans la végétation touffue de la forêt tropicale. Le passage sur le **pont métallique** ★★ enjambant la rivière Potiche vous donnera littéralement le vertige. Vous rejoindrez bientôt ce qui vous semblera être le bout du monde, Grand'Rivière.

■ **À voir dans la région de Grand'Rivière** ★★

Le village isolé de Grand'Rivière mérite à n'en point douter l'expédition. C'est ici que se termine la route, au point le plus septentrional de l'île, là où les maisons des pêcheurs s'agrippent à la falaise qui plonge dans une mer agitée.

Outre ce «sentiment de bout du monde», la tranquillité délicieuse de l'endroit et le spectacle des pêcheurs qui affrontent la houle menaçante de l'océan, Grand'Rivière ne possède aucun attrait touristique en tant que tel. Tout au plus peut-on mentionner le **marché aux poissons**, vivant et coloré. Toutefois, personne ne regrettera d'avoir vu ce bourg, d'avoir goûté son ambiance unique...

Parcs et plages

■ **Les parcs et plages
de la région du quartier de Balata**

Le Jardin de Balata ★★★

Une halte à ce jardin botanique des hauteurs de Fort-de-France s'impose. Jean-Philippe Thoze a mis 20 ans à aménager les alentours de la maison de sa grand-mère. Quand, en 1986, les portes du **Jardin de Balata** *(adultes 35 F, enfants 15 F; tlj 9 h à 17 h; ☎ 64.48.73)* s'ouvrirent pour accueillir le public, c'est avec enchantement que les premiers visiteurs découvrirent ce jardin exotique regroupant plus de 195 espèces de plantes, d'arbres et de fleurs. Le site est organisé de façon à dégager des ouvertures offrant de superbes panoramas des Pitons du Carbet, de la Ravine Didier et de Fort-de-France. Il faut compter une heure pour parcourir l'ensemble du jardin entourant une très jolie maison créole, posée là comme dans un écrin verdoyant. À l'intérieur de celle-ci, vous pourrez admirer quelques beaux meubles anciens.

■ **Les parcs et plages
de la région de Morne Rouge**

Le Jardin MacIntosh

Le **Jardin MacIntosh** *(adultes 20 F, enfants 8 F; lun-sam 9 h à 16 h 30, dim fermé; ☎ 52.34.21)* est en fait une plantation d'anthuriums, située sur les terres de l'Habitation Longchamps, dont la création remonte à 1978.

■ **Les parcs et plages
de la région de l'Ajoupa-Bouillon**

Les Gorges de la Falaise ★

Le parc des **Gorges de la Falaise** *(adultes 20 F, enfants 15 F, visite guidée 35 F; ☎ 53.37.35)* est essentiellement constitué d'un sentier pédestre conduisant à une superbe cascade. Des boîtes étanches pouvant protéger appareils photo et caméras vidéo sont fournies aux visiteurs qui peuvent en outre louer des chaussures antidérapantes. Comme certains passages obligent à se mouiller et que la profondeur de l'eau est variable, cette balade s'adresse à ceux qui savent nager et qui n'ont pas oublié leur maillot de bain.

Le sentier botanique et floral Les Ombrages ★

Situé à la sortie du village de l'Ajoupa-Bouillon, le **sentier botanique et floral Les Ombrages** *(adultes 15 F, enfants 5 F; tlj 8 h à 16 h 30; ☎ 53.31.90 ou 53.32.87)* présente de nombreuses espèces naturelles ou cultivées d'arbres, d'arbustes et de plantes. Le sentier serpente au fond et sur les flancs d'une ravine jusqu'à un superbe jardin créole, puis, en fin de parcours, atteint les ruines d'une ancienne distillerie.

Par ailleurs, une attraction récente est venue rehausser encore davantage ce site. Il s'agit du **Jardin des Papillons** *(25 F; ☎ 53.35.46)*, où l'on a créé dans une serre de 1 200 m² un environnement où coule une petite rivière et évoluent de magnifiques papillons.

■ **Les parcs et plages
de la région du Lorrain**

La plage du Lorrain, bien qu'elle soit
très grande et à plusieurs points de vue
attirante, est balayée par des vagues
très violentes, à tel point que la baignade y est presque toujours
dangereuse.

■ **Les parcs et plages
de la région de Grand'Rivière**

Encore ici, le village possède une jolie
plage où reposent les bateaux de
pêcheurs, mais de fortes vagues, qui
semblent déferler en permanence, rendent la baignade périlleuse.

 Activités de plein air

 La randonnée pédestre

Le circuit d'Absalon

Ce sentier débute tout juste après le
Jardin de Balata. Il faut alors prendre à
gauche sur la route d'Absalon (D60)
afin de rejoindre l'ancienne station
thermale du même nom.

Il s'agit d'une promenade en forêt très
populaire parce que facile et tout près
de Fort-de-France. Le circuit décrit une
boucle de 4 km nécessitant environ
2 heures de marche.

Le Morne Césaire

Un peu plus au nord, la Route de la
Trace (N3) fait une espèce de
croisement en épingle, sur la droite,
avec la route forestière de Fond

L'Étang. Empruntez cette dernière sur
environ 1 km, et vous atteindrez un
terrain de stationnement, point de
départ du sentier du Morne Césaire.

Il s'agit d'un circuit de difficulté
moyenne faisant 2 km (aller seulement). Comptez environ 2 heures pour
le parcourir. Au programme : une belle
promenade en forêt tropicale humide
avec un passage dans une zone
nouvellement reboisée.

La trace des Pitons

Cette superbe balade à travers les
Pitons du Carbet commence à l'hôpital
psychiatrique de Colson, encore un peu
plus au nord par la N3. Le sentier fait
alors une boucle de 5,3 km se ter-
minant au champ de tir près du village
de Colson.

Il faut prévoir au moins 5 heures
30 min pour réaliser ce trajet difficile,
nécessitant une excellente condition
physique. Vous grimperez jusqu'à
1 103 m d'altitude, au sommet du
piton Dumauzé, avant de poursuivre en
direction du piton de l'Alma. À un
certain moment, vous atteindrez le
point d'intersection entre ce sentier et
une piste permettant de rejoindre le
piton Lacroix. Pour cette éreintante
promenade, munissez-vous de souliers
à crampons et d'un imperméable. Partez tôt le matin, avec eau et nourriture,
en choisissant une journée où le ciel est
dégagé.

Plateau Boucher - Morne Piquet

Toujours plus au nord, sur la Route de
la Trace (N3), vous arriverez bientôt à
une savane herbeuse habitée, le
Plateau Boucher.

C'est le point de départ d'une ascension difficile de 3 km (aller seulement; comptez 3 heures) jusqu'au sommet du piton Boucher (1 070 m). Panoramas remarquables et végétation d'altitude constituent les attraits principaux de cette expédition. Partez tôt le matin, et n'oubliez pas eau, nourriture et imperméable.

Caplet - Fond-Saint-Denis

Vous trouverez le point de départ de cette piste sur la D1, à environ 1 km avant le village de Fond-Saint-Denis en venant de la route de la Trace (N3).

Ce sentier linéaire (4 km; prévoyez 3 heures de marche) vous conduira à Caplet, au Morne-Vert. Classé «facile», il s'adresse à tout le monde. Voilà une bonne idée pour tous ceux et celles qui sont à la recherche d'activités familiales.

La Trace des Jésuites

De retour sur la N3, 2 km passé le carrefour de Deux-Choux, un petit terrain de stationnement situé juste après un tunnel marque le point de départ de la célèbre Trace des Jésuites.

C'est un itinéraire facile qui permettra à tout le monde d'apprécier les richesses de la forêt tropicale humide : lianes, fougères, mousses, mais aussi gommiers blancs, magnolias à fleurs blanches, philodendrons et orchidées. La piste fait 5 km (comptez 3 heures de marche) et se termine sur la D1, entre Deux-Choux et Gros-Morne.

La montagne Pelée

Le sentier le plus direct permettant de gravir la montagne Pelée est celui dit de l'**Aileron**, dont le point de départ se trouve au bout de la route du même nom (D39), près du premier refuge, que l'on emprunte sur la gauche après le village de Morne Rouge.

Bien qu'il soit des plus fréquentés, ce sentier représente un bon défi, ce qui justifie pleinement son classement «difficulté moyenne». Il est tortueux, et les sols y sont plutôt instables. On ne peut donc s'y attaquer par temps de pluie. De toute façon, l'expérience perdrait alors tout son intérêt qui, essentiellement, réside dans les points de vue à couper le souffle que le sentier permet de découvrir.

Après 2 heures de marche sur 2,5 km, vous serez passé des 822 m d'altitude du point de départ à quelque 1 250 m. Vous atteindrez alors le deuxième refuge, là où débute un nouveau sentier, **la Caldeira**. Celui-ci s'avère difficile et court sur 2,5 km, qu'il est possible de couvrir en 2 heures 30 min. Après être descendu au pied du morne la Croix, vous vous lancerez dans une ascension de 400 m qui vous conduira au sommet du dôme créé en 1902 à la suite de manifestations meurtrières du volcan.

Finalement, près du troisième refuge, un court sentier (500 m) grimpe au sommet du **Chinois**, un autre dôme, datant de 1929 celui-là. Comptez environ 30 min pour cette escalade de difficulté moyenne.

Carabin - morne Jacob

Près du bourg du Lorrain, une piste s'engage dans une bananeraie, puis part à l'assaut du morne Jacob (880 m). Vous trouverez le point de départ en prenant la D22, à l'entrée est du village, suivie d'un chemin rural conduisant à Carabin.

Cette balade présente une difficulté jugée moyenne. Elle est longue de 5 km, que vous parcourrez en 3 heures. Son principal attrait réside dans le panorama grandiose de la côte atlantique qu'il permet d'observer.

La savane Anatole par Désiles

Le point de départ de ce sentier se trouve sur la D10, 1 km après Macouba, à la hauteur de Nord Plage.

Cette excursion facile vous conduira en 2 heures 30 min (5 km), à travers des exploitations agricoles, à la «maison du moine» située dans la savane Anatole. Il s'agit là du point de jonction de ce circuit et de celui de la montagne Pelée par Grand'Rivière.

La montagne Pelée par Grand'Rivière

Un sentier permet de gravir la montagne Pelée par le nord. C'est le plus long (8 km; 4 heures 30 min de marche), mais aussi le plus progressif. Il est accessible par la D10, un peu avant d'arriver à Grand'Rivière.

Cette piste de difficulté moyenne se termine à la hauteur du deuxième refuge, là où débute le sentier de la Caldeira.

 ## Descente de rivières

À l'entrée de **Grand'Rivière**, au Carbet Caraïbe *(☎ 55.72.88)*, qui est aussi un restaurant (voir p 209), on organise des expéditions de descente de rivières, ou de canyoning, dans les environs. Il y a toute une gamme d'excursions proposées incluant aussi, dans certains cas, des balades en véhicule tout terrain et même des sauts à l'élastique (benji).

 ## Hébergement

■ Hébergement de la région de Morne Rouge

Peu après le village de Morne Rouge, au nord de celui-ci, la route de l'Aileron part sur la gauche (D39) et conduit à l'**Auberge de la Montagne Pelée** *(270 F à 295 F; ≡, bp, ℜ, ₡; route de l'Aileron, ☎ 52.32.09)*, fabuleusement située à plus de 800 m d'altitude et à deux pas du point de départ du sentier pédestre menant au sommet du volcan. Quand vous irez, priez pour que le ciel soit dégagé; le site devient alors proprement prodigieux. L'auberge, qui ne dispose que d'une dizaine de studios, a été entièrement rénovée en 1995. Aussi est-il prudent de vérifier qu'elle a bien rouvert ses portes au moment de votre passage et, si c'est bien le cas, de réserver.

Si jamais l'Auberge de la Montagne Pelée ne peut vous héberger, vous aurez toujours la possibilité de vous loger dans **Le Vieux Chalet** *(275 F; ℜ; ☎ 52.32.92)*. Il s'agit d'un modeste hôtel d'à peine une demi-douzaine de chambres.

■ **Hébergement de la région
de l'Ajoupa-Bouillon**

Dans la commune fleurie de l'Ajoupa-
Bouillon, vous trouverez l'un des hôtels
les plus charmants de l'île : **L'Auberge
Verte** *(350 F; bp, ≈, ℜ; 97216 Ajoupa-
Bouillon, ☎ 53.33.94, ⇄ 53.32.13)*.
Une douzaine de chambres sont
disponibles dans cet établissement
familial, installé au cœur d'un domaine
à la végétation exubérante. La piscine,
entourée d'un verger, invite à la
relaxation dans un décor grandiose où
le parfum des fleurs se fait enivrant.
Enfin, les propriétaires organisent, à
l'intention de leurs invités, des
excursions équestres sur le domaine où
l'on découvre leurs plantations et leur
élevage de coqs de combat.

■ **Hébergement de la région du Lorrain**

Au sud de la ville, quelques chambres
sont disponibles à l'étage d'une maison
moderne abritant le relais créole **La Sikri**
*(150 F à 250 F; ℜ; 97214 Le Lorrain,
☎ 53.81.00, ⇄ 53.78.73)*. On se
retrouve ici en pleine Martinique rurale,
dans une région couverte de
bananeraies. L'endroit, situé à l'écart
dans le quartier Étoile, est surtout
apprécié pour son calme.

■ **Hébergement de la région
de Basse-Pointe**

Pour le grand luxe, c'est à la **Plantation
de Leyritz** *(510 F à 790 F; tv, ≡, bp,
≈, ℜ; 97218 Basse-Pointe,
☎ 78.53.92, ⇄ 78.92.44)* qu'il vous
faut résider. En 1970, cette ancienne
habitation, qui avait appartenu à Michel
Leyritz, fut convertie en centre touristique de grand standing. Le complexe
comprend aujourd'hui un hôtel de 50
chambres, un restaurant et un musée.

De plus, on peut visiter sur le site les
vestiges de l'ancienne habitation. Une
vingtaine de chambres prennent la
forme de bungalows. Les grands
bâtiments de la propriété comportent
toutefois les plus belles, avec meubles
d'acajou et grand lit à baldaquin. Pour
vous rendre à la Plantation de Leyritz,
vous devrez emprunter la D21, sur
votre gauche, un peu avant d'atteindre
le bourg de Basse-Pointe.

■ **Hébergement de la région
de Grand'Rivière**

À Grand'Rivière, deux hôtels-res-
taurants retiennent l'attention. Tout
d'abord, en entrant dans le village, **Le
Chanteur Vacances** *(200 F; ℜ; 97216
Grand'Rivière, ☎ 55.73.73)* se cache
dans les rues étroites de la ville. Aussi
y a-t-on l'impression de prendre part à
la vie quotidienne des Riverains, nom
donné aux quelque 1 000 habitants de
ce séduisant petit bourg. Sur le toit,
une agréable terrasse permet une jolie
vue sur l'océan.

Plus loin, tournez à droite tout juste
passé le syndicat d'initiative, et vous
aboutirez chez **Tante Arlette** *(200 F; ℜ;
☎ 55.75.75)*, un établissement du
même genre, quoique plus simple et
situé en plein centre du village.

 Restaurants

■ **Les restaurants de la région
du quartier de Balata**

Sur la route de Balata, dans les
hauteurs de Fort-de-France, le restaurant de gastronomie française et
créole **La Fontane** *(250 F; fermé dim; à
4 km de Fort-de-France sur la route de*

Balata, ☎ *64.28.70 ou 71.38.28)* mérite le détour. Le décor colonial et le mobilier à l'ancienne justifient presque à eux seuls le déplacement. Essayez le méli-mélo d'agrumes au crabe, les noisettes d'agneau aux cèpes ou le jambon de canard aux fruits, et terminez le tout avec un flan au giraumon.

■ Les restaurants de la région de Fond-Saint-Denis

Dans le petit bourg de Fond-Saint-Denis, les bons restaurants ne sont pas légion. Il convient toutefois de mentionner l'**Auberge du Mont Béni** *(185 F; sur la D1 entre Fond-Saint-Denis et Saint-Pierre,* ☎ *55.82.42)*, où l'on sert de délicieuses noix de coco à l'écrevisse, de même qu'un bon ragoût de cabri.

■ Les restaurants de la région de Morne Rouge

Pour ceux et celles qui désirent préparer eux-mêmes leur popote, mentionnons la présence d'une **épicerie Champion** à l'entrée du bourg, sur la gauche.

Pour un repas sur le pouce, courez vous abriter au **Refuge de l'Aileron** *(tlj 8 h à 18 h)*, un petit casse-croûte situé au départ du sentier de randonnée qui grimpe vers le sommet de la montagne Pelée. Il y a aussi le snack **Le Gîte Péléens**, en plein cœur du village, de même que **Le Bambou** *(midi seulement;* ☎ *52.39.94)*, à l'entrée sud du bourg.

Autre choix économique, le **Barbecue du Nord** *(100 F; rue Schœlcher,* ☎ *52.44.98)* propose des menus quotidiens entre 35 F et 100 F.

Sur la route menant vers Saint-Pierre, vous trouverez une sympathique adresse : **L'Amandier** *(100 F; fermé sam et dim soirs; sur la N2, entre Morne Rouge et Saint-Pierre,* ☎ *52.33.29)*. Au menu, cuisine créole familiale, servie dans une jolie case de pierres.

Le restaurant de l'**Auberge de la Montagne Pelée** *(150 F; route de l'Aileron,* ☎ *52.31.40 ou 52.32.09)* vous séduira d'abord par son site grandiose (800 m d'altitude), avec la présence toujours inquiétante en arrière-plan du titanesque volcan, à la fois majestueux et cruel. Qui plus est, vous y mangerez très bien, et à peu de frais. Au menu, vous remarquerez tout particulièrement le filet de poisson aux fruits de mer et le gigot d'agneau Belle Créole.

■ Les restaurants de larégion de l'Ajoupa-Bouillon

Si vous désirez vous arrêter brièvement avant de reprendre votre exploration du nord de la Martinique, le casse-croûte **L'Universium** *(*☎ *53.35.71)*, en plein cœur du bourg, est une bonne adresse.

Si, par contre, vous souhaitez déguster un bon repas dans un cadre romantique où les fleurs sont omniprésentes, votre choix devrait plutôt s'arrêter sur **L'Abri** *(190 F; quartier Sance, au nord-est du bourg de l'Ajoupa-Bouillon,* ☎ *53.33.94)*, le restaurant de l'Auberge Verte (voir plus haut). La salle à dîner a été aménagée dans l'ancien hangar d'une plantation, aujourd'hui vouée aux cultures vivrières et maraîchères ainsi qu'à celle de l'ananas. Prenez note que la spécialité de la maison est le plat d'écrevisses servies en fricassée. Finalement, il ne faut surtout pas omettre de clore votre dîner en sélectionnant l'un des desserts au coco de la carte.

■ **Les restaurants de la région du Lorrain**

Deux adresses pour acheter ce qu'il faut pour concocter soi-même ses repas : une toute petite **épicerie**, dans le bourg en face de l'église, et un **supermarché** à l'entrée de la ville, en venant du nord.

Si c'est d'un sandwich dont vous avez envie, sachez qu'il y a une succursale des sanwicheries-viennoiseries **Délifrance** *(1321 rue Joseph-Clerc)* au Lorrain.

Au cœur d'une bananeraie, un peu au sud du bourg, **La Sikri** *(☎ 53.81.00)* prépare une délicieuse cuisine créole sans prétention. À l'arrière de l'auberge, la présence de serres, où sont cultivés les légumes servis aux invités, rappelle le caractère rural de la région.

La meilleure adresse du Lorrain est toutefois celle du **Relais des Isles** *(150 F; ☎ 53.43.85)*, tout juste au nord de la ville. On y propose une inventive carte de mets créoles affichant, par exemple, quelques plats d'écrevisses, particulièrement bien apprêtés.

■ **Les restaurants de la région de Basse-Pointe**

À Basse-Pointe, il y a un bon petit resto en plein cœur du bourg : **Chez Mally** *(80 F; ruelle Saint-Jean, ☎ 78.51.18)*. Ne vous privez surtout pas du plaisir que procurent son pâté en pot, son colombo de poulet ou encore ses confitures maison.

Également à signaler, **Le Petit Palais** *(150 F; fermé dim soir; Place Félix-Éboué, ☎ 78.52.20)* conviendra à ceux qui ne jurent que par les fruits de mer :

coquille de crabe, langouste grillée, fricassée de lambis, etc.

Mais, c'est bien entendu la **Plantation de Leyritz** *(110 F; route D21, ☎ 78.53.92)* qui attire le plus l'attention. Vous n'y serez pas déçu, car, bien qu'elle présente un décor impressionnant, les prix y sont des plus abordables. Après une coquille de bananes, offrez-vous une papillotte de tazar au basilic, puis couronnez le tout d'une charlotte aux fruits du moment.

■ **Les restaurants de la région de Macouba**

Environ 2 km passé le village de Macouba, en vous dirigeant vers Grand'Rivière, vous dénicherez la perle qu'est le restaurant **Pointe Nord** *(160 F; fermé lun et le soir; route D10, ☎ 78.56.56)*. On y va pour le déjeuner, puisque l'endroit est d'ordinaire fermé en soirée. Vous aurez le choix entre deux possibilités proposées par cet agréable restaurant venu faire son nid dans les ruines d'une ancienne distillerie. Vous pourrez ainsi choisir de vous installer à la terrasse surélevée ou encore vous attabler en bas, au Relais Vert, où l'on vous servira un repas complet à 58 F.

■ **Les restaurants de la région de Grand'Rivière**

Il y a deux petites adresses sympathiques à Grand'Rivière pour ceux et celles qui veulent, rapidement, avaler quelque chose de pas compliqué. Le casse-croûte **Terminus Nord** en est une, et le comptoir **Floup-Floup** *(☎ 55.71.60)* constitue la seconde. En ce dernier endroit, sur la gauche, près de la fin de la route principale, une charmante dame vêtue du costume traditionnel vous concoctera de succulentes glaces au coco, de même que des jus frais et des accras.

La belle grande salle à manger du rez-de-chaussée de l'hôtel-restaurant **Chanteur Vacances** *(80 F; ouvert le midi et sur réservation en soirée;* ☎ *55.73.73)* vous plaira par sa simplicité. Les écrevisses sont les vedettes du menu fort économique de ce gentil resto, caché dans les rues étroites du village.

Un peu avant d'atteindre le bourg de Grand'Rivière, on ne peut manquer **Le Carbet Caraïbe** *(140 F;* ☎ *55.72.88).* On y sert entre autres du poulet ou du poisson grillé pour 79 F, ainsi qu'une délectable fricassée d'écrevisses. L'endroit offre de plus une superbe vue sur la mer, et l'on trouve même sur place une boutique de souvenirs.

À droite après le syndicat d'initiative, **Tante Arlette** *(160 F;* ☎ *55.75.75)* vous servira elle aussi des écrevisses, dans une grande salle où s'alignent de nombreuses tables nappées de tons rose et blanc.

La maison la plus réputée de Grand'Rivière demeure cependant **Yva Chez Vava** *(180 F; ouvert le midi et sur réservation en soirée; avenue du Général-de-Gaulle,* ☎ *55.72.72 ou 55.72.55),* bien visible sur la droite en entrant au village. Le restaurant de Vava et de sa fille Yva a acquis une renommée presque légendaire pour la qualité de ses plats d'écrevisses et de langoustes, apprêtés selon de vieilles recettes de pêcheurs. D'ailleurs, en 1992, *Gault Millau* leur décernait une Clé d'or, classant ainsi leur établissement parmi les plus grands restaurants français. Leurs efforts de conservation du folklore culinaire martiniquais se voyaient ainsi enfin récompensés.

 Sorties

Il y a une salle de cinéma dans le bourg de Morne Rouge : **L'Élysée Maxance** *(*☎ *52.31.22).*

 Magasinage

Ce serait presque criminel de passer dans la région sans acheter de fleurs, qu'il s'agisse d'anthuriums, d'héliconias, de balisiers ou de roses de porcelaine. Plusieurs choix s'offrent à vous, dont la **Plantation MacIntosh** *(*☎ *52.34.21),* à Morne Rouge, et les **Jardins de l'Ajoupa** *(*☎ *53.34.32),* à l'Ajoupa-Bouillon.

LA PRESQU'ÎLE DE LA CARAVELLE ET LA CÔTE NORD-ATLANTIQUE ★★

Avançant dans l'océan Atlantique, telle une gigantesque vigie, la presqu'île de la Caravelle, en s'éloignant de son île, s'est fabriqué une nature bien à elle. «*Cela donne un paysage très sobre, gravé à la plume et au vent, mais vivant farouche ainsi qu'une troupe de moines en solitude amère. En s'éloignant sur flots, la Caravelle s'est pour ainsi dire coupée des luxuriances de la terre d'eau.*» Tels sont les mots de Patrick Chamoiseau pour décrire ce décor unique en Martinique, avec ses abruptes falaises, sa végétation de subsistance et ses côtes déchiquetées.

Le présent circuit vous mènera jusqu'à cet extraordinaire coin de la Martinique, autrefois refuge de contrebandiers, en vous faisant traverser l'île d'ouest en est, puis d'est en ouest. Vous sillonnerez alors l'intérieur agricole martiniquais à travers champs de canne à sucre et plantations de bananiers.

Vous découvrirez également, en plein «pays béké», Le Robert et sa magnifique baie que semble protéger un chapelet d'îlets, puis remonterez la côte Nord-Atlantique jusqu'à Marigot, en passant par des bourgs vivants et très fréquentés, et en savourant des points de vue saisissants sur cette mer qui se fait de plus en plus féroce.

Cette région, que l'on appelait jadis la Cabesterre, porte en elle les traces de la guerre, la dernière à laquelle prirent part les Indiens Caraïbes. C'était vers 1660, époque à laquelle les colons français décidèrent de conquérir ces terres de la côte Atlantique qui leur échappaient encore. Tout au long de son règne, le gouverneur Jacques du Parquet avait pris grand soin de préserver des relations harmonieuses avec les autochtones, évitant ainsi des bains de sang qu'il jugeait nuisibles au développement de la colonisation de l'île, qui en était alors à ses premiers balbutiements. Mais, peu après sa mort (1658), le vent tourna, et l'on organisa l'invasion, puis l'extermination.

Le raid sur la Cabesterre partit de Saint-Pierre. C'était une sorte de course à l'établissement de paroisses que se livraient entre eux les différents ordres missionnaires présents en Martinique. Les dominicains, qui choisirent d'attaquer par l'intérieur, devancèrent les jésuites, mal servis par leur stratégie d'envahir le territoire en passant par la mer. La règle était fort simple : premiers arrivés, premiers servis. Aussi les dominicains héritèrent-ils de toute la côte Nord-Atlantique, de La Trinité à Grand'Rivière, qu'ils s'employèrent à développer.

C'est alors qu'est entré en scène l'un des personnages les plus truculents qu'ait connu la Martinique : le Père Jean-Baptiste Labat. À la fois explorateur, historien, militaire (il répliqua avec succès aux attaques des Anglais...), bâtisseur et inventeur, ce missionnaire marqua l'histoire de la côte Nord-Atlantique. Il fut curé de la paroisse de Macouba en 1694 et fonda celle du Robert la même année. Puis, entre 1696 et 1705, il travailla à la relance de l'habitation Fond Saint-Jacques. Il révolutionna alors la production du rhum, faisant du domaine dominicain de Sainte-Marie une entreprise-phare, un exemple à suivre. On peut aujourd'hui visiter cette ancienne habitation, remarquablement restaurée.

 Pour s'y retrouver sans mal

■ **En voiture**

Au départ de Fort-de-France, vous devez emprunter la route nationale 1 (N1) par le boulevard du Général-de-Gaulle, en direction du Lamentin. Par la suite, continuez sur la N1 en suivant les indications pour Le Robert. Cette route nationale permet d'explorer toute la côte Nord-Atlantique, jusqu'à Marigot dans le présent circuit, mais aussi au-delà. Vous n'aurez à vous en éloigner que lorsque vous irez parcourir la magnifique presqu'île de la Caravelle, desservie par la route départementale 2 (D2). Le retour vers Fort-de-France se fera par la D15, qui traverse Morne des Esses, puis par la N4, que vous rejoindrez aux environs de Gros-Morne.

Ceux qui viennent du sud de l'île (Trois-Îlets, Diamant, Sainte-Anne) rejoindront la région du Lamentin en utilisant la N5. Une fois à la hauteur de cette ville, la D3, accessible grâce à un rond-point situé près de l'aéroport, relie la N5 à la N1, sur laquelle vous vous engagerez en direction du Robert.

La location d'une voiture

Au Lamentin, les principales entreprises internationales de location de voitures possèdent un comptoir à l'aéroport. Veuillez vous référer à la p 38 pour une liste complète.

Mentionnons de plus quelques loueurs installés dans les autres communes :

Caravelle
Tartane
☎ 58.68.95

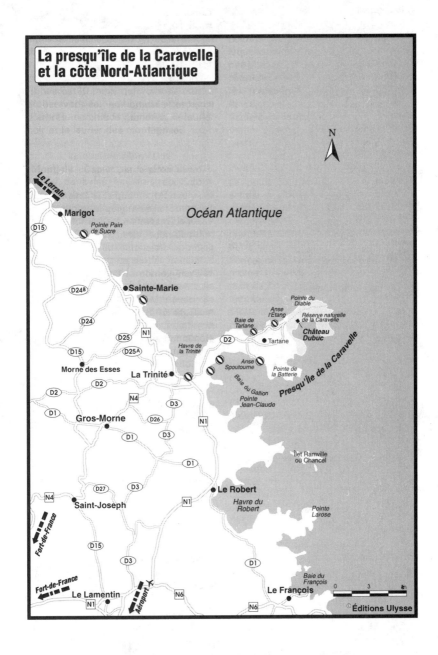

**La presqu'île de la Caravelle
et la côte Nord-Atlantique**

N

Océan Atlantique

Le Lorrain

Marigot
D15
Pointe Pain
de Sucre

D24B
Sainte-Marie
Pointe du
Diable
Anse
l'Étang
Réserve naturelle
de la Caravelle
D24
Baie de
Tartane
Château
Dubuc
D25   N1
D2   Tartane
D15   D25A
Havre de
la Trinité
Morne des Esses   La Trinité
Anse
Spoutoume
Pointe de
la Batterie
D2
D2
Baie du Gallion
Presqu'île de la Caravelle
D1   N4   D3
Gros-Morne   Pointe
Jean-Claude
D26   N1
D1   D3
D1

Îlet Ramville
ou Chancel

D27   D3
N4
Saint-Joseph   Le Robert
N1
Havre du
Robert
Pointe
Larose
D15

D3
D1
Baie du
François
Fort-de-France
Le Lamentin   Aéroport   N6   Le François   0   3   km
N1   N6

© Éditions Ulysse

Dillon 2000
Tartane
☎ 63.64.04

Discount
La Trinité
☎ 58.51.63

Hertz
Hôtel Primerêve
Sainte-Marie
☎ 69.21.09

Tropicar
La Trinité
☎ 58.37.09

? Renseignements pratiques

■ La région du Lamentin

Hôpital
Hôpital du Lamentin
☎ 51.14.91

Gendarmerie
☎ 51.16.34

Mairie
☎ 51.14.59
⇄ 51.67.88

Pharmacie Georges Bonnes
54, rue Ernest-André
☎ 51.12.88

Pharmacie Éliane Monan
5, rue Emma-Forbas
☎ 51.23.15

■ La région du Robert

Syndicat d'initiative
À la mairie
☎ 65.10.05

Gendarmerie
☎ 65.10.16

Mairie
☎ 65.10.05
⇄ 65.13.10

Pharmacie Emmanuel Nossin
24, rue Courbaril
☎ 65.04.32

Pharmacie Gina Gaillard
30, rue Schœlcher
☎ 65.15.81

Laverie
Laverie Top Net
☎ 65.17.18

■ La région de La Trinité

Syndicat d'initiative
☎ 58.62.07

Gendarmerie
☎ 58.20.13

Mairie
☎ 58.20.12
⇄ 58.48.46

Banque
B.N.P.
☎ 53.21.55

Hôpital
Centre hospitalier général
Louisdemergue
route du Stade
☎ 66.46.00

Pharmacie Renée Cirba
rue Joseph-Lagrosillière
☎ 58.21.51

Pharmacie Rose-Marie Éloidin
rue Joseph-Lagrosillière
☎ 58.23.94

■ **La région de Sainte-Marie**

Office de Tourisme
94, rue Ernest-Deproge
☎ 69.30.06

Gendarmerie
☎ 69.30.09

Mairie
☎ 69.30.06
⇄ 69.03.05

Banques
B.F.C. (rue Schœlcher)
Crédit Martiniquais (rue Schœlcher)
Crédit Agricole (Centre commercial Lassale)
B.N.P. (☎ 69.31.12)

Stations-Service
Esso et Totale, près de la distillerie Saint-James

Pharmacie Claude Édouard
rue Schœlcher
☎ 69.30.37

■ **La région du Marigot**

Syndicat d'initiative
À la mairie
☎ 53.50.09

Mairie
☎ 53.50.03 ou 53.50.09
⇄ 53.54.83

Pharmacie Danièle Venkatapen
☎ 53.51.15

■ **La région de Morne des Esses**

Pharmacie Germaine Durpes
☎ 69.83.09

■ **La région de Gros-Morne**

Syndicat d'initiative
☎ 67.60.73

Gendarmerie
☎ 67.53.70

Mairie
☎ 67.50.11
⇄ 67.68.69

Pharmacie Aglaé
6, avenue Jules-Ferry
☎ 67.58.63

■ **La région de Saint-Joseph**

Syndicat d'initiative
☎ 57.63.37

Gendarmerie
☎ 57.60.05

Mairie
☎ 57.60.06
⇄ 57.60.04

Pharmacie Suzette Cadignan
rue Eugène-Maillard
☎ 57.62.74

 Attraits touristiques

■ **À voir dans la région
du Lamentin**

Le Lamentin joue un peu à l'est le même rôle que Schœlcher à l'ouest, en regard de Fort-de-France : celui d'un prolongement naturel du chef-lieu. Toutefois, ce sont surtout des fonctions d'ordre industriel qui incombent à la banlieue est, fonctions principalement concentrées dans la zone industrielle de la Lézarde. Une importante raffinerie de pétrole et l'aéroport international font également partie de ce décor laborieux.

Mais il ne faudrait, malgré tout, pas oublier que Le Lamentin, avec ses 30 000 habitants, se classe comme la seconde ville en importance de la Martinique. Son nom lui viendrait de gros mammifères marins qui peuplaient jadis l'embouchure du canal du Lamentin. Ce n'est qu'en 1837 que fut créée la commune, mais l'établissement d'une paroisse aux abords de la rivière Lézarde, la plus longue de l'île (35 km), remontait déjà à 1688.

Ainsi tourné vers le travail, Le Lamentin possède peu d'attraits susceptibles de retenir le visiteur. Il constitue une sorte de carrefour des routes menant vers la côte Nord-Caraïbe par Fort-de-France, vers le sud de l'île et, objet du présent circuit, vers la côte Nord-Atlantique. Mentionnons toutefois la présence de l'**église Saint-Laurent**, qui comporte de beaux vitraux protégés par l'inventaire national sur lesquels, dit-on, on peut reconnaître certains personnages locaux. Il y a aussi la **Maison de la Culture** (☎ *51.15.33)*, où sont présentées diverses expositions, l'**hippodrome** et, au milieu de la plaine couverte de canne à sucre, la **rhumerie La Favorite** *(visite et dégustation gratuites; lun-ven 9 h à 12 h et 14 h à 16 h; ☎ 50.47.32)*, qui commercialise des rhums blancs et vieux ainsi que les punchs Maman Doudou. C'est également au Lamentin qu'est brassée **La Lorraine**, la bière martiniquaise que l'on voit annoncée partout dans l'île.

■ **À voir dans la région du Robert ★**

La route N1 serpente ensuite à travers les plantations de canne à sucre et de bananes jusqu'à l'apparition spectaculaire, droit devant, de l'océan Atlantique. Vous rejoindrez alors le gros bourg du Robert par une petite rue conduisant directement à sa jolie **église** jaune au clocher bleu, flanquée de son joli **cimetière** tout blanc.

Cette ville de près de 18 000 habitants donne sur l'une des plus belles baies de la Martinique, le **havre du Robert ★★**, qui fait 8 km de long sur 5 km de large, et dont l'accès semble contrôlé par plusieurs îlets : l'îlet Ramville ou Chancel, le plus grand du groupe et peut-être de la Martinique entière, aidé des îlets Ragot, à l'Eau, Petite Martinique, aux Rats, Petit Piton, des Chardons et Larose, aussi appelé l'îlet Madame.

La création de la paroisse du Robert remonte à 1694 et est due à l'illustre Père Labat. Dans son *Nouveau voyage aux Îles de l'Amérique*, il décrit ainsi les lieux : *«Ce cul-de-sac est un port naturel des plus beaux qu'on puisse imaginer, capable d'abriter une armée navale quelque nombreuse qu'elle puisse être, si commodément que les plus gros vaisseaux peuvent mouiller en bien des endroits...»*

Lorsqu'en 1809 l'amiral Villaret-Joyeuse dut capituler devant les Anglais, c'est par Le Robert que ces derniers avaient réussi à s'introduire sur le territoire et à se faufiler jusqu'à Fort-de-France par l'intérieur des terres.

Les qualités de ce «port naturel» ont plus tard fait l'objet d'une étude approfondie au lendemain de la catastrophe de 1902, alors que Saint-Pierre fut totalement anéantie. On envisageait à ce moment la construction d'un grand port de l'Est pour remplacer celui qui venait de disparaître. Ce projet ne fut toutefois jamais mené à terme.

Sur le bord de mer, à la hauteur du grand ponton, vous pourrez flâner quelques instants sur la **Place du 22 mai 1848**, agréable et gazonnée. De là, vous aurez peut-être l'occasion d'observer des yoles rondes en pleine action.

Se trouvant également en bord de mer, là où elle fut déplacée lors de la rénovation du marché, la **Fontaine du Robert**, avec ses cygnes, ses coquilles Saint-Jacques et ses nénuphars colorés, ne manque pas de charme.

À la sortie du village, vous ne manquerez pas de remarquer, sur la gauche, l'étonnante structure circulaire du **Collège Paul-Symphor**.

Du Robert, il est fortement recommandé de vous rendre au hameau **Vert-Pré**, à moins de 5 km par la D1. Bien qu'il ne se trouve qu'à tout au plus 300 m au-dessus du niveau de la mer, vous y profiterez d'une vue saisissante, autant sur la presqu'île de la Caravelle et la baie de Trinité, vers le nord, que sur la plaine du Lamentin dans son ensemble, du côté sud-ouest.

Par ailleurs, si vous désirez voir la Martinique du haut des airs, la meilleure façon d'y arriver consiste sûrement à vous envoler à bord d'un hélicoptère. Pour ce faire, communiquez avec la société **Héli-Inter Caraïbes** *(☎ 65.46.66)*, installée au Robert.

■ **À voir sur la presqu'île de la Caravelle ★★★**

Reprenez ensuite la N1 vers le nord. Tout juste avant d'entrer dans le village de La Trinité, bifurquez vers la droite sur la D2. Un peu avant, vous aurez noté, sur la droite, la présence de l'**Usine du Galion**, la seule usine à sucre encore en activité en Martinique. Vous pénétrerez alors dans l'univers tout à fait unique de la presqu'île de la Caravelle, que compose un paysage à couper le souffle de falaises abruptes plongeant dans une mer émeraude et de petites plages tranquilles (voir section «Parcs et Plages», p 221).

Après quelque 4 km sur cette route, vous apercevrez sur la droite le chemin conduisant à la plage de l'**Anse Spoutourne**, sur la face sud de la presqu'île, de même qu'au **Morne Pavillon**, modeste colline offrant toutefois une joyeuse vue sur les environs.

Plus loin, la D2 pique jusqu'au charmant village de pêcheurs qu'est **Tartane ★★**, du côté nord cette fois. Une autre belle plage y attend les baigneurs. Vous pourrez visiter la **rhumerie Hardy** *(visite et dégustation gratuites; lun-ven 8 h à 12 h et 14 h à 17 h, sam 8 h à 12 h, dim fermé; ☎ 58.20.82)*, productrice de rhums blancs, vieux et pailles.

Dans la colline, au-dessus de l'église, le tout nouvel **hôtel La Baie du Galion** en impose, quant à lui, par sa grandeur et son élégance. Sa présence surprend dans ce secteur où l'on ne trouvait, tout récemment encore, que des établissements de taille modeste. Ce géant de 150 chambres illustre bien l'intérêt que portent les promoteurs au développement touristique de la presqu'île de la Caravelle (voir section «Hébergement», p 225).

Au-delà de la grande pointe qui marque l'extrémité est de la baie de Tartane, la route grimpe dans les hauteurs, offrant ainsi bientôt une vue en plongée exceptionnelle sur l'**Anse l'Étang ★★**. Vous aurez alors le loisir de descendre vers la mer et de découvrir une autre merveilleuse plage, près de laquelle niche le Village Vacances Familles de Tartane.

Plus loin encore, l'**Anse Bonneville**, une étonnante plage de sable noir, se cache pudiquement derrière les arbres.

La D2 se termine peu après, aux portes de la **réserve naturelle de la Caravelle ★★** (voir «Parcs et plages», p 222). C'est à pied que vous devrez alors poursuivre votre excursion jusqu'aux **ruines du Château Dubuc ★★** *(adultes 10 F, enfants 2 F; lun-sam 8 h 30 à 12 h 30 et 14 h 30 à 17 h 30, dim 8 h 30 à 12 h 30)*, au centre d'une immense propriété aménagée autour de 1770 par la famille Dubuc de Rivery. Celle-ci possédait en fait la quasi-totalité de la presqu'île de la Caravelle au XVIIIe siècle. Outre la culture de la canne à sucre, les Dubuc utilisaient leurs talents de commerçants et profitaient de leur isolement pour œuvrer dans d'autres secteurs, comme par exemple la contrebande de marchandises et d'esclaves avec les Antilles britanniques.

La légende raconte que l'un des membres de cette turbulente famille, la jolie Aimée Dubuc de Rivery, fut kidnappée en pleine mer et vendue aux Turcs. Elle devint ensuite la favorite du sultan de Constantinople à qui elle donna un fils : Mahmoud II.

Vous pouvez aujourd'hui vous balader parmi les vestiges de cette époque, comprenant l'habitation principale, les cachots, dont certains étaient réservés aux esclaves, le moulin à bœufs et le four à chaux. Un petit musée présente en outre les objets retrouvés lors de fouilles archéologiques récentes.

Une des nombreuses pistes de randonnée pédestre qui sillonnent la réserve (voir «Activités de plein air», p 222) vous mènera au **phare de la Caravelle** (1861), d'où vous goûterez le fabuleux tableau dessiné par les baies de la Caravelle.

■ À voir dans la région de La Trinité

De retour sur la N1, direction nord, vous pénétrerez bientôt dans le bourg de La Trinité, animé comme pas un. Dès l'entrée, une petite **plage** est à signaler. Par la suite, vous pourrez flâner sur l'élégante promenade aménagée entre 1989 et 1993 sur le **front de mer**; elle fait toute la longueur du village et est agréablement jalonnée de monuments, de beaux lampadaires et de kiosques où il fait bon s'abriter des rayons du soleil.

La Trinité est la sous-préfecture du nord de la Martinique. Elle compte 11 000 résidants vivant de l'agriculture (canne à sucre, banane, ananas, légumes vivriers), de la pêche et de l'élevage. Son histoire débuta en 1678, alors que l'emplacement où on la trouve aujourd'hui était érigé en paroisse.

Armez-vous de patience, car c'est de peine et de misère que vous traverserez le village par une route étroite et bondée. Une fois passé cette épreuve, vous vous lancerez vers le prochain bourg, Sainte-Marie.

■ À voir dans la région
de Sainte-Marie

Encore ici, vous découvrirez un bourg
imposant (20 000 hab.) et dynamique,
où règne une activité constante. Ce
centre agricole (canne à sucre,
bananes, fruits, légumes vivriers et
potagers) est le plus important et le
plus prospère du nord de la Martinique.
Les gens de la commune de Sainte-
Marie vivent aussi de l'élevage des
bovins et de la transformation alimen-
taire. De plus, dans le hameau de
Morne des Esses (voir p 220), rattaché
à la commune, l'artisanat occupe un
nombre croissant de personnes.

Fondée en 1658, Sainte-Marie est la
plus ancienne paroisse du Nord-Atlantique. Aujourd'hui, une grande **église**
blanche domine gracieusement la silhouette du bourg, qui fait face à l'**îlet
Sainte-Marie**. À marée basse, il vous
sera possible d'aller explorer ce dernier
à pied et de vous rendre jusqu'à la croix
qui la coiffe. De là, la vue sur le village,
et sur le **bord de mer** fraîchement
réaménagé, s'avère intéressante. Soyez
toutefois prudent lors d'une telle
excursion, car la marée remonte très
rapidement.

En quittant le village, il ne faut surtout
pas manquer de vous arrêter à la **distillerie Saint-James** *(visite et dégustation
gratuite; lun-ven 9 h à 17 h, sam-dim
9 h à 13 h; ☎ 69.30.02)*. Cette
rhumerie, originellement fondée sur les
hauteurs de Saint-Pierre, fut déménagée ici après l'éruption de la
montagne Pelée en 1902. On y fabrique
un excellent rhum paille, plusieurs
liqueurs et, surtout, vous pourrez vous
y procurer un rhum vieux de plus de
100 ans d'âge.

Grâce au **Musée du Rhum** ★ qu'on y a
installé, vous pourrez vous familiariser

avec l'histoire de la culture de la canne
à sucre de 1765 à nos jours. Au
programme : machinerie ancienne,
gravures, outils et objets divers, réunis
dans une coquette maison créole. De
plus, une galerie d'art vient tout juste
d'être aménagée à l'étage.

Poursuivez maintenant votre route vers
le nord. Le prochain arrêt se trouve à
moins de 2 km. Il s'agit de l'**Habitation
Fond Saint-Jacques** ★★★ *(adultes 15 F,
enfants 5 F; lun-ven 8 h 30 à 17 h;
☎ 64.10.12)*, qui s'étend sur un site
remarquable. Ce domaine fut construit
aux environs de 1660 par les frères
dominicains sur des terres leur ayant
été léguées par Marie du Parquet,
veuve du gouverneur Jacques du Parquet. C'est à cette époque que les
Français envahirent la région, en ce
temps-là appelée de la Cabesterre et
habitée par les Caraïbes. Le massacre
fut total, et les Amérindiens disparurent
alors de la Martinique.

Entre 1696 et 1705, le Père Jean-Baptiste Labat prit les rênes de l'habitation.
En plus d'assurer la viabilité du
domaine, voire sa prospérité, le Père
Labat, ingénieur, architecte, industriel,
historien et même homme de sciences,
inventa un nouveau dispositif, un alam-
bic de cuivre, qui permit de perfection-
ner les techniques de distillation. Sous
sa férule, l'Habitation Fond Saint-Jacques devint le centre industriel le plus
avancé de la Martinique et fit office
d'entreprise-phare.

Sous la Révolution, l'ensemble devint
propriété domaniale, puis, en 1948, il
tomba sous la juridiction du Département. En 1968, la signature d'une
convention avec l'**Université de
Montréal** se soldera par un heureux
travail de restauration mené à bien par
l'institution québécoise. Le Conseil
Général de la Martinique espère ainsi

convertir cet important maillon du patrimoine historique de l'île en centre culturel départemental et en faire un pôle d'animation de premier plan dans le Nord-Atlantique. Depuis 1988, d'ambitieuses fouilles archéologiques sont pratiquées sur la propriété. On chuchote même que ces fouilles auraient permis de mettre à jour un important cimetière d'esclaves... C'est à suivre.

Vous pourrez admirer plusieurs bâtiments ayant fait l'objet de restauration tels que la **chapelle**, construite en 1688 et rebâtie en 1769, les **cuisines** et les **magasins**. Vous aurez également tout le loisir de vous balader dans le **jardin botanique**, aménagé entre les **ruines** d'anciens bâtiments, comme la **purgerie**, bel exemple de construction en coque de navire imaginée par le Père Labat, le **moulin** et l'**aqueduc**.

■ À voir dans la région de Marigot

Plus loin sur la route N1, vous longerez l'**Anse Charpentier** et sa jolie plage de sable blanc (baignade interdite), annoncées par le **Pain de Sucre** (80 m). Tout de suite après, vous ferez votre entrée dans le modeste mais pimpant village fleuri de Marigot.

Construit en amphithéâtre en face de l'océan, le bourg vous réserve de jolis panoramas. Ainsi, depuis sa **mairie** entourée de fleurs et surplombant la mer, vous aurez droit à une superbe vue sur la **baie de Fond d'Or** et ses vagues agressives.

Les historiens s'entendent pour dire que l'emplacement actuel de la commune de Marigot constituait jadis la capitale du peuple arawak. Car, en 1663, après en avoir chassé les Caraïbes, les

Français s'installèrent sur ce territoire et érigèrent la paroisse de Marigot.

La pêche, mais surtout la culture de l'aubergine, de l'avocat et de la banane, de même que l'élevage de poules et d'écrevisses, constituent les moyens de subsistance de la plupart des 3 500 Marigotins.

■ À voir dans la région
de Morne des Esses

Pour le retour vers Fort-de-France, engagez-vous sur la D15 à la sortie de Marigot. Vous pourrez ainsi faire halte au hameau de Morne des Esses, rattaché à la commune de Sainte-Marie.

Ne manquez pas alors de vous arrêter à la coopérative des vanniers du Morne des Esses, **La Paille Caraïbe** ★★ *(entrée gratuite; lun-ven 8 h 30 à 17 h 45, sam 8 h 30 à 17 h, dim fermé;* ☎ *69.83.74)*. À l'intérieur de l'atelier, d'habiles artisanes confectionnent devant vous des paniers, des vases, des corbeilles et des chapeaux selon une méthode de tressage empruntée aux Indiens Caraïbes. Ces objets naissent de la combinaison de pailles provenant de deux plantes : le cachibou et l'aroman.

On raconte que cette façon de tresser et de teindre la paille fut transmise par les Caraïbes aux nègres marrons (esclaves en fuite) qui étaient venus se réfugier ici. Voilà pourquoi la «recette» aurait survécu jusqu'à nos jours.

■ À voir dans la région
de Gros-Morne

À la jonction de la D15 et de la N4, en revenant légèrement vers le nord-est sur cette dernière route, vous rejoindrez le bourg de l'importante commune rurale de Gros-Morne, dont la population dépasse les 10 000 âmes. On le devine, son nom lui vient de sa situation au sommet d'une colline de 240 m d'altitude. Sa vocation presque exclusivement agricole (cultures vivrières et maraîchères, canne à sucre, bananes, ananas) en fait le «fief de la paysannerie martiniquaise».

Bien qu'ils soient couronnés de ce titre de prestige, les habitants de Gros-Morne sont victimes depuis des lunes d'un certain humour bête et méchant. En bref, on fait en Martinique les mêmes blagues d'un goût douteux sur les Gros-Mornais qu'on fait en France sur les Belges ou au Québec sur les Terre-Neuviens. Il semble que ces moqueries remontent aux temps de la Révolution française, alors que les colons du Sud, toujours royalistes, s'opposaient aux commerçants de Saint-Pierre, farouches républicains. Gros-Morne devint alors le lieu de rencontre des forces de résistance royalistes. Ces contre-révolutionnaires devaient d'ailleurs s'unir aux Anglais en 1794 et leur permettre ainsi de prendre une nouvelle fois possession de la Martinique jusqu'en 1802. C'est donc, au dire de plusieurs, à cette féroce rivalité d'hier que l'on doit l'acharnement caricatural populaire d'aujourd'hui contre les Gros-Mornais...

Vous visiterez sa belle **église**, qui renferme trois autels et une table de communion, tous faits de marbre, et la **distillerie Saint-Étienne** *(visite et dégustation gratuites; lun-ven 7 h à 12 h et 13 h à 15 h 30; ☎ 57.62.68).* Vous y apprécierez aussi la vue sur les **plantations d'ananas**, qui semblent s'étendre jusqu'à l'océan.

■ À voir dans la région de Saint-Joseph

Revenez alors sur vos pas en direction de Saint-Joseph, une autre commune agricole où vivent 14 000 personnes. Encore ici, la banane, la canne à sucre et l'ananas mobilisent la plus grande partie de la main-d'œuvre. On y cultive aussi légumes vivriers et fleurs aux mille coloris (anthuriums, roses, œillets, hibiscus, bougainvilliers et chrysanthèmes).

Après Saint-Joseph, vous regagnerez Fort-de-France, à moins de 5 km.

  Parcs et plages

■ Les parcs et plages de la presqu'île de la Caravelle

L'Anse Spoutourne (B)

Cette plage baignée par une eau calme s'étend du côté sud de la presqu'île. C'est là qu'est installée, depuis 1977, la base de plein air du Parc Naturel Régional de la Martinique (voile, tennis).

La plage de Tartane ★★ (B)

Cette délicieuse plage s'étire sur presque toute la longueur du village. La qualité de l'eau est quelquefois discutable à la hauteur du hameau; aussi vous dirigerez-vous plutôt vers l'extrémité est de la plage, là où elle prend le nom de Hardy La Brêche et où la limpidité de la mer ne fait plus aucun doute.

Services : tables de pique-nique; nombreux restaurants où l'on sert du poisson.

L'Anse l'Étang ★★ (A)

Voici une autre adorable plage, bordée de raisiniers et baignée par une eau turquoise. C'est là qu'est implanté le Village Vacances Familles de Tartane.

Services : casse-croûte; tables de pique-nique; minigolf.

La réserve naturelle de la Caravelle ★★

L'extrémité est de la presqu'île de la Caravelle, d'une superficie de 422 ha, a été convertie en réserve naturelle (☎ *64.42.59)* en 1976. Elle est gérée par le Parc Naturel Régional de la Martinique (PNRM), qui en assure la protection et la mise en valeur.

Quelques sentiers de randonnée (voir plus bas) permettent l'exploration du parc. Aussi pourrez-vous y observer les différentes espèces végétales, qui composent la forêt sèche et la mangrove, en vous ménageant des haltes au Château Dubuc et au phare de la Caravelle.

■ **Les parcs et plages de la région de La Trinité**

Plage de l'entrée du bourg (C)

À l'entrée du bourg de La Trinité, venant du sud, il y a une petite plage, assez belle mais caressée par une eau de qualité variable. Une fois arrivé si près de la presqu'île de la Caravelle,

vous devriez plutôt faire un effort supplémentaire et vous rendre jusqu'aux plages de l'Anse Szpoutourne, de Tartane ou de l'Anse l'Étang.

■ **Les parcs et plages de la région de Sainte-Marie**

L'Anse Azérot ★★ (A)

La plage de l'Anse Azérot est la dernière où il est encore possible de se baigner sur la côte Nord-Atlantique. Plus loin vers le nord, la mer semble perpétuellement déchaînée, sa houle virulente rendant toute tentative de baignade téméraire.

Services : grâce à la proximité de l'hôtel Primerêve, possibilité de location de pédalos, de planches à voile et de scooters de mer.

 Activités de plein air

 La randonnée pédestre

La pointe de la Caravelle

Ce sentier court à l'intérieur des limites de la réserve naturelle de la Caravelle, à travers la forêt sèche, la savane et la mangrove. Il vous réserve également des points de vue inoubliables aux abords de côtes aux falaises déchiquetées.

Le point de départ de cette balade de 5,5 km (3 heures de marche) se trouve au terrain de stationnement, peu après l'entrée du parc, non loin du Château Dubuc. Considérée comme facile, elle s'adresse à tout le monde.

Le Morne Bellevue

Depuis Gros-Morne, il faut prendre la D1 en direction de Deux-Choux pour rejoindre le point de départ de cette excursion. Il permet de faire connaissance avec la forêt humide et vous réserve de très beaux panoramas sur la côte Atlantique.

Il s'agit d'un circuit assez long (14 km aller-retour), pour lequel il faut calculer 8 heures de marche au total. Vous pouvez cependant choisir de laisser une seconde voiture au bout de la piste, sur un chemin forestier menant à Morne des Esses, ce qui vous évitera d'avoir à revenir sur vos pas. Cette randonnée peut être considérée comme facile, les seuls dangers menaçant le marcheur étant les rayons du soleil en zone dégagée.

Rabuchon

Vous pouvez accéder à cet agréable sentier par Saint-Joseph. Pour ce faire, vous devez emprunter, près du stade, la route de la Durand, qui file en direction de la forêt de la rivière Blanche. Vous y découvrirez la forêt humide et y jouirez de beaux points de vue sur Fort-de-France et la baie des Flamands.

Cette piste fait 8 km, pour lesquels vous réserverez 3 heures de votre temps. Il s'agit d'une randonnée facile. Plusieurs combinent cette excursion avec un pique-nique à l'aire de repos de Cœur Bouliki (tables, abris, terrain de jeu).

La navigation de plaisance et la plongée

Ceux et celles qui désirent se lancer à la découverte des barrières de corail et des îlets du magnifique **havre du Robert** s'adresseront à la firme Passeport pour la Mer *(☎ 67.55.54, ⇄ 67.55.56)*, dont c'est la spécialité. On y propose une excursion à bord d'un catamaran, au départ du ponton du bourg du Robert. Au programme, évocation du drame d'Aimée Dubuc à la pointe Royale, plongée en scaphandre, découverte des îlets, initiation au pilotage d'un gommier et... ti-punch. Comptez quelque 400 F par personne pour cette expédition, qui dure toute la journée *(9 h à 17 h 30)*.

Également au départ du Ponton du **Robert**, Escapade Tour *(☎ 70.58.54 ou 71.58.77)* organise des sorties en mer les mardis, vendredis et samedis, comprenant la visite des îlets, de la mangrove et des fonds blancs. L'excursion dure toute la journée *(9 h à 16 h 30)* et inclut le repas. Comptez 250 F par personne.

Une autre façon de partir à la découverte des **îlets du Robert**, plus modeste celle-là, consiste à se faire préparer une excursion presque sur mesure par un guide marin et à s'embarquer sur un petit bateau. Pour ce faire, voici deux de ces guides : M. Monel *(☎ 65.16.50)* et J. Baptiste *(☎ 65.45.47)*.

Une formule originale, qui permet de combler à la fois vos besoins de logement et d'activités nautiques, consiste à louer un *aqua-home*. Encore une fois, c'est au **Robert** que vous trouverez une firme spécialisée dans la location de ce type de maison flottante qui comprend quatre cabines, chacune pouvant héberger deux personnes. Il s'agit de la firme Aqua Location *(☎ 65.46.40, ⇄ 51.52.69)*.

Vélo tout terrain (VTT)

Les amateurs de vélo tout terrain (VTT) pourront s'adonner à leur sport favori en louant ce type de véhicule au **Robert**, au **Club du Robert** *(☎ 65.18.62)*, ou au **Gros Morne**, chez le **Winner Team Club** *(☎ 67.51.93)*

Hébergement

■ Hébergement de la région du Lamentin

Mentionnons l'existence d'un gîte rural intéressant au Lamentin, soit celui de **M. Roger Lafortune** (n°017, ¥¥) *(1 385 F par semaine; gîte indépendant; Quartier Long-Bois - 97232 Le Lamentin)*.

Les bungalows du **Martinique Cottages** *(340 F; tv, bp, ≈, C; 97232 Le Lamentin, ☎ 50.16.08 ou 50.16.08, ⇄ 50.26.83)* constituent une autre bonne adresse dans les parages. Chacune des huit unités de ce mini-village de vacances possède sa propre véranda et donne sur un joli jardin ou du côté de la piscine.

■ Hébergement de la région du Robert

Signalons tout d'abord deux gîtes au Robert : celui de **M. Yvon Églantine** (n°064, ¥¥) *(1 215 F par semaine; au-dessous du logement du propriétaire; Mansarde-Catalogne - 97231 Le Robert)* et celui de **Mᵐᵉ Maryse Mansuela** (n°068, ¥¥) *(1 125 F par semaine; au-dessous du logement de la propriétaire; Lestrade - 97231 Le Robert)*.

Sur la route menant du Robert au François (D1), vous remarquerez un petit hôtel d'une vingtaine de chambres à l'allure fort sympathique avec ses belles portes de bois. Il s'agit de l'**Hôtel-Restaurant Le Miramar** *(250 F; tv, ≡, bp, ℜ; ☎ 65.39.65, ⇄ 71.09.20)*. Ses 20 chambres sont réparties sur deux étages, et certaines d'entre elles offrent même une terrasse avec vue sur la mer.

De beaux pavillons s'élevant dans un agréable parc de verdure abritent les 12 chambres et appartements de l'**Hôtel Beauséjour** *(400 F; ≡, C, ☎; Chemin Bois Désir - 97231 Le Robert, 65.40.62, ⇄ 65.47.94)*.

Habiter quelque temps une maison flottante peut s'avérer fort amusant. C'est ce que vous propose **Aqua Location** *(B.P. 113 Parc de la Semair - 97231 Le Robert, ☎ 65.46.40, ⇄ 51.52.59)*, avec ses *aqua-homes*, sorte de catamaran pouvant loger jusqu'à huit personnes. L'aventure est même accessible à ceux et celles qui n'ont jamais navigué. Dans ces cas-là, un marin vous rejoint au moyen d'un petit bateau... et déplace votre *aqua-home* à votre gré.

■ Hébergement de la presqu'île de la Caravelle

Tout juste passé le village de Tartane, en surplomb sur la mer, l'hôtel **Caravelle Panoramique** *(295 F; bp, C; Tartane - 97220 La Trinité, ☎ 58.07.32, ⇄ 58.07.90)* n'a pas volé son nom. On y loue des studios entièrement équipés et, depuis sa terrasse, vous pourrez prendre le temps de bien fixer dans votre mémoire le souvenir du décor extraordinaire qu'offre la presqu'île.

Le **Village Vacances Familles de Tartane** *(300 F la nuit, 2 200 F par semaine; bp, C; ☎ 58.24.54)* est en fait situé un peu plus loin à l'est, à l'Anse L'Étang. Il est formé d'une quarantaine de modestes maisonnettes éparpillées çà et là sur une colline, non loin de la plage.

Autre petit hôtel charmant dans les environs, le **Paradiles** *(330 F à 380 F; ≡, bp, ≈, C; Tartane - 97220 La Trinité, ☎ 58.66.90, ⇄ 58.29.67)* a été aménagé dans un cadre champêtre, dans la colline au-dessus de la distillerie Hardy. De nouveaux propriétaires lui ont apporté plusieurs améliorations depuis l'automne 1993. L'établissement propose maintenant 12 studios *(2 600 F par semaine pour 2 à 6 personnes)* et 6 chambres autour d'une agréable piscine. À noter, les lecteurs du *Guide Ulysse* se voient consentir une réduction de 10 %.

Dans le dernier virage avant d'atteindre le village de Tartane, vous arriverez face à face avec le sympathique **Madras Hôtel** *(390 F; 97220 La Trinité, ☎ 58.33.95, ⇄ 58.33.63)*, tout blanc et garni de jolis auvents vert et blanc. Demandez une chambre donnant du côté de la mer, superbe à cet endroit. L'établissement dispose en outre d'un agréable restaurant en terrasse en surplomb sur la mer (voir p 229). Aussi est-ce une bonne idée de profiter du plan américain modifié (chambre, petit déjeuner et un repas) proposé par cet hôtel *(550 F à 650 F)*.

Autre adresse sympathique de Tartane, sur les hauteurs du Morne Pavillon

cette fois, **Le Manguier** *(480 F; tv, ≈, bp, C; Lot Morne Pavillon - 97220 La Trinité, ☎ 58.48.95, ⇄ 58.27.58)* dispose d'une vingtaine de studios aménagés dans de resplendissants pavillons blancs. Une petite piscine, au milieu d'un jardin de plantes exotiques, complète le décor.

Sur la plage de l'Anse l'Étang, ou à proximité, vous dénicherez de petits villages de vacances. Ainsi situés à deux pas de la mer, ils représentent aux yeux des familles un bon choix par rapport aux grands centres de vacances du Sud. Il ne faut pas vous laisser décourager par leurs tarifs à la journée, très élevés, car c'est bien moins cher si vous y résidez plus longtemps. C'est par exemple le cas du **Caribou** *(500 F; bp, ≡, C; près du casse-croûte Mini-Golf Beach Club, 97220 La Trinité, ☎ 58.09.40, ⇄ 58.03.72)*, qui propose l'étrange spectacle blanc et jaune de ses rangées de bungalows à la forme triangulaire.

Plus loin, le **Village de Tartane** *(600 F; bp, ≡, ≈, C; 97220 La Trinité, ☎ 58.46.33, ⇄ 63.53.32)*, composé d'une série de 59 bungalows modernes entourant une petite piscine et un restaurant, se classe aussi dans cette catégorie.

Dans la colline, au-dessus de l'église de Tartane, le tout nouvel hôtel **La Baie du Galion** *(850 F; tv, ≡, bp, ≈; 97220 La Trinité, ☎ 58.65.30, ⇄ 58.25.76)* en impose, quant à lui, par sa grandeur et son chic. Sa beige et blanche présence surprend dans ce secteur où l'on ne trouvait, tout récemment encore, que des établissements de taille modeste. Avec ses 150 chambres aménagées de bien élégante façon, il domine le paysage hôtelier de la Caravelle, tout comme le paysage tout court d'ailleurs... Il faut voir sa splendide piscine qui se termine en cascade, de même que le beau restaurant (Le Surcouf) qui la surplombe. Certaines chambres, en plus de leur ravissant mobilier d'acajou, sont équipées de cuisinette sur le balcon. Des courts de tennis sont également à la disposition des invités de l'hôtel.

■ **Hébergement de la région de La Trinité**

Deux gîtes sont à signaler dans la région de La Trinité. Il s'agit de ceux de Mme **Pascaline Charles** (n°031, ¥¥) *(1 870 F par semaine; gîte indépendant mitoyen au logement de la propriétaire; La Crique - 97220 La Trinité)* et de Mme **Ginette Vergison** (n° 048, ¥¥¥) *(1 745 F par semaine; gîte dans le logement du propriétaire; Brin d'Amour - 97220 La Trinité)*.

Le **Saint-Aubin** *(420 F à 580 F; ≡, bp, ≈; 97220 La Trinité,* ☎ *69.34.77,* ⇄ *69.41.14)*, un hôtel de charme où règne une atmosphère on ne peut plus romantique, occupe une belle maison coloniale entourée d'un long balcon-terrasse. La vue imprenable sur la baie de Trinité et sur la presqu'île de la Caravelle vous laissera béat d'admiration. Pour rejoindre cette magnifique demeure rose donnant l'impression de baigner dans une mer de fleurs, il faut emprunter une petite route, sur la droite, une fois passé le village en direction de Sainte-Marie.

Pour le grand luxe, grimpez sur les hauteurs du bourg jusqu'au **Brin d'Amour** *(300 F à 400 F; tv, ≡, bp, ≈, ℜ; Quartier Brin d'Amour - 97200 La Trinité,* ☎ *58.53.45,* ⇄ *58.47.82)*, anciennement connu sous le nom de L'Ami Fritz. Ce grand cottage anglo-créole s'élève au milieu d'un magnifique parc boisé. La vue sur la baie de La

Trinité y est grandiose, ce qui ne gâche rien. Finalement, le restaurant de l'endroit bénéficie d'une excellente réputation, non sans raison (voir p 229).

■ **Hébergement de la région de Sainte-Marie**

Un peu au sud du village de Sainte-Marie, à l'Anse Azérot, on a récemment aménagé un superbe complexe hôtelier : le **Primerêve** *(1 090 F; tv, ≡, bp, ≈, ℜ; Anse Azérot - 97230 Sainte-Marie,* ☎ *69.40.40,* ⇄ *69.09.37)*. Plus d'une centaine de chambres, situées dans de très jolis bungalows aux couleurs pastel, forment une sorte de village de vacances accroché à flanc de colline, au milieu d'une exubérante végétation tropicale. Un escalier permet de descendre jusqu'à la plage de l'Anse Azérot.

■ **Hébergement de la région de Marigot**

Un des cadres les plus raffinés de la Martinique vous attend à l'**Habitation Lagrange** *(1 900 F à 2 900 F; tv, ≡, bp, ≈, ℜ; 97225 Le Marigot,* ☎ *53.60.60,* ⇄ *53.50.58)*. Extérieur fabuleux, mobilier d'époque remarquable, chambres et suites garnies de fleurs..., l'endroit est tout à fait sublime. La maison principale de l'ancienne plantation est entourée de quelques pavillons de style colonial. C'est là, au cœur d'un magnifique jardin tropical, que l'on trouve les 16 superbes chambres de cet hôtel de charme. Pour accéder à ce site idyllique, situé en pleine jungle, vous devrez parcourir une route cahoteuse, sur environ 1 km, longée d'un côté par une petite rivière et de l'autre par des bassins de culture d'écrevisses.

■ **Hébergement de la région
de Morne des Esses**

Pour ceux et celles qui recherchent le calme, les gîtes ruraux de M. et Mme Patrick Duchel, couronnés du nom de **Les Z'Amandines** *(n° 179 à 182) (1 520 F par semaine; quatre gîtes dans deux pavillons indépendants; Quartier Saint-Laurent - Morne des Esses - 97230 Sainte-Marie)*, sont admirablement situés à flanc de colline dans un coin bien tranquille.

■ **Hébergement de la région
de Gros-Morne**

Il y a quelques gîtes dans la commune de Gros-Morne, dont l'un des plus intéressants, parce que situé aux abords d'une exploitation agricole, est celui du **CFPPA du Gros-Morne** *(n° 001, ♟♟) (1 660 F par semaine; gîte indépendant; Petite-Tracée - 97213 Gros-Morne)*.

■ **Hébergement de la région
de Saint-Joseph**

Un gîte tout à fait charmant doit être signalé dans ce sympathique bourg agricole. Il s'agit de celui de **M. José Joachim** *(n° 065, ♟♟♟) (1 635 F par semaine; gîte indépendant; La Vallée Heureuse - Ravine Vilaine - 97212 Saint-Joseph)*.

L'**Habitation Belle Étoile** *(270 F à 350 F; tv, ≡, ≈, ℜ; Route du Stade - 97212 Saint-Joseph,* ☎ *57.62.62,* ⇄ *57.85.57)* vous propose, quant à elle, sa vingtaine de chambres, simples mais confortables, dans un grand bâtiment de trois étages. Vous y mangerez particulièrement bien, le restaurant Aux Fruits de Mer (voir

p 230) ayant fait ses preuves depuis longtemps.

Restaurants

■ **Les restaurants de la région
du Lamentin**

Au Lamentin, on peut manger pour pas trop cher dans l'un des restos du Centre commercial La Galleria. Aussi y trouverez-vous par exemple la petite pizzeria **Pizza Plus** *(100 F; fermé dim;* ☎ *50.40.22)*, de même que le **Food Circus** *(100 F; fermé dim;* ☎ *50.62.50)*, un concept intéressant où sont réunis à un seul endroit des comptoirs alimentaires servant des plats de diverses natures : mets mexicains, côtelettes, mets créoles, cuisine chinoise, spaghettis ou hamburgers.

De plus, bien que son statut de banlieue industrielle n'autorise guère Le Lamentin à retenir le touriste, quelques très bons restaurants y ont pignon sur rue. C'est le cas par exemple du **Morane** *(200 F; tlj;* ☎ *51.70.51)*, situé au 1er étage du hall des arrivées de l'aéroport. Sur le menu, vous remarquerez quelques plats dont le nom seul vous mettra l'eau à la bouche : feuillantine de langouste aux épinards, fricassée de jeune coq, charlotte chadec et cannelle.

Une autre excellente table est celle de **La Plantation** *(250 F à 350 F; fermé sam midi et dim;* ☎ *50.16.08)*, où la nouvelle cuisine créole s'élève au rang d'art. Dans un décor verdoyant, vous savourerez un mille-feuilles de banane jaune au foie gras de canard, suivi d'un filet mignon de porc confit au poivre vert ou d'un carré d'agneau à la crème d'ail douce. Après cela, c'est garanti, vous ferez de bien beaux rêves...

■ Les restaurants de la région du Robert

Il y a plusieurs possibilités ici pour l'achat de boustifailles à apprêter soi-même. Mentionnons tout d'abord le **marché**, qui fait face à l'hôtel de ville. Puis, dans ses environs immédiats, vous trouverez une épicerie **8 à huit** et une petite **boucherie** *(sur la rue longeant le marché)*. Plus loin, l'**épicerie Au Crépuscule** est finalement à signaler.

Si vous êtes à la recherche d'un repas sur le pouce, la crêperie-pizzeria **La Yole Bleu** *(☎ 65.53.18)*, dans le bourg, fera votre bonheur.

En contrebas du bourg, à la hauteur du ponton, **Chez Fofor** *(250 F; fermé dim soir et lun; ☎ 75.10.33)* constitue une halte appréciable. Le midi, pour 75 F par personne, vous y avalerez accras de morue, côtelettes de porc grillées ou court-bouillon de poisson. Pour le dîner, comptez environ 250 F par personne. Le restaurant jouit d'une agréable terrasse fleurie à l'étage, d'où la vue sur la baie du Robert est fort belle.

Finalement, pour un arrêt rapide sur la route entre Le François et Le Robert, choisissez la pizzeria de l'hôtel-restaurant **Le Miramar** *(125 F; 12 h à 22 h tlj sauf dim soir; ☎ 65.39.65)*. Prenez également note que l'endroit se transforme en piano-bar les vendredis et samedis soirs.

■ Les restaurants de la presqu'île de la Caravelle

À Tartane, vous pourrez faire votre épicerie chez **Mireille**, près de l'église. De plus, souvenez-vous qu'il s'agit ici d'un village de pêcheurs. Il vous sera donc bien facile de marchander un poisson bien frais sur la plage...

Vous pourrez très bien manger pour pas cher à deux pas de la belle plage de l'Anse L'Étang. Il s'agira simplement de vous offrir l'une des succulentes pizzas servies à la terrasse du **Mini-Golf Beach Club** *(60 F; tlj; ☎ 58.62.90)*.

Autre choix économique, **Ti-Carbet** *(☎ 58.37.52)* est un casse-croûte aménagé dans une hutte de branchages, près du stationnement de la plage Hardy La Brèche (extrémité est de la plage de Tartane).

Dans le bourg de Tartane, il y a aussi deux restaurants faisant face à la mer, situés l'un à côté de l'autre. Il s'agit des restos **Le Dubuc** *(100 F)* et **La Guinguette** *(100 F; ☎ 58.60.72)*. Les deux établissements se livrent une joyeuse concurrence avec leur menu à 100 F.

De même, à l'entrée de la réserve naturelle de la Caravelle, notez la présence du casse-croûte **Le Barbacoa** *(120 F)*, où vous pourrez manger une pizza ou du poulet rôti.

Avec son agréable terrasse à l'étage, **Le Don de la Mer** *(190 F; fermé ven soir; ☎ 58.26.85)* s'élève quant à lui, au propre comme au figuré, un peu plus haut. Son menu seul vous en convaincra : vol au vent d'oursins, soudons à la sauce piquante, langouste en fricassée, ananas flambé.

Tout juste au-dessous de l'hôtel Caravelle Panoramique, à l'Anse L'Étang, la brochetterie-crêperie **La Mandarine** *(250 F; fermé mer;* ☎ *58.00.13)* constitue une intéressante découverte. Sur le menu, entre autres surprises, le radeau de requin au cidre doux ne manquera pas de piquer votre curiosité.

À l'entrée du village de Tartane, donnant directement sur la plage, **Le Madras** *(250 F; tlj;* ☎ *58.33.95)*, qui est aussi un hôtel de 13 chambres, vous propose une rencontre au sommet entre la cuisine française métropolitaine et la gastronomie créole. Un seul coup d'œil au menu, et vous saisirez l'intérêt qu'est le vôtre à participer aux débats : poêlée d'escargots à la poulette, raviolis de langouste et coulis de crustacés, ragoût de tortue, magret de canard aux morilles, nougat glacé aux amandes...

Peu après l'entrée de la presqu'île de la Caravelle, une petite route sur la droite conduit à un quartier résidentiel établi aux abords de l'Anse Bélune. C'est là que vous trouverez le délicieux restaurant tahitien **Le Vieux Galion** *(250 F; fermé lun et dim soir;* ☎ *58.20.58)*. Les poissons crus au coco, le poachou et les bananes frites à la crème de vanille vous laisseront un savoureux souvenir. Le samedi soir, des musiciens emplissent la salle à manger de leurs rythmes.

■ Les restaurants de la région de La Trinité

Sur la rue principale du bourg, en face de la mer, vous trouverez un **supermarché MATCH**, et, tout près, un **marché**.

Dans les hauteurs de La Trinité, au cœur du quartier dont il a emprunté le nom, **Le Brin d'Amour** *(280 F; fermé dim soir;* ☎ *58.53.45)*, et sa cuisine aux accents français, créole et indien, ont succédé à l'Ami Fritz, l'Alsacien. Aussi le carpaccio de bœuf au vinaigre de canne a-t-il remplacé les choucroutes, et le nargissi kofta a-t-il pris la place de la truite saumonée au muscat d'Alsace. Pour le reste, la séduction opère toujours grâce à la magnifique maison de maître, dans laquelle le restaurant est aménagé, et au splendide parc qui l'entoure.

■ Les restaurants de la région de Sainte-Marie

Premier à vous accueillir en entrant dans le village, le restaurant **La Calenda** *(100 F;* ☎ *69.09.14)* vous propose ses plats de langouste, de crevettes et de poisson. Le midi, on y trouve toujours un «plat du jour» à 45 F.

Dans l'enceinte même du Musée du Rhum (voir p 219), **Le Saint-James** *(200 F; ouvert le midi tlj et le soir sur réservation;* ☎ *69.07.33)* vous invite à vous attabler dans sa très jolie salle à manger intérieure ou à sa grande terrasse. Un plat du jour à 60 F ainsi qu'un menu complet à 90 F sont toujours disponibles. Sur la carte, on remarquera tout particulièrement le filet de vivaneau au coulis d'écrevisses.

La Découverte *(200 F;* ☎ *69.44.04)* porte bien son nom. Ce restaurant très fréquenté par les Martiniquais, qui se cache en pleine forêt, quelques kilomètres après le bourg en direction de Marigot, s'avère être effectivement une bien belle surprise. Vous y dégusterez une succulente cuisine créole traditionnelle où le couscous aux fruits de mer, notamment, tire son épingle du jeu.

■ Les restaurants de la région de Morne des Esses

Cuisine créole inventive et vue panoramique exceptionnelle sont les principaux ingrédients utilisés par **Le Colibri** *(250 F; fermé lun;* ☎ *69.91.95)* pour gagner les cœurs. Buisson d'écrevisses de rivière, cochon de lait, oursin en coquille Saint-Jacques, soufflé de cristophine... l'imagination du chef ne semble connaître aucune limite.

■ Les restaurants de la région de Saint-Joseph

Le restaurant de l'Habitation Belle Étoile, **Aux Fruits de Mer** *(250 F; fermé dim soir et lun;* ☎ *57.62.99)*, a bien mérité sa réputation de bonne table. Au menu, oursin sauce cocktail, steak de tortue, langouste, etc. Une bonne façon de goûter à tout consiste à choisir le plateau de fruits de mer (écrevisses, crabe, palourdes, chatrous, langouste).

 Sorties

La région couverte par le présent chapitre compte quelques discothèques où vous pourrez vous trémousser jusqu'aux petites heures du matin. Ainsi, il y a **Le Palace** *(*☎ *50.56.38)*, au Lamentin, et **Le Top** *(*☎ *58.43.36)*, à La Trinité. À Sainte-Marie, deux boîtes sont également à signaler : le **Gaoulé Live Club** *(*☎ *69.00.11)* et le **LB' Club** *(*☎ *69.32.03)*.

Ceux et celles qui veulent démontrer ce qu'ils peuvent faire sur une scène seront ravis de savoir qu'il y a un bar *karaoke* au Lamentin, le **Karaoké Café** *(*☎ *50.07.71)*.

Sur la presqu'île de la Caravelle, le samedi soir, plusieurs se donnent rendez-vous au **Mini-Golf Beach Club** *(*☎ *58.62.90)* de l'Anse L'Étang, alors qu'un orchestre de zouk mène le bal.

Signalons finalement l'existence de deux salles de cinéma dans les environs, l'une à La Trinité, **L'Éden** *(rue Fernand-Clerc,* ☎ *58.20.35)*, et l'autre à Sainte-Marie, **L'Excelsior** *(rue Libération,* ☎ *63.40.42)*.

 Magasinage

Sur la route N1, entre Le Lamentin et Le Robert, ne manquez pas de vous arrêter à l'atelier artisanal **Tilo** *(lun-sam 8 h à 18 h, dim fermé;* ☎ *51.25.25)*, qui est devenu avec les années une sorte d'«institution du souvenir» en Martinique. Vous y dénicherez de superbes tissus imprimés, dont on a fait des t-shirts, des chemises, des serviettes de plage, des paréos, des nappes, etc.

Au Robert, sur la même rue que la mairie, à gauche de l'église et du marché, vous trouverez la sympathique **bijouterie-papeterie-librairie Omer Legros** *(*☎ *65.23.00)*.

Dans la commune de La Trinité, sur la route reliant le bourg à Gros-Morne (N4), le verrier Robert Manscour a créé **L'Éclat de Verre** *(*☎ *58.34.03)*. L'artiste y expose et y vend de ravissants objets décoratifs (masques, sculptures de verre, lampes). Il vous expliquera lui-même les différentes techniques auxquelles il fait appel pour composer ses œuvres : thermofumage, coulage, moulage, collage.

Le hameau de Morne des Esses, sur la commune de Sainte-Marie, doit sa réputation à son extraordinaire atelier de vannerie, où des artisans confectionnent chapeaux, corbeilles et paniers de toutes les formes selon des techniques développées par les Indiens Caraïbes. **La Paille Caraïbe** *(entrée gratuite; lun-ven 8 h 30 à 17 h 45, sam 8 h 30 à 17 h, dim fermé;* ☎ *69.83.74)*, puisque c'est le nom de cette coopérative artisanale, vaut le détour, ne serait-ce que pour apprécier la dextérité de ces artistes, qui ont leurs mains (et leur bouche) pour seul outil de tressage.

LEXIQUE

Ajoupa	Hutte de branchages chez les Arawaks
Anse	Baie au bord de laquelle on trouve généralement une plage
Arawaks	Peuple autochtone aux mœurs pacifiques; premiers habitants de l'île
Béké	Personne de race blanche, généralement propriétaire foncier, née aux Antilles (Blanc créole)
Biguine	Danse traditionnelle antillaise, lascive et suggestive
Câpre, Câpresse	Personne née de l'union entre un Noir et une mulâtresse ou entre un mulâtre et une Noire
Caraïbes	Second peuple autochtone à s'être établi sur l'île, constitué de guerriers redoutables pratiquant le cannibalisme
Carbet	Plus grande case du village chez les Caraïbes, là où se tenaient les réunions
Carême	Saison sèche (décembre à mai)
Case	Petite maison traditionnelle
Caye	Récif
Coolies	Engagés venus de l'Inde après l'abolition de l'esclavage
Créole	Peuple des Antilles, toutes origines confondues
Doudou	Mot doux signifiant chéri
Fonds blancs	Hauts fonds sablonneux protégés par des récifs de corail et où la profondeur de la mer atteint à peine 1 m
Gommier	Canot de pêche fabriqué traditionnellement à partir de l'arbre du même nom selon une technique caraïbe
Habitation	Domaine agricole
Hivernage	Saison des pluies (juin à novembre)

Îlet	Petite île
Madras	Foulard d'étoffe à grands carreaux porté en guise de coiffure traditionnelle par les femmes antillaises et dont les motifs sont originaires du sud de l'Inde, d'où le nom
Mangrove	Forêt littorale se développant dans la vase où poussent de nombreux palétuviers
Marrons	Désignait les esclaves noirs s'étant échappés de l'habitation de leur maître
Métros	Français métropolitains en poste aux Antilles
Morne	Colline
Mulâtre	Métis né de l'union entre un Blanc et une Noire ou entre un Noir et une Blanche
Négritude	Terme désignant l'ensemble de la culture noire inventé par Aimé Césaire, qui cherchait ainsi à transformer le sens du mot «nègre»
Pitt	Arène où sont présentés les combats de coqs
Quadrille	Danse traditionnelle où un commandeur donne les instructions aux participants quant aux figures à réaliser
Quarteron	Personne née de l'union entre un Blanc et une mulâtresse ou entre un mulâtre et une Blanche
Quartier	Hameau, lieudit
Quimbois	Superstitions liées à la médecine par les plantes, la sorcellerie et la magie
Raisinier	Petit arbre aux feuilles rondes et cirées bordant souvent les plages
Savane	Étendue herbeuse
Senne	Très grand filet de pêche, dont l'utilisation nécessite la participation de plusieurs barques
Ti-baume	Broussaille très répandue sur la côte Caraïbe

Ti bo	Baiser
Trace	Sentier en forêt ou en montagne
Yole	Embarcation à voiles de compétition
Zombi	Mauvais esprit nocturne
Z'oreilles	Français métropolitains (péjoratif)
Zouk	Musique moderne antillaise très rythmée

LECTURES RECOMMANDÉES

■ **Ouvrages de référence**

COLLECTIF, *Autrement Antilles*, éd. Autrement, 1989.
COLLECTIF, *État du monde 1996*, éd. La Découverte-Boréal, 1995.
COLLECTIF, *Guide Bleu Antilles*, éd. Hachette, éd. 1992.
COLLECTIF, *Guide Gallimard Martinique*, Éditions Nouveaux-Loisirs, 1994.
COLLECTIF, *La cuisine martiniquaise*, éd. Orphie G. Doyen, 1993.
COLLECTIF, *Madras Plus*, éd. Exbrayat.
COLLECTIF, *World Music*, The Rough Guide, 1994.
BENITO-ESPINAL, Édouard, *Oiseaux des Petites Antilles*, éd. du Latanier, 1990.
BIZIER, Richard, *Le tour du monde en 300 recettes*, éd. de L'Homme, 1986.
JOSEPH GABRIEL, Maurice, *Martinique terre d'éden*, éd. Roudil.
LENGLET-CUVELLIER, Christiane, GARNIER, Alain, *Mémoires de Martinique et de Guadeloupe*, éd. Exbrayat, 1990.
MAGRAS, Michel, *Fleurs des Antilles*, éd. du Latanier, 1989.
RENAULT, J.M., *Bonjour La Martinique*, éd. du Pélican, 1987.

■ **Romans et poésie**

BRETON, André, *Martinique charmeuse de serpents*, Union générale d'éditions, collection 10-18, 1973.
CÉSAIRE, Aimé, *Soleil cou coupé*, éd. K., 1948.
CÉSAIRE, Aimé, *Cahier d'un retour au pays natal*, éd. Présence africaine, 1956.
CÉSAIRE, Aimé, *La tragédie du roi Christophe*, éd. Présence africaine.
CHAMOISEAU, Patrick, *Chronique des Sept Misères*, éd. Gallimard, 1986.
CHAMOISEAU, Patrick, *Texaco*, éd. Gallimard, 1992.
CHAMOISEAU, Patrick, BERNABÉ, J., CONFIANT, R., *Éloge de la créolité*, éd. Gallimard, 1989.
CONFIANT, Raphaël, *L'Allée des Soupirs*, Grasset, 1994.
KESTELOOT, Lilyan, *Aimé Césaire*, éditions Seghers, collection Poètes d'aujourd'hui, 1962.
ZOBEL, Joseph, *La rue Case-Nègres*, éd. Présence africaine, 1984.

■ **Albums photographiques**

COLLECTIF, *Les Caraïbes*, éd. Ziethen, 1993.
COLLECTIF, *Bibliothèque du voyageur Petites Antilles*, éd. Gallimard, 1990.
CHAMOISEAU, Patrick, VLENTIN, Emmanuel, RENAUDEAU, Michel, *Martinique*, Hoa-Qui, 1988.
MARRY, Brigitte, *Maisons de Martinique*, G.B.H., 1995.
SLESIN, F. *L'Art de vivre aux Antilles*, Flammarion, 1985.

■ **Cartes**

La Martinique, IGN série outre-mer, 1 : 100 000.
La Trinité, IGN série bleue, 1 : 25 000.
Le Marin, IGN série bleue, 1 : 25 000.
Fort-de-France, IGN série bleue, 1 : 25 000.
Saint-Pierre, IGN série bleue, 1 : 25 000.

INDEX

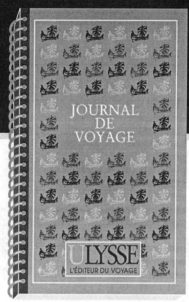

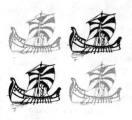

Notes de voyage

_____
_____
_____
_____
_____
_____
_____
_____
_____
_____
_____
_____
_____
_____
_____
_____
_____
_____
_____
_____
_____
_____
_____
_____
_____

■ GUIDES DE VOYAGE ULYSSE

☐ Arizona et Grand Canyon	24,95 $
☐ Boston	17,95 $
☐ Côte d'Azur - Alpes-Maritimes - Var	24,95 $
☐ Californie	29,95 $
☐ Costa Rica	24,95 $
☐ Cuba	24,95 $
☐ Disney World	22,95 $
☐ Équateur	24,95 $
☐ Floride	29,95 $
☐ Gaspésie Bas-Saint-Laurent Îles-de-la-Madeleine	22,95 $
☐ Gîtes du Passant au Québec	11,95 $
☐ Guadeloupe	24,95 $
☐ Honduras	24,95 $
☐ Jamaïque	22,95 $
☐ Le Québec	29,95 $
☐ Louisiane	24,95 $
☐ Martinique	24,95 $
☐ Mexique Côte Pacifique	24,95 $
☐ Montréal en métro	14,95 $
☐ Montréal	19,95 $
☐ Nicaragua	24,95 $
☐ Nouvelle-Angleterre	29,95 $
☐ Ontario	24,95 $
☐ Ouest canadien	24,95 $
☐ Panamá	24,95 $
☐ Plages de Nouvelle-Angleterre et Boston	19,95 $
☐ Portugal	24,95 $
☐ Provence	24,95 $
☐ Provinces maritimes	24,95 $
☐ République Dominicaine	24,95 $
☐ Saguenay - Lac St-Jean - Charlevoix	22,95 $
☐ El Salvador	22,95 $
☐ San Francisco	17,95 $
☐ Toronto	18,95 $
☐ Vancouver	14,95 $
☐ Venezuela	24,95 $
☐ Ville de Québec et environs	22,95 $

■ ULYSSE PLEIN SUD

☐ Cape Cod - Nantucket	16,95 $
☐ Carthagène	9,95 $
☐ Isla Margarita	9,95 $
☐ Puerto Vallarta	14,95 $
☐ Les plages du Maine	12,95 $
☐ Puerto Plata-Sosua-Cabarete	9,95 $
☐ Varadero	9,95 $
☐ Saint-Barthélemy	9,95 $
☐ Saint-Martin	9,95 $

■ ESPACES VERTS ULYSSE

☐ Motoneige au Québec	19,95 $
☐ Nouvelle-Angleterre à vélo	19,95 $
☐ Randonnée pédestre dans le Nord-Est des États-Unis	19,95 $
☐ Randonnée pédestre Montréal et environs	19,95 $
☐ Randonnée pédestre au Québec	19,95 $
☐ Ski de fond au Québec	19,95 $

■ JOURNAUX DE VOYAGE ULYSSE

☐ Journal de voyage Ulysse	12,95 $
☐ Journal de voyage Ulysse 80 jours (couvert rigide)	14,95 $
☐ Journal de voyage Ulysse (spirale) bleu - vert - rouge ou jaune	11,95 $
☐ Journal de voyage Ulysse (format poche) bleu - vert - rouge ou jaune	8,95 $

QUANTITÉ	TITRE	PRIX	TOTAL
		Total partiel	
		Poste-Canada*	4,00 $
		Total partiel	
		T.P.S. 7%	
		Total	

Nom : ....

Adresse : ....

....

....

Paiement : ☐ Visa ☐ Master Card

Numéro de carte : ....

Expiration : ....

ULYSSE L'ÉDITEUR DU VOYAGE
4176, rue Saint-Denis, Montréal, Québec
☎ (514) 843-9447 fax (514) 843-9448
Pour l'Europe, s'adresser aux distributeurs, voir liste p. 2
* Pour l'étranger, compter 15 $ de frais d'envoi